U0908816

外资技术扩散与内资企业研发投入的交互影响研究

——基于交易合作博弈视角

孔令夷　著

本书是国家自然科学基金项目“技术创新网络结构演变下知识扩散对企业成长的影响研究——基于CAS理论的视角”（批准号：71102149）、教育部人文社会科学研究项目“外资技术扩散与国内企业研发投入的交互影响研究——基于演化博弈的视角”（批准号：12YJC790084）、陕西省教育厅专项科研计划项目“关中—天水经济区外资技术扩散与内资研发投入交互影响的演化博弈研究”（项目编号：12JK0056）、陕西省教育厅2017年专项科学研究计划项目“互联网+”背景下陕西生产性服务企业供给侧结构性改革机理与路径研究（项目编号：17JK0677）的研究成果。

西安邮电大学学术专著出版基金资助出版。

科学出版社

北　京

内 容 简 介

本书围绕外资技术扩散与内资研发投入交互影响为研究主题展开相关的理论分析和实证研究，选取外资技术扩散视角下内外资企业间交易合作为研究对象，将外资技术扩散的多元化路径作为研究内外资企业间交易合作的关键切入点，通过交易理论重新审视外资技术扩散路径，挖掘并阐释外资技术扩散多元化路径的交易特性本质，在内外资企业间交易合作博弈模型中引入外资技术扩散效应变量，借助博弈均衡分析，探索国际技术扩散视角下内外资企业间交易合作行为及策略的交互影响、双方交易合作演化路径稳定性，并通过实证检验或数值模拟实验来验证模型分析结论，从而揭示内外资企业间贸易合作关系及股权投资交易合作关系影响国际技术扩散效应的促进机制和强化路径。

本书适用于对该领域感兴趣的高年级本科生、开展相关研究的博硕士在读研究生、内资企业管理人员、相关领域的学术研究人员。

图书在版编目（CIP）数据

外资技术扩散与内资企业研发投入的交互影响研究：基于交易合作博弈视角/孔令夷著. —北京：科学出版社，2017

ISBN 978-7-03-051595-7

Ⅰ. ①外… Ⅱ. ①孔… Ⅲ. ①外资企业－技术转移－影响－企业－技术开发－资金投入－研究－中国 Ⅳ. ①F279.244.3 ②F279.23

中国版本图书馆 CIP 数据核字（2017）第 017467 号

责任编辑：张振华 / 责任校对：王万红

责任印制：吕春珉 / 封面设计：东方人华平面设计部

科学出版社 出版

北京东黄城根北街 16 号

邮政编码：100717

http://www.sciencep.com

北京中科印刷有限公司印刷

科学出版社发行 各地新华书店经销

*

2017 年 9 月第 一 版 开本：787×1092 1/16

2018 年 1 月第二次印刷 印张：14

字数：310 000

定价：68.00 元

（如有印装质量问题，我社负责调换〈中科〉）

销售部电话 010-62136230 编辑部电话 010-62135120-2005（VT03）

前　言

人类历史的发展历程表明，世界各国的经济增长在科学技术的推动下实现了一次又一次的飞跃；Romer 和 Lucas 开创的内生经济增长理论也将技术进步作为一国经济持续增长的最终源泉和动力。因此，实现和维持技术进步成为学术界和各国政府广泛关注的问题。特别是在世界各国不断开放、经济全球化和一体化日益深化的今天，一国的技术进步不再仅仅取决于本国的研发投入和创新能力，在很大程度上还取决于其他国家的研发投入，而国际技术扩散是实现各国分享研发成果的途径之一。这一方式对于发展中国家尤为重要，就发展中国家而言，利用国际技术扩散，不仅可以在静态意义上提高本国的技术存量水平，缩小与发达国家的技术差距，增强本国的技术能力，更为重要的是在动态意义上通过各种渠道和机制促使本国技术创新能力的提高以及创新机制的形成，为赶超发达国家提供了某种可能性。因此，可以说利用外资技术扩散甚至是加快发展中国家和地区技术进步的一个重要来源。对技术开发和引进的重视也常常蕴含在发展中国家经济、引资和贸易政策中。

作为国际生产和国际直接投资主体的跨国公司（multinational corporation，MNC），不仅推动着资本和劳动等传统生产要素的流动，而且在技术的国际转移与扩散中发挥着越来越重要的作用。国内外学者自 20 世纪 70 年代就开始了对技术扩散的研究，而 MNC 技术扩散对东道国技术进步的影响成为其中一个热门课题。

国际技术扩散在发展中国家经济增长进程中的重要性更是日益凸显。长期经济增长的最主要的助推器就是要素生产率，而作用于生产率的关键外部因素正是国际技术扩散。因此，当今全球的国际技术扩散现状及其发展特征已然能很好地用于解释各国国民收入及企业技术竞争力差异。从 20 世纪末开始，随着信息通信技术（information and communications technology，ICT）和交通运输业迅猛发展，经济全球化的影响也越发显著，这使得国际技术扩散对南北各国经济增长产生更为深远且巨大的影响。

国际技术扩散良性效应的预期实现依赖于内外资企业间中间品贸易、技术贸易、股权换投资、专利知识申请引证、工程项目等的交易行为，而在全球技术更新周期越来越短及技术升级换代速度不断加快的新形势下，双方的简单交易向交易合作演化的趋势也越发明显。

一个不容置疑的事实是，外资技术扩散效应不只取决于外资企业，而且受外资扩散方与内资接受方之间股权交易、专利权技术交易、商品贸易、知识交易等的交互行为的影响，其不确定性来自双方基于自身利益的交易博弈策略选择，更是取决于双方从简单交易关系向互惠互利型交易合作关系的发展程度，或者受到双方面向长期互利共赢格局而采取的交易合作策略的影响，其交易标的物包括最终产品、资本品、中间品、专利权技术、股权、专利引证知识等。

以外商直接投资（foreign direet investment，FDI）为例，改革开放以来，特别是 20 世纪 90 年代以来，中国的 FDI 得到了快速增长。大量外资的流入积极地促进了中国的资本存量增加、投资效率和资源配置效率的提高及人力资本的开发和利用，成为经济持续快速增长的一个有力支撑点。然而，引进了外资不意味一定能够掌握外资企业的先进技术。成功地掌握内含在外资中的先进技术有一个消化、吸收和创新的技术扩散过程，需要内资企业提高自身的技术吸收能力。那么，改革开放以来，中国内资企业消化、吸收外资先进技术，外资技术扩散对内资企业技术进步的影响程度怎样？如何基于 FDI 技术外溢而持续发展内外资企业间非零和交易合作关系？这些问题构成了本研究的主题之一。

基于吸收进口贸易带来的技术扩散效应制定和完善外贸政策，其最终目的仍然是为了实现经济增长。进口贸易对经济增长的这种间接推动作用是通过提升本国技术水平实现的，这一观点在学术界已经达成共识。然而，由进口贸易带来的技术扩散究竟以何种方式提升本国内资企业技术水平？进口贸易关系向互利共赢的长期交易合作关系的动态升级变化路径是怎样的？基于进口贸易的内外资企业间交易合作博弈均衡格局下的外资技术扩散程度如何？这些问题的提出，还需我们对中间品或专利权技术进口贸易、国际技术扩散和内外资企业间合作创新三者之间的关系进行深入分析，理顺和明晰从进口贸易到合作创新的内在演化机制，为探索我国企业技术进步和经济增长的源泉提供理论依据，并进一步为利用技术扩散提升内资企业技术水平提供政策参考。

提出这一问题完全是为了使中国内资企业更好地适应经济全球化的变革要求以及促进我国经济持续稳健发展。虽然国内外学者针对国际技术扩散效应，即 MNC 对发展中国家技术进步及经济增长的影响的实证类文献较多，但是对国际技术扩散视角下内外资企业间交易合作行为及机理的系统性研究非常缺乏，联系我国内资企业实情的应用研究更为稀缺。

涉外活动中，我国内资企业也非常需要从国际贸易、FDI、专利申请和专利引用三种国际技术扩散途径和方式获取国外先进技术，这三种外资技术扩散路径实质上也是内外资企业间交易合作路径。跨国技术扩散实质上就是内外资双方就技术和资本而展开的互惠交易，旨在实现双方长期共赢，至少包括了以下常见的三类交易：外资方借助 FDI 而获取内资方股权；内资方获取优质外来资本；内资方借助技术交易而获取外资方专利权或者核心零部件技术及制造诀窍，这也正是本研究的主要研究对象。充分、合理地开发和利用技术扩散中的溢出效应对于发挥外来先进技术在我国内资方技术进步和经济增长中的作用至关重要。

然而，现有文献对外资技术扩散效应或国际技术扩散系统中内外资企业间交易的最终结果研究较多，而忽视了具有技术扩散性质的内外资创新主体企业间交易合作演进过程研究，实质性的跨国交易合作演化发展规律也较少被挖掘出来。故而，本研究总结和借鉴交易合作和竞合博弈的相关研究成果；创新性地将国际技术扩散作为分析视角，以其多元化路径作为研究内外资企业间交易合作的关键切入点，通过交易理论重新审视技术扩散路径，挖掘并揭示技术扩散多元化路径的交易特性本质；基于技术转让交易合作行为的非零和静态博弈分析，探索内外资企业互惠交易合作可能形成的预设条件，揭示双方的攻防策略选择，重点选取中间品、专利权技术、内资企业股权作为交易合作标的物，即内外资企业间交易合作博弈的研究对象，利用演化博弈论工具分析上述问题，拟就该主题对国际技术扩散视角下内外资企业间交易合作程度与机理进行理论研究、博弈均衡及仿真实验研究，寄望于探索出国际技术扩散视角下内外资企业间交易合作行为及策略的交互影响、双方交易合作演化路径稳定性，以对该问题给出较为合意的研究结论。显然，选定本研究主题，对其主体对象及现存问题作出全面系统的经济博弈、数值仿真及典型案例分析，从理论层面上，对于拓展国际技术扩散理论与交易合作博弈研究的范围，构建国际技术扩散研究的一个新体系框架，丰富国际经济学中的跨国交易合作理论显得格外有意义；而且，从实践层面上来说，为科学应对当代经济全球化的发展趋势和外资企业不断涌入我国的现实局面，为我国政府部门制定和调整产业发展战略及投资重点、有差别的行业开放政策、招商引资及外企管制等相关政策，提供可信有效的决策依据，也同样具有非常重要的现实意义。

课题组同时从跨国技术扩散理论出发，结合国内外研究成果与我国利用技术扩散实例，通过对我国医药及汽车行业外资技术扩散的调查，提出 MNC 技术扩散具有正效应，继续引进外资、参与到 MNC 全球产业价值链中，依然是我国发展经济、提高技术水平的方向。分析了基于供应链关系合作及 FDI 的技术扩散情况；还分析了外资技术扩散对内资企业的积极和消极影响。接着以国家级经济区——关中—天水经济区（简称关天经济区）为实例展开分析，通过对关天经济区基本区情、区域经济发展现状、陕西省 FDI 发展现状及陕西省技术扩散现状的调研，发现关天经济区外资技术扩散与内资研发投入存在的问题，并分析问题的主要根源，提出促进关天经济区外资技术溢出和内资自主创新的思路，还设计外资技术扩散、内资研发投入与关天经济区经济增长的自反馈机制。并基于中间品进口、技术贸易和 FDI 三种外资技术扩散路径下内外资企业博弈的演化均衡的研究成果，结合关天经济区样本，展开我国内资企业研发投入占优策略、区域技术和外资政策研究，提出研发全球化条件下各地政府、经济开发区和我国内资企业充分利用跨国技术扩散的对策建议。

面对中国经济新常态以后出现的跨国技术交易市场新的竞合态势，中国内资企业应该如何应对与跟进相关公共政策，是一个涉及许多理论和实践的问题，是具有相当难度和较为复杂的课题，尽管笔者与课题组成员为了作出理论阐释和寻求方案解决做了诸多努力，但是，一些问题的研究结论仅仅是初步思考，还有不少问题没有得到满意的解答，敬请读者和专家批评斧正。现阶段本研究在实证部分存在的主要问题：本研究以企业为对象，而很多企业管理人员由于事务繁忙，难以接近；此外，由于本研究需要收集很多企业数据，而一些企业出于保密原因，不予提供，数据难以收集，因此研究需要进一步深入。

而且，由于时间及经费的限制，没有更进一步地对国内所有的国家级经济区的外资技术扩散和内资企业研发投入情况进行深入全面的调研，只是选取了有代表性的内外资企业，例如西安杨森制药有限公司、比亚迪股份公司、泛亚汽车技术中心有限公司等。同时，只是考虑了中间品进口、技术贸易和 FDI 的外资技术扩散路径下的内外资竞合演化博弈，忽略了出口贸易、资本品进口、专利跨国申请和引用的外资技术扩散路径下的内外资企业间交互影响的情况，这些都会影响本研究的结论。最后，本研究在利用外资技术扩散的对策方面考虑得不够成熟，这也是今后应该继续研讨和改进的。

孔令夷
2016 年 8 月于西安邮电大学

目　　录

第1章 引　言

本研究依据跨国技术扩散的多元化传导路径，研究内外资企业在有限的资源约束下，从诸多可选的交易合作策略中，优选和匹配策略组合，发生良性共赢的交互影响，达到外资技术扩散与国内企业研发投入的稳定性博弈均衡和演化路径。外资技术扩散与国内企业研发投入的静态博弈及相关形式的演化博弈，从理论层面上，对于拓展国际技术扩散的理论体系框架，丰富及创新国际经济学中的跨国技术贸易合作理论及外商直接投资（foreign direct investment，FDI）合作理论有重要意义；而且，从实践层面上来说，也有相当广泛的应用场合，其研究结论能指导国内企业更理性地融入国际贸易、参与全球 R&D 合作、引进优质 FDI 甚或实施对外直接投资（outward foreign direct investment，OFDI）战略等，为我国政府部门推进产业发展战略、选择科技投资重点、制定有差别的行业开放及招商引资政策、适时调整外企管制等相关政策，提供可信有效的决策依据，也同样具有非常重要的现实意义。

本部分首先阐释内外资企业间交互影响产生的现实及理论背景，提出研究目标及价值。接着，根据研究对象，选取合意的研究方法，展开本研究的结构，设计可行且高效的技术路线。

1.1 研究背景

面对知识爆炸及新技术革命性浪潮的猛烈冲击，受到互联网经济及世界一体化经济效应的普遍波及，我国众多内资企业所处的全球市场竞争环境呈现出日益复杂、善变及严酷的特性，越来越多的内资企业主动灵活应变，锐意改革，不断适应外部环境变化，有效利用来自于落后本身的“后进国优势”，加强与外资企业的互动联系，借助国际技术扩散的多元化路径，以较低投入或费用实现快速提升自身的技术储备存量，竭力缩小内外资企业的技术鸿沟，加速本国经济向发达经济体的收敛[1]；同时我国企业正在积极发展先进技术引入采纳基础上的学习消化吸收能力，借助外国乃至全球性技术力量增强二次再开发创新能力、自身的技术原始创新能力、整合创新及开放集成能力，实现自主创新战略目标，为长期技术追赶甚至超越创造了更大可能性，并且从微观层面强力支撑国家创新体系建设，有力促进创新型国家长远发展目标的实现[2]。

1.1.1 选题的现实背景

随着全球一体化的不断推进以及科学技术的高速发展，企业竞争越发激烈，使得技术创新成为提升企业竞争力及综合国力的重要源泉[3]。根据《国家中长期科学和技术发展规划纲要（2006—2020 年）》，到 2020 年使我国进入创新型国家行列[4]；科技部等六部委于2009年发布《关于推动产业技术创新战略联盟构建的指导意见》，提出建立联合开发、优势互补、利益共享、风险共担的技术创新体系，提升产业技术创新能力[5]。我国作为一个开放包容的大国，技术创新已不仅局限于内部研发创新，完全可能从国际贸易、FDI、专利申请引用三种技术扩散途径获取国外先进技术，而且，全球约80%的高端科技的研发（R&D）被MNC所掌控，外资企业无疑是推进全球经济增长和科技升级的生力军[6]。因此，里外呼应下的跨国技术扩散的有利环境使得中国内资企业依托外资技术扩散的外援式技术创新完全成为一种可能。

1. 全球化趋势及对我国的影响

经济全球化（economic globalization）和跨国公司（multinational corporation，MNC）的迅速崛起是当今世界经济发展的两大特征。MNC是全球研究开发活动的主要承担者，拥有全球研究开发能力的85%左右，为经济全球化提供了有效的载体[7]。MNC国际生产体系正在形成，支撑其在全球范围内从事贸易活动。随着中国国内产业的不断发展和市场准入限制的逐步放宽，MNC来华投资日益增多，截至2004年年底，世界排名500强的MNC中已有450多家来华投资[8]。据中国海关总署的消息，截至2011年12月底，全世界销售额最大的500家MNC中，已经有480家进驻中国并展开大规模投资活动，500强企业在我国设立各种分支机构超过3000家，世界工业企业100强中已有90家在中国投资，其中，世界汽车巨头已经全部进入中国市场，这表明MNC对华投资的势头越来越强劲。

中国2007年FDI流入量达到835亿美元，2008年为1083亿美元，2009年略有下滑，为950亿美元，2010年增至1147亿美元，2011年FDI流入量达到1240亿美元，世界排名第二，仅次于美国（2269亿美元）；截至2011年末，中国内向FDI存量约为7120亿美元[9]。

2012年全年，全国新批设立外商投资企业24 934家，2012年中国FDI流入量虽然下滑2.35%，但是仍然高达1211亿美元，成为2009年美国金融危机以来的首次下降，中国外资流入仍然保持了较高的整体规模，仅次于2011年的历史最高纪录。截至2012年年底，中国连续20年成为利用外资最多的发展中国家，这说明MNC对中国的投资环境仍然是很有信心的[3]。2012年中国利用FDI占全球FDI流入总额的比重有所上升，达到8.96%，仅次于2003年的9.12%；然而中国利用FDI占发展中国家FDI流入总额的比重却从2011年的18.12%下降为17.23%。中国利用FDI占全球比重的“一升”反映了中国的投资环境继续受到全球资本的青睐，中国仍然是MNC全球投资布局的首选地之一；而中国利用FDI占发展中国家比重的“一降”则反映了除中国以外的其他发展中国家和地区在吸引FDI方面表现出越来越强的国家竞争力，同时也反映了MNC持续调整跨境生产布局和全球经营网络以分散投资风险，降低生产成本的发展趋势[10]。

外资经济成分在国民经济结构中的相对份额略有下降，但其在国民经济中的地位依然稳固。2012年外商投资企业涉外税收占全国税收总额的21.64%；实际使用外资占全国固定资产投资的2.04%；进出口总额达到全国进出口总额的48.97%。

从中国的 FDI 项目数量看，2002 年为 3.4 万个，2003～2006 年每年保持在 4 万个以上，2008～2011 年均 2.7 万个，2012 年为 2.5 万个。中国利用 FDI 项目数总计 37 万个。

中国实际使用外资金额从 2002 年的 550.1 亿美元增至 2012 年的 1117.2 亿美元，总体呈现 10 年稳定增长的态势。2002～2012 年，实际使用外资金额总计 8859.5 亿美元。

2013 年中国 FDI 流入量又增加到 2011 年的水平，达到 1240 亿美元，创历史新高，仅次于美国，居全球第二位[11]。根据联合国贸易和发展会议（United Nations Conference on Trade and Development，UNCTAD）统计数据，自 1992 年起，中国已连续 22 年成为吸收外资最多的发展中国家，在世界各国家和地区中所处位次基本稳定。近 20 年，中国吸收外资在全球 FDI 总量中年均占比为 7.6%，在发展中国家吸收外资中，年均占比为 21.5%。改革开放以来，中国抓住经济全球化深入发展的机遇，不断扩大开放，深化改革，积极合理有效吸收外资，主动参与国际分工和承接国际产业转移，吸收 FDI，取得了举世瞩目的成绩。

联合国贸发组织发布的《全球投资趋势监测报告》显示，2014 年全球 FDI 流入为 1.23 万亿美元，同比下降 16%，主要原因是全球经济不振，政策不稳定和地缘政治风险上升，新的投资因大型投资撤资，其效果受到抵冲。2014 年发达国家 FDI 流入量下降了 14%，约为 5110 亿美元，主要是受美国特大股权回购交易的影响。在全球资本流入大幅下降的背景下，2014 年，中国的外资流入规模增速虽有放缓，但仍保持了增长态势，约为 1280 亿美元（包括金融和非金融部门），实现 3%的温和增长，中国历史上首次成为世界最大的外资流入国。2014 年全国非金融领域外资流入规模达到历史新高，但非金融领域实际使用外资金额同比增长 1.68%，低于 2013 年的 5.25%[12]。

FDI 方式仍以外商独资企业和中外合资企业为主，FDI 仍然主要来自中国香港，且仍然以制造业和房地产业为主，外商投资企业仍然是中国对外贸易的中坚力量。

据对外经贸大学国际经济研究院专家团队分析：当前，我国外商投资还呈现几大特点：农业 FDI 增长缓慢，波动性较大；制造业 FDI 规模下降，结构改善；服务业成为 FDI 主导，产业和区域结构继续改善；中国 FDI 环境竞争力排名下降；外资企业社会责任问题继续受到重视；FDI 区域分布不均衡现象未能有效改善；我国 FDI 流入被 OFDI 超越，成为直接投资净流出国；外资企业的反垄断工作引人瞩目；自贸试验区外资管理体制改革继续推进；中美、中欧双边投资协定对吸引 FDI 产生正向影响；“一带一路”战略倡议为我国吸引 FDI 创造了新机遇；日资企业对华投资发生结构性变化。

尽管国际经济依旧低迷，2015 年，中国实际使用外资（FDI）再创新高。商务部 2016 年 1 月 14 日公布的数据显示，2015 年中国实际使用外资金额（FDI）7813.5 亿元人民币（折 1262.7 亿美元），同比增长 6.4%（未含银行、证券、保险领域数据），增幅较 2014 年扩大 4.7 个百分点[13]。

分行业来看，2015 年服务业实际使用外资 771.8 亿美元，同比增长 17.3%，占比达到 61.1%。制造业实际使用外资 395.4 亿美元，与上年基本持平，在全国总量中的比重为 31.4%。其中，高技术制造业实际使用外资 94.1 亿美元，同比增长 9.5%，占制造业

FDI 的 23.8%，钢铁、水泥、电解铝、造船、平板玻璃等国内市场产能严重过剩的行业基本上未批准新设外资企业。

外资并购交易日趋活跃。2015 年，以并购方式设立外商投资企业 1466 家，实际使用外资金额 177.7 亿美元，同比分别增长 14.4%和 137.1%。并购在实际使用外资中所占比重由 2014 年的 6.3%上升到 2015 年的 14.1%。

中国吸收外资质量持续提升，产业结构进一步优化。2015 年，外商投资企业平均投资强度进一步提高，单个新设外商投资企业平均投资总额 1530 万美元，比 2014 年增长 5.1%。他同时称，自由贸易试验区引资聚集效应凸显。扩展区域后的上海自贸试验区吸收外商投资占全市 1/2，融资租赁、科技研发、创业投资、电子商务、现代物流等高端产业向自贸试验区集聚的态势明显。

目前，外商投资企业创造了中国近 1/2 的对外贸易、1/4 的工业产值、1/7 的城镇就业和 1/5 的税收收入，对经济社会可持续发展的促进作用进一步增强。

近年来，零部件生产的国产化程度明显提高，产品销售的国内市场比例开始上升。以产品本土化、人力资源本土化、研发本土化为特征的“本土化战略”日益凸显。这为我国企业与 MNC 通过开展价值链各个环节的合作，利用 MNC 的技术扩散，提升技术能力创造了极大的可能性。

商务部 2016 年 7 月 19 日公布了 2016 年上半年“三外一内”（外贸、使用外资、对外投资及国内消费）相关情况：2016 年上半年外贸继续呈现回稳向好态势，使用外资更加注重结构和质量的提升，对外投资呈现高速增长。上半年，我国货物贸易进出口 111 335 亿元人民币，同比下降 3.3%；服务贸易方面引领增速，初步预计上半年服务进出口额约 2.5 万亿元人民币，同比增速预计超过 20%。

虽然货物贸易增速仍不明显，但与世界各经济体横向对比，以及与往年纵向对比，我国外贸回稳向好的态势没有改变。货物贸易分为进口和出口。从进口看，上半年原油、铁矿砂、铜精矿等 10 种大宗商品量增价跌，数量增长 2.3%～38.7%，价格下降 9.0%～35.8%，有利于企业降低成本，提高效益。从出口看，虽然增速仍然下降，但出口结构向好：大型成套设备出口增长 3%，通信设备、集成电路等高附加值产品出口分别增长 10%、2.9%。此外，跨境电商贸易、市场采购贸易、外贸综合服务企业继续保持较快增长态势，正成为新的外贸增长点。

与货物贸易相比，服务贸易继续保持快速发展态势。目前出炉的前 5 个月的数据显示，服务进出口总额达 20 782.8 亿元人民币，同比增长 22.7%。目前，服务进出口规模快速扩大，服务出口结构继续优化，我国服务出口中高附加值服务出口占比正在不断提升。

2016 年上半年，我国实际使用外资金额 4417.6 亿元人民币，同比增长 5.1%（未含银行、证券、保险领域数据）。其中，高技术服务业和高技术制造业吸收外资双增长，高技术服务业增幅较大，同比增长 99.7%，因此高技术服务业对 FDI 的吸引力正在凸显。

可见，2016 年上半年我国总体利用外资的情况是良好的。我们现在利用外资的结构调整主要是朝着高技术、高质量、高水平的方向在转变，因此上半年对华投资增长比较多的恰恰是欧美发达国家和地区。

从数据上来看，上半年，美国对中国的投资增长 142.6%，英国对中国的投资增长 114.3%，德国对中国的投资增长 97.6%。面对高速增长的数据，所谓“外资逃离中国”的说法不攻自破。实际上，中国利用外资一直稳步增长，更加注重外资结构和质量的提升——美国、英国、德国对中国的投资增长较快的行业主要为信息传输、计算机服务和软件业、科学研究、技术服务和地质勘查业以及制造业等。

过去说外国企业到中国投资获利很快，但现在不同，因为外国企业要面临中国企业各方面的竞争。同时，中国企业也在主动优化吸收外资的结构。从上半年吸收外资的产业结构看，服务业实际使用外资在全国总量中的比重继续提高到 70.4%；制造业实际使用外资的比重下降为 28.3%。服务业比重提升总体上是好事，但这不意味着我国对制造业利用外资不重视，我国仍希望吸收更多的制造业到中国来投资，特别是高端的、高新技术方面的制造业。

MNC 全球化合作的方式多种多样，不仅包括股权参与方式，而且包括种类繁多的非股权参与形式。具体来说，股权方式主要包括 FDI、跨国并购；非股权方式主要包括海外及本地采购、分包、授权贴牌生产（original equipment manufacturing，OEM）、自主设计生产（own design manufacturing，ODM）、许可生产或销售、战略性技术合作等。其中，非股权参与形式在 MNC 国际生产体系中日益发挥着重要作用，特别是针对制造业，MNC 不用参与投资，通过采购合同就能实现强化优势、降低成本的目标；在制造业迅猛发展的中国，股权参与的 FDI 已不再是 MNC 实现国际生产的唯一方式。

针对 MNC 全球合作的这些方式研究技术扩散问题，有着很重要的现实意义。目前，除了 FDI 以外，分包、OEM、ODM、许可生产或销售、战略性技术合作等方式也都越来越多地产生了技术扩散，值得我们关注。

经济全球化进程中的 MNC 把产业价值链放在全球不同地区和国家，利用专业分工优势与全球协作网络的整合优势实现资源投入与产出的最大化。在这种情况下，我国要积极利用 MNC 的技术优势，从而参与并抢占价值链中的高技术、高附加值的生产环节。

科学技术是第一生产力。中国企业要获得更强的国际竞争力，必须更加全面地依靠技术进步。技术转移与技术外溢是 MNC 技术扩散效应产生的两种形式。技术转移是指有意识地进行国际技术转移，是指技术供方把生产、管理、销售的技术及相关权利（如专利权、商标权、版权等），通过不同方式，如贸易、合作、援助、技术服务、学术交流等方式转让给对方加以利用。而技术外溢，是指通过技术的非自愿扩散，促进了东道国技术和生产力水平的提高，是外商投资对东道国经济正外部性的一种表现。纳入 MNC 全球产业价值链和吸引 FDI，通过技术转让和技术外溢实现技术扩散，充分获得 MNC 的技术优势，是中国企业增强国际竞争力的最有效的途径之一。

目前，技术扩散在我国许多行业已经发挥作用并产生影响，在外资企业技术扩散和技术外溢的作用下，我国传统加工业具有了较强的国际竞争力；在技术含量较高的制造业，如国产手机、计算机、通信设备等，竞争力也日趋增强，并逐步有了自主研发能力。

技术扩散使中国企业获得了先进的技术和前沿的信息，逐步积累了丰富的制造和管理经验。

近年来，MNC 在中国投资的重点将逐渐由传统的制造业向研发及核心零部件制造等上游产业和销售、物流等下游产业延伸。加入 WTO 的过渡期之后，中国的市场会越来越开放，越来越广阔，中国成为颇具竞争力的加工制造业基地，且正在成为颇有吸引力的研发基地和世界性市场，中国会继续成为 MNC 的投资热点。随着 MNC 在华投资的广泛与深入，技术扩散也必将越来越普遍。近年来，MNC 向我国转移先进技术的比例持续上升，科技和信息的全球化导致研发费用高且折旧快，技术的复杂性越来越高，形成了水平分工和全球市场需求，全球开始同步使用新产品和新技术。技术更新速度的提高和全球范围的同步性给 MNC 带来压力，它们对技术的保密和控制越来越难于实现，MNC 的技术转移及技术外溢给我国技术进步及自主创新所带来的影响和帮助必将越来越大。

2. 技术扩散的积极作用

开放环境下，外资技术扩散在东道国技术创新推进过程中起着至关重要的作用[14]。新加坡的经济发展是一个典型的案例，1990 年以来，新加坡为 MNC 投资研发活动提供多方面的财政支持，吸引 MNC 在新加坡设立研发机构，促进国内研究机构与 MNC 研发机构的合作；政府还出台多项计划，加大国内研发投入，以提高对引进技术的吸收能力，从而促进本国技术进步及生产率增长。这些举措对新加坡荣登亚洲四小龙起到了关键作用[15]。据商务部统计，截至 2011 年 2 月，MNC 在中国的研发机构已由 2006 年 10 月的 980 家增加到 1400 家，而且还在继续增加，我国已成为 MNC 角逐的热土；近年来，MNC 在中国的研发投入力度和层次也在不断加大和提高，截至 2010 年 3 月，MNC 在中国的研发中心的投资总额高达 128 亿美元，注册资本 74 亿美元，主要集中在技术密集型行业，如通信、生物医药、交通、化工、软件等，而且外商投资研发中心的基础型本地化研究所占比重有所上升；更值得关注的是，目前在华的外资企业已成为中国研发创新活动的重要组成部分，影响着国家创新体系和区域创新体系。据统计，2008 年外商投资企业占我国大中型工业企业研发经费支出的比重，由 2002 年的 19.7%上升至 27.2%（年均增长 21.2%），拥有的发明专利数占全国的 29%，新产品的开发经费、销售收入和出口额分别占全国的 31%、41%和 60%[16]。

国际技术扩散氛围下，东道国企业不应自我封闭，否则其创新效率会因为不理性的放弃合作而大打折扣，这也源于企业所固有的开放性质使然，快变的竞争环境迫使多个创新实体协同投入各种创新资源，携手开展大幅度的整合创新，同步化价值创造行动，创新盟友在国际合作过程中的多边双向技术扩散对于各方的技术创新战略目标实现的贡献作用已经日益明显。技术扩散所依赖的三条多元化路径（贸易、FDI 及专利申请引用）能够为技术领先企业及后进企业构造一个利于知识信息分享、合作创新的友好环境，借助人力资本跨国流动、多学科技术交融、多类型知识分布环境下集成，价值增值性技术知识会被同时嵌入到多个内外资创新主体中，从而增强或革新技术扩散中授受企业的技术创新能力。技术扩散具有扩散主体创新能力及投入创新资源的异质性、授予方扩散策略及受方创新策略的交互性、技术授受交易关系的开放演化性、扩散各方交易合作创新产出共享性等特点。对于创新主体来说，跨国技术扩散具有科技资源价值增值、生成技术扩散外溢、跨越技术壁垒限制、降低创新投资风险、助推技术进步及经济收敛的作用。在技术扩散发展历程中，内外资企业之间就专利权、特有知识、高技术含量中间品的进出口、制造工程采供或合资型FDI股权等技术性标的物的交易会逐渐演化为技术扩散过程中的关键行为、瓶颈环节或核心活动，对技术扩散促进东道国经济增长的效应发挥将产生根本性影响。随着外资技术扩散形态的不断演变，内外资企业间的先进技术简单交易向长期交易合作的发展转变过程也是内资方协同创新能力培育及强化过程，比如我国三一重工、奇瑞汽车等具有民族品牌的优秀企业也借助外资在华技术扩散增强了协同创新能力，逐步在外资技术扩散中的技术转移交易及新产品新工艺跨国协同开发中占据主导地位，掌握交易合作的话语权[17]。近年来，华为及中兴公司积极嵌入跨国通信公司在华的多种技术扩散路径，广泛吸收外资企业在电子信息领域的最新研发成果，虚心向MNC学习，通过引进跨国通信制造企业核心技术、高附加值专利或关键零部件，获取了核心智能芯片、高端通信元器件及专用通信设备等方面的最前沿开发成果；进一步，内资方以自身较强的研发实力为筹码，基于内外资方的频繁进行的相关技术性交易，与国外供应方成功牵手，展开了相得益彰且行之有效的本土化成品定制合作，大幅提升产品定制成功率，并显著压缩定制创新合作成本，从而使这两家内资企业成长为我国甚至全球通信制造业中当之无愧的领先者[18]。

MNC的技术扩散，通过技术外溢和技术转移两种形式，提高了中国的整体技术水平，加快了中国产业结构的升级。技术外溢效应主要通过技术在产业内溢出效应和产业间溢出效应来体现。产业内溢出主要是对国内同行业的竞争者的影响，MNC的进入带来了国际领先的技术，给国内企业带来了压力，迫使他们要加快研发速度，提高技术水平，以提高自身的市场竞争力；同时也促进了优胜劣汰，淘汰一些落后企业，对市场和资源进行重新组合，进行优化配置，从而提升我国的整体研发水平和技术水平。产业间溢出主要相对于MNC对上下游企业的影响，下游产业为了向MNC提供产品和服务，会主动提高自己的技术水平以达到MNC的要求，同时，他们也可以得到MNC的技术指导和支持，从而全面提高产业水平。另外，国内企业购买MNC优质、先进的产品和服务后，可以进行研究与改进，从而促进国内企业的技术进步。

MNC的技术外溢效应还为中国培育了一批优秀的科技人才，给中国带来了先进、科学的管理理念，提高了制造业的生产加工水平，有利于稳定中国的经济环境和促进外贸的发展。

MNC技术转移是多年来我国引进FDI所关注的核心问题。一些人对我国对外开放及以市场换技术的发展策略表示怀疑，主要是担心我国开放和送出的是巨大的市场空间以及对我国本土企业市场和利润的牺牲，所获得的技术转移程度却十分有限，而且担心MNC的进入阻碍了我国本土企业的自主创新。确实，MNC之所以能够取得巨大的利润和发展规模主要是因为其具有净所有权优势，而净所有权优势通常表现为MNC所具有技术优势和管理优势，对先进技术和管理优势的垄断是 MNC 赖以存在的基础。因此，MNC 会极力避免技术特别是核心技术的扩散。

我们也不能忽视，MNC 在中国技术扩散的限制一方面有 MNC 的主观垄断原因，另一方面也与我国自身的原因有关，比如内资企业吸收能力较弱而呈现的门槛限制。技术扩散也受到我国现有的企业规模、技术管理水平、吸收能力、产权结构以及国内不完善的要素市场和产品市场结构等因素的限制。这导致外资技术扩散对于东道国企业技术进步的正面效应没有得以充分彰显，这也正是内外资方之间技术差距仍然明显的现实根源所在[19]。当前内资方与 MNC 在技术领域的实力差距，除了我国企业扩大规模、提高技术管理水平、增强吸收能力、改善产权结构以外，还亟待借助多元化的外资技术扩散形式来缩小[20]。理想中的外资技术扩散效应和竞争效应在本土的实现，关键条件之一就是营造出开放包容、互惠双赢、建设性的内外资技术转让转移市场交易氛围[21]，涉及专利权技术转让或许可、股权换投资、特有知识交易、高技术含量中间品和资本品的进出口、制造工程采供等，有效的内外资企业相关交易合作路径能为我国企业带来超前的专利技术、优质的外来资金及稀缺且高价值的知识诀窍，当然有利于加快东道国内资企业技术进步。因此，研究外资技术扩散中内外资企业间交易与创新合作的运行机理与演化过程，对于培育地方产业自主创新能力及协同创新能力、夯实区域和国家创新体系具有极为重要的理论及现实价值。

我国政府在制定合理引资规划、完善各种引资和对外经济贸易政策制度方面也有很大的提升空间。韩国、中国台湾等地引进外资获得技术扩散从而提升整体技术水平和创新能力的成功，也证明了 MNC 单方面对技术的保护和垄断并不能完全阻碍技术扩散。随着经济全球化及信息时代的到来，MNC 所面临的竞争压力也在逐渐加大。为了保持领先优势，MNC 已经不得不加快研发速度，在东道国建立研发中心，更快速、直接地在市场附近进行研发，占领市场。同时，随着技术更新速度的加快，MNC 也越来越多地把最新、最先进的技术转移到东道国。因为，在竞争加剧的市场环境中，加快扩散、加快研发比严格的技术保护给 MNC 带来更大的利益。

虽然改革开放初期，我国在对 MNC 技术扩散的引导方面存在一些失误，但不可否认，MNC 进入中国，其技术扩散给中国带来的技术变革具有积极和重要的影响。与 MNC 进行合资，通过 MNC 的技术转移，我国企业得以引进一批先进技术、设备填补空白。例如，汽车行业、家电行业、医药卫生行业、航空和计算机行业等，通过引进技术，在一定程度上带动了这些行业生产技术水平的提高和相关产业的升级换代。

技术扩散通过技术转移和技术外溢，不仅给中国带来了先进的技术，更为中国注入了持续发展的动力，为自主创新打下了基础。在全球化加速发展的今天，充分利用 MNC 全球领先的技术优势，扩大技术转移和技术外溢的深度和广度，同时消化、吸收外来先进技术，加强我国的自主创新能力，应该仍是我国利用外资的主导方向。

3. “十三五”规划对于提升利用外资水平的引导

2016 年 3 月 18 日，国家发展改革委编制完成并正式发布了《中华人民共和国国民经济和社会发展第十三个五年规划纲要》，规划提出了“十三五”期间构建全方位开放新格局的指导思想和战略意图，主要任务有：以“一带一路”建设为统领，丰富对外开放内涵，提高对外开放水平，协同推进战略互信、投资经贸合作、人文交流，努力形成深度融合的互利合作格局，开创对外开放新局面。规划阐明了我国未来五年利用外资的战略目标、重点任务及相应的政策措施，是“十三五”期间我国利用外资工作的重要指南。

“十三五”期间，我国提升利用外资水平的总体战略目标提到：扩大开放领域，放宽准入限制，积极有效引进境外资金和先进技术，提升利用外资综合质量。放开育幼、建筑设计、会计审计等服务领域外资准入限制，扩大银行、保险、证券、养老等市场准入。鼓励外资更多投向先进制造、高新技术、节能环保、现代服务业等领域和中西部及东北地区，支持设立外资在华研发中心[22]。

可见，在利用外资问题上，国家已不再盲目注重规模和资金，而是注重利用外资从“量”到“质”的根本转变，把重点从弥补资金、外汇不足切实转到了引进先进技术、管理经验和高素质人才上来；更加注重生态建设、环境保护、资源能源节约与综合利用；希望通过充分利用 MNC 的技术外溢效应，带动我国创新能力和技术水平的提高，推进我国产业结构的提升；通过引进国外先进技术和管理，发挥外资企业对国内企业的引导、辐射作用，促进我国集成创新能力和引进消化吸收再创新能力的提高；努力实现外商投资从简单的加工、装配和低水平生产制造层次进一步向研究开发、高端设计、现代流通等新领域拓展，推动我国成为世界高附加值产品的制造基地之一。

中国现在并不特别缺资金，而是希望在技术上有更多的提升，现在利用外资的政策，恰恰体现了这一点。在“十三五”期间，我国在吸引外资方面将实现从“引资”到“选资”的过渡，吸引更多的高新技术企业和技术服务公司来华投资，同时会运用各种放开限制及优惠政策促使 MNC 技术转移，带动我国的技术能力提高，推动内资企业的自主技术创新。

4. 外资技术扩散与内资研发投入的交互影响作用

然而，笔者早在参与 2008 年陕西省教育厅项目“关中高新带人力资源竞争力评价”（08JK142）时，对关中高新带的内外资企业调研过程中，就发现外企的核心技术被外籍人士所掌握，本地人才流动很难带走外企的核心技术。尽管我国企业掌握了全套引进设备的原理，且能够开展二次创新，但 MNC 仍然可以通过技术封锁来维护其技术优势地位。对于高精尖技术或关键核心部件的生产技术，MNC 是绝对不可能扩散的，如 CPU、DVD 芯片。随着本研究团队获批教育部 2012 年度教育部人文社会科学研究青年基金项目“外资技术扩散与国内企业研发投入的交互影响研究——基于演化博弈的视角”（项目批准号：12YJC790084），课题组成员在我国外资经济非常活跃的广东省进行了更大地域范围的内外资企业交互影响的深度调研，涉及广东梅州高新技术产业区、河源国家高新区、顺德高新技术产业开发区、汕头高新区、深圳高新区、广州高新区、中山火炬高技术产业开发区、东莞市高新技术产业开发区、珠海高新区、惠州高新区、佛山高新区、江门高新区、肇庆高新区、广东自由贸易试验区等，调研结果进一步印证了外资技术扩散发生的条件性和对被扩散创新技术的选择性。

近年来，国内众多学者的实证研究也表明，单纯的技术扩散并不意味着我国企业一定能消化吸收并掌握国外的先进技术，也就未必能促进中国工业技术进步和生产率的提高[23]。究其原因，可以将之解释为：外资技术扩散的过程和效应从来就不是 MNC 单方的选择问题，而是受 MNC 的技术扩散和国内研发投入的交互影响而共同决定的，也是由 MNC 的技术扩散和内外资企业就技术、股权、知识、中间品、工程项目等的交易行为所共同决定的，其不确定性来自双方就各自利益实施的交易策略及其交互行为[24]。国内研发投入在外资技术扩散过程中发挥着不可忽视的重要作用。内外资企业在技术密集型标的物交易过程中的资源投入策略、协同创新努力及互信程度在外资技术扩散过程中也发挥着不可忽视且重要的调节作用，同时也决定着双方的竞合格局变迁及交易关系演化趋势，也在一定程度上影响相关技术跨国交易市场的最终均衡状态及其动态稳定性，当然也使 MNC 绩效及东道国社会经济福利表现出显著的差异性。因此，基于演化博弈论的视角，从外资技术扩散与国内研发投入策略的交互影响入手，来剖析技术扩散的内在机制，有利于我国政府与企业制定理性的技术赶超战略，具有现实的可能性和必要性。

在当代全球经济与中国经济日趋融合互动的氛围下，面对 ICT 革命掀起的正以排山倒海之势向我们滚滚袭来的国际信息化发展浪潮，我国的传统工业体系不仅要成为舶来的外资技术的学习者，更要将跨国转移到中国内资企业的高级前沿技术转变为自主性知识资本及二次再创新的关键投入要素，致力于外资技术扩散及本土产学研自主研发投入交互影响下的东道国经济的内生式健康快速增长，后者的实现就要求内资企业高效运用全球技术性资源，主动迎接、高度参与和彻底融入外资在华技术扩散行动，构建以我方企业为中心、本土产学研战略联盟深度介入外资技术扩散的双方转移受让系统及其衍生出来的内资方主导下的内外资企业跨国协同再创新联盟组织，在此进程中，长期互惠双赢导向下的内外资企业间技术性标的物交易的培育及运用起着举足轻重的杠杆效应[25]。因而，从技术扩散视角下建构并剖析内外资方的技术授受交易合作博弈模型，探究基于国际技术扩散多元化路径的内外资企业间交易合作模式及其机理设计优化，在当代中国经济新常态的长期大好形势下已然凸显出其必要性和可用性。

1.1.2 选题的理论背景

当今高度发达的世界经济的演进历程，也同时是人类技术的一部革命史，正是技术在强力推动着世界经济向未来不断攀升。20 世纪 80 年代，新古典经济增长理论不能令人信服地解释经济增长，因此，到了 80 年代中期，以 Romer、Lucas 为代表的西方学者重新思考了外生技术增长理论，他们提出的内生经济增长理论应运而生，亦是新增长理论，并在近 30 年来迅速发展。该理论认为技术也是生产要素，是内生的，源于厂商利润极大化的投资决策。企业不仅从事创新性的技术开发，还从事模仿活动。创新与模仿之间相互作用，简单的创新诱使快速的模仿，而低廉的模仿又会导致创新的加速，其中的模仿就是技术扩散，而创新正是源于研发投入。

内生技术增长学说也有两派：其一主张投资带动增长，包括实物或人力资本，如Romer、Lucas 等。Lucas 认为在开放经济环境下，一国的技术创新受到其“干中学”（Learning by doing）的内生性影响，而该国人力资本存量对其从事“干中学”所必需的吸收能力起到决定性作用。其二主张技术进步才是经济增长的长久性内生动力，技术知识累积来自独立的 R&D 活动。因此这个流派支持的是基于 R&D 的内生经济增长理论。进一步地，根据技术源的不同，技术进步来自自主独立创新或外部技术引进、学习吸收、模仿，基于技术及知识的非竞争性假设，他们推论技术落后国的学习模仿成本远低于技术领先国的研发创新成本，因此发展中国家完全能够通过技术引进及模仿而实现经济追赶甚至超越。诸多实证研究早已发现：外资技术扩散已经成为各国共享创新成果并实现技术进步的重要路径[26, 27]。因此，在内生经济增长理论的启发及引领下，很多学者关注着当今开放环境下的经济增长，重点分析国际进出口贸易或 FDI 对东道国的技术溢出效应，从而检验外资技术扩散对东道国技术进步及经济增长的实际影响[28-34]。

随着技术引进消化吸收后的模仿创新以及二次再创新在发展中国家经济内生增长及竞争战略中的作用越发彰显，中外学者们对于依托跨国技术资源的非自主性技术创新的内容阐释和功能认知也有了根本性的改变，因而近年来外资技术扩散的相关研究得到了更多学者的重视与青睐；而且，伴随着东道国政府主动优化国际技术扩散环境，出台更有吸引力的招商引资政策，与本土产业集群、地方产业网络匹配对接的外资技术扩散下的内外资企业间合作交易及其相关的演进研究也上升为技术扩散研究领域的焦点性问题；相当一部分研究者认同内资方在外资技术扩散中的角色和定位与其技术创新潜在能力有密切相关性的观点[35]。遗憾的是，现有研究未能就内资企业在外资技术扩散中所起的作用给出统一性界定和普适性分类，也就导致了内资方在外资技术扩散中与 MNC 进行相关技术、知识或股权交易的路径演进性及均衡态策略的研究缺乏足够有说服力的成果支撑。

1. 技术扩散视角下内外资企业间关系研究的现存问题

已有的技术扩散系统内合作创新主体间相互关联研究仅限于资源共享，即停留在实体、技术、知识或信息资源共同投入的认识及探究上，未能深入到协同创新关系建构层面，技术扩散实质上是 MNC 与技术落后国企业进行合作创新的一种重要表现形式，是双方相互作用下共同完成的一种技术转移过程或者是一种技术传播过程[36]。根据资源依赖理论的观点，任何组织都不能独立生存，必须从外部获取资源，依赖于周边环境而实现生存目标[37]。合作经济学也正是基于组织与环境的互惠互利原则而产生及发展，在技术创新领域。企业间协同合作可以实现外溢效应内部化、资源互补、创新要素整合及以知识增值为核心的价值创造[38]。协同技术创新实质上是知识创新，技术创新合作就是要提供给企业新技术，使其学习到新知识，尤其是技术创新领域的复杂性知识及隐性知识；创新合作的基础就是知识在组织间的转移、传播及共享，这种跨组织知识流动可能是一方主观性地向另一方转移新知识，或是知识被非主观性地传播到其他合作方，但都离不开且起始于所有创新主体间的有效沟通[39]；Zhang 和 Begley[40]还发现建立技术创新合作关系的组织不仅包括同行或供应链伙伴，还包括非营利机构。Seck[41]研究发现在技术扩散路径上，发展中国家企业也能汲取先进且稀缺的技术、核心或前沿的知识，而且这些企业的自主创新水平及生产率会不断升级。

实际上，单个企业都无法全面掌控相关领域的先进技术，产品研发专业化分工不断细化，跨国跨组织技术创新扩散系统已经成为全球科技型企业开展创新活动的有效运行平台[42]。对于微观主体的创新型企业而言，创新资源的流动既可以借助于国际技术扩散而实现，助力企业开展集成创新，又可以推动技术扩散网络中的创新主体进行合作而实施协同创新。不重视全球技术扩散环境，对于内资企业会有不可估量的损失，同时也会使我国企业错失利用外资企业创新资源增强自主创新能力的良好机遇。

复杂的市场环境、技术创新难度不断加大、交叉技术普遍融合，促使技术扩散环境下的企业间协同创新模式被广泛应用。Rogers[43]认为技术扩散是系统成员创新的约束规则，技术扩散网络结构的基本联系机制是创新主体间的协同关系，而且他认为，跨国技术扩散通常是公司在技术创新活动中产生的超越国界的企业间多种关系的复杂综合体，包括有意识建立的交易关系及合作关系，或无意识下出现的各种关联关系等。

虽然当代企业能设计出多种精细的管理体制或组织结构，以减少实物性资源对企业的束缚和禁锢，但是却越发离不开不断更新的知识和日渐广泛的模块化技术系统，致使企业形态向以协作分工及知识转移为特性的技术创新扩散系统及创新战略联盟结构演化[44]。一般地，跨国技术创新扩散系统具有以下特性：系统包括有限数量的外资创新扩散企业（技术提供企业）和内资创新采纳者（技术接受企业），两类企业相互影响、互相依存，共同形成了不同功能的模块或小团体，跨国技术扩散系统通过若干模块或内部小团体间的跨国协同创新及交互扩散作用而显示出其系统性[45]；组成系统的各个模块或小团体表现出自组织性及优势性的特征，能够部分独立地运行或演进，扩散系统中的亚基或子单元（subunit）在系统中的层级或功能是有差异性的[46]。受到技术竞合规则和协同创新规则的引导和激励，生产率异质性的各种内外资企业的技术创新状态及技术授受行为会发生动态变化，通过成核生长机理、知识传导机制及创新主体关联机理，引起整个技术扩散系统绩效的改善及系统状态的非线性时空演化，进而产生能级高低各不相同的跨国协同技术创新[47]。因此，优化技术扩散系统的局部交互效应及整体演进路径的关键举措是设计出基于全局良性交互的技术扩散机理与系统协同创新机理并加以有效运行。

若将技术授受各方及协同创新的主体企业视为模块组织，那么技术扩散系统也就成了模块组织构成的一种系统。相比斯密的市场协调体系、马歇尔的局部均衡结构、威廉姆森的纵向一体化架构、科斯的产权界定清晰的有边界组织，技术扩散系统的模块组织有条件产生出更优的经济绩效，这缘于技术扩散系统的模块构造能根本性激励多种创新主体参与技术扩散及协同创新的原动力[48]。杨丽[49]研究发现模块组织系统能节省跨国技术扩散成本，有助于激发复杂产品的开放式创新，会促进扩散源企业的新技术溢出和扩散吸纳企业的新技术引入，对于跨国技术扩散系统的渐进性和突变性创新增量提升具有显著作用。齐羽[50]在大量案例与实证研究的基础上发现模块组织的最大强项是擅长重构其核心竞争力。模块组织最初聚焦于产品开发阶段，随后的研究集中在企业集团的模块组织，价值网或供需链的模块结构等[51]。

跨国技术扩散过程中授受方企业间关联性研究，通常涉及资源依赖理论、交易理论、权变管理理论、认知心理学、传染病模型、集群理论、学习理论、网格原理等，这些学说或理论大多能启发学者们从技术扩散系统全局出发，着重分析系统内各个创新主体间的关系特性及其动态持续发展[52]。关于模块组织间的关联，学者们重点探究了互信性、信息流、交易关系等创新战略联盟组织治理问题[53]。技术扩散系统的模块组织是与外界环境有关联性的相对独立性组织，其效率评估不只要考察内部，还要顾及模块组织间的非分工合作，包括交易合作、技术合作、学习合作等，表现为扩散方、接受方及各创新主体间的协同与匹配，即应该正确衡量模块组织间的同步联动效应、战略整合效应和资源集成效应[54]；进一步地，张伟和陈凤者[55]研究发现技术扩散中相关模块组织间的外部扩散效率及协同创新效率的提升是以创新主体间长期合作为前提的。潘飞等[56]设计并论证了跨企业模块组织管控方式、制度建设、技术供给能力、扩散网络中交易合作能力、技术创新结盟能力对技术扩散和协同创新绩效的间接驱动路径，揭示了跨企业管控机理对扩散系统绩效和协同创新联盟绩效的直接作用。朱瑞博[57]提出从模块组织虚拟整合视角研究产业技术扩散体系及跨国创新联盟内的交易合作关系具有现实的迫切性。

2. *对外资技术扩散系统中内外资交易合作的过程研究及规律性研究存在不足*

对外资技术扩散的效应或扩散系统中内外资交易的最终结果研究过多，而忽视了具有技术扩散性质的内外资企业间交易向交易合作的演进过程研究，也没有注重技术扩散环境的调节作用。而更能揭示跨国技术扩散系统动态发展规律性的创新主体间从技术转让的简单交易向长期交易合作（既可能是技术创新合作，也可能是高水平运营合作）的演化规律研究却涉及较少，实质性的交易合作演化发展规律没有被挖掘出来。技术扩散系统的模块组织间有机联系，实质上就是一种交易合作模式，因此，外资技术扩散过程往往借助于内外资企业间交易而实现，即通过技术、股权、知识、中间品、工程项目等的交易而实现技术的跨国转移或国际性传播[58]。一般地，内外资方的技术性交易关系的确立及建设情况往往注定了整个技术扩散系统的演化趋向，而且也引领着内外资企业构成的技术创新跨国联盟的长远发展，对中外创新主体的产品协同研制及技术合作开发行为起着关键的调节作用，使其耦合同步，相互密切匹配[59]。Rai 等[60]认为技术扩散系统中的相关交易能够加速技术跨国转移或传播，集成国际先进水平技术或高端工艺，聚集研究团队、风险投资及中小科技型企业，在技术协同创新上实现“空间换时间”，提高发展中国家企业的前沿与关键技术创新能力，驱动新兴市场中的知识扩散、整合及增值，帮助后进者获取更有分量的技术扩散溢出。Wan 等[61]阐释了技术扩散系统中企业间技术转移交易的主要作用——知识溢出效应的促进剂、生产率增长的导向标、部门经济收敛的助推器。García-Muñiz 和 Vicente[62]又论证了 ICT 技术扩散系统中欧洲企业间技术转移交易还有以下作用：技术创新扩散的使能器、信息和知识流的中介、新的经济增长点的创始源、新财富源泉的孵化器、衍生企业的生成器。Şanlı 和 Hobikoğlu[63]基于在土耳其的外资技术扩散实证研究，提出技术输入国的研发资金投入、面向人力资本增量的教育投资、专利购买交易、产学研合作契约等技术性交易政策都会与外来的跨国技术扩散效应有密切关联，而且内外资企业间的 R&D 相关交易活动对土耳其公有部门、大学与私企联合参与的国际生产和全球技术创新合作的可持续性发展能产生显著的正激励。Silvestre 和 Neto[64]从金字塔式产业集群环境下国际技术扩散路径出发，通过案例访谈研究发现全球交易合作通常能增强新兴经济体产业集群内学习者企业的知识获取能力和吸收能力，从而为国际技术扩散系统中的东道国集群企业带来竞争优势及可持续性成长。Zhang 和 Yan[65]研究清洁技术全球扩散系统绩效，强调交易合作更能够优化核证减排量高收益的大型环保工程中的跨国技术转移，并且对国际组织参与的清洁发展工程中的专利转让产生积极作用。Das[66]针对贸易引导下的技术扩散及消化吸收构建一般均衡模型，检验贸易相关的三角形研发溢出，论证了技术贸易在国际技术扩散中的决定性地位，这源自南北各国间的交易体制性因素对科技知识流动、获取及传递起着重要作用。Santacreu[67]估计了技术贸易对技术采纳国创新产出及经济增长的影响，发现内外资企业间交易对于发展中国家获取外资技术扩散效应的贡献率甚高。Nishioka 和 Ripoll[68]发现中间品贸易在研发扩散中扮演着中间通道的角色。JIA 等[69]发现交易能够汇集产业集群环境下技术扩散系统中的海量知识信息，相比知识累积或集聚的其他方式而言，更容易激发扩散系统内多类主体间的创新合作。Okazaki 和 Yamaguchi[70]通过钢铁产业节能减排技术扩散的个案研究，认为自愿性技术转移交易是技术扩散系统的必需要素，是实现全球技术扩散的有效做法，对于扩散效应发挥着重要作用，而且发起主动性交易的工业部门往往能吸收最多的先进知识，参与更广泛的国际性技术创新合作，实现持续性成长。

国内文献也有对技术扩散系统中内外资交易的相关探索性研究，主要集中在交易费用、交易制度、交易主体、交易规模等方面，陈淑云和王志彬[71]从交易成本节约的角度出发，论述了技术扩散与技术引进的动因，承担新技术开发和供给的外资企业往往具有较高的技术势能，诱使相对落后的内资企业购买新技术，故而技术势差影响跨国技术扩散系统的活性，同样关系到内外资企业交易费用的高低，而且地理距离和技术更新速度对技术扩散及内外资企业交易成本也有类似的影响。刘松和高长元[72]从企业寿命周期的视角分析高技术虚拟企业的构建机理，发现交易合作关系是虚拟企业构建的瓶颈因素，交易合作策略能为虚拟企业的成员提升动态竞争力，而交易合作的稳定性大多依赖于知识学习效应的取得以及可接受的或后期可弥补的交易费用，因此虚拟企业的知识流动是以成员间交易合作为条件，且以保有交易合作关系的重要成员间的知识流为核心。唐晓云[73]对比美日技术扩散体系，美国活跃的技术交易市场驱动了新技术被快速而广泛分散地扩散，放大了技术创新扩散对本国经济增长的贡献率；而日本实施的限制性进出口贸易政策、集聚性贸易产品结构以及追赶型技术投资政策，使其技术创新及扩散只发生在少数优势产业内部，过分地集中在大企业财团，相关产业间的新技术扩散明显乏力，这一扭曲的技术交易制度、单一狭隘的技术交易主体以及受限的交易规模严重阻碍了新技术的有效转移及传播，也是导致日本经济长期处于低谷的主要原因。

虽然交易在技术扩散中的功效研究取得了丰硕成果，但是如何准确界定扩散系统中的内外资企业交易或区分不同性质的交易呢？如何客观地衡量交易合作的重要程度呢？Escribano 等[74]从知识管理视角，论述了企业间创新成果交易的重要性可被理解为创新型企业对外部知识流的控制权，吸收能力在交易中起到调节作用，还发现企业在知识扩散系统中的地位可以用它的创新性、吸收能力、它与相邻者的交易次数、交易的知识互补程度、交易双方的共用知识存量、主体间技术重叠性、交易对象的技术知识流量来表征。Schwartz 等[75]从研发合作项目的视角研究专利交易合作的重要性，基于 406 个德国专利转让应用项目的实证研究，反常地发现空间接近并没有对企业间核心交易产生显著影响；而且，在专利技术扩散的背景下，基于专利交易的研发合作项目的创新产出（专利商业化应用及相关出版物）并没有受到项目规模或合伙企业数量的显著影响，反而大公司参与的专利合作更有希望增加专利成果。另一方面，Feder 和 Savastand[76]发现社会经济距离过远会抑制创新转让交易的有效性，技术采纳群体中的意见领袖由于具有专业知识优势，故而对新技术引进交易及有效扩散同样能起到实质性推进作用。Schwarz 和 Ernst[77]提出根据扩散汇（新技术接受方）与扩散对象的类型匹配性来评估新技术扩散系统中的交易性质及发展趋向。Stummer 等[78]认为扩散系统内交易应该用技术创新采纳者与扩散源的密切程度来分析，并建议从智能体的复杂视角来探究交易偏好异质性、新技术采纳决策和差异化交易情境。Palmer 等[79]对意大利光伏系统扩散进行了基于主体的仿真，发现扩散系统内企业交易决策还与创新收益及创新采纳者之间的信息交流有关。Seebauer[80]研究技术扩散系统中早期交易对创新应用的影响，发现创新扩散速度与早期交易者的示范效应保持强正相关。Ozcan 和 Islam[81]揭示了纳米线技术转移交易过程，先是专业知识与数据信息汇集，接着发展到专利创新及转让交易活动，再出现专利协同开发，最后升级为专利合作网络下的纳米技术扩散。但是，Guan 和 Liu[82]意外地发现知识扩散网络与专利交易合作网络对开发性创新及探索性创新却有不同的影响。Cowan 和 Jonard[83]提出多样化的技术知识扩散路径所触发并导致的内外资企业间知识转移交易具有向交易合作不断演化的趋势，授受企业基于单纯交易进一步分享各自知识及共同利用，知识吸收者更能获取可观的知识扩散外溢，双方主要借助知识转移后的价值增值来促成企业间协同再创新。Wang 等[84]认为基于知识转移交易的企业知识协作与其他的知识管理方法相比而言，它对知识的创造、挖掘及开发程度更深入、更可观；而且，知识扩散超级网络相比一般的知识扩散网络，其知识转移交易及扩散传播的速度呈现倍增效应。可见，技术扩散系统所包容着的技术性交易强烈依存于扩散系统中技术的量与质，二者所构成的技术总价值决定着交易中技术扩散外溢程度、知识价值增值空间、企业知识协作绩效及协同创新潜能。而且，内外资企业间技术转移交易并非东道国落后者简单地学习、消化、吸收 MNC 的先进技术。技术转移交易凭借着其在技术扩散体系中的影响力日益显著，将能完全地引导或根本地影响扩散系统内技术知识流动。

近年来，还有学者从管理学或经济学的其他分支门类的视角对技术扩散系统中技术知识交易及创新合作给予阐释，比如系统管理、组织管理、战略管理、供应链管理、价值链理论、组织经济学、结构洞理论等，Hurmelinna-Laukkanen[85]从技术研发系统间耦合的知识基础观出发，来重新思考技术转移交易的功效及价值，主要表现在三个方面：①整合扩散系统的知识流，加快知识扩散，提升研发密集型企业的吸收能力；②保持跨国技术扩散系统的演化稳定性，即实现内外资企业间技术扩散的演化稳定性；③明确技术扩散系统中各主体对新技术的专属权，保护协同技术创新所得知识资本增量的共有产权及协同技术创新收益的共享性。Planko 等[86]又从战略管理的独特视角，归结了技术扩散系统中交易的演化历程：先是若干创新主体在网络或产业集群中确立协同关系，然后构建战略集合系统，进而为新技术交易引进、采纳应用及成功扩散创建有利的产业化环境，最终对新技术联合实施商业化；战略集合体成员参与的交易是战略性交易，具有长期互惠性质，能大幅提升成员的长期竞争力，长期互惠交易的形成依赖于内外资企业的良好声誉，他们不会冒险参与非理性的、基于不可靠技术交易关系、偏投机性的、缺乏逻辑性的或风险不可控的创新；反而，非战略集合体成员参与的交易是非战略性零和交易或一次性交易，具有短期投机性质，双方都抱着“一锤子买卖”的狭隘短视思想，几乎不愿投入科技资源与他人共享，不得不承受单独创新时的较高风险，同样有可能获得不甚丰厚的研发回报作为有限创新的补偿。Chan 等[87]探讨了复杂且不可预知的全球商业环境下协同供应链竞争中所面临的多级技术扩散问题，检验了小微企业供应链中电子协同技术扩散过程及其影响因素，提出小微企业若能对技术扩散的收益评估、技术采纳及程序化三个阶段加以整合，那么电子协同新技术在小微企业供应链中的扩散进程将更为顺畅，即确保技术被成功交易并采纳后最终在程序化的所有其他环节被实施，技术移动及传播的速度也会更快，并使该技术获得最大限度的扩散，因此小微企业也能获取更多技术溢出效应及更大的竞争优势。Hinkka 和 Tätilä[88]发现建筑业供应链中 RFID 技术跨国贸易能加快该技术向下游建筑企业无障碍式扩散，因此加热、管道及空调设备（HPAC）的国际批发商驻芬兰子公司能够整合处于 HPAC 产品供应链下游的本地建筑业客户组织的技术知识存量、行业信息及产品创意，并对全产业链实施产供销一体化的市场型治理；同时，整合后的新技术知识流会贯穿于 HPAC 供应链的全链条，促使跨国购买商与地方企业形成一种能力与资源互补、技术共享交流、市场互惠开发的双边协作关系，前者能对 HPAC 的全球价值链实施高水平的均衡型治理，引领地方建筑业的追踪技术领域的跨国协同创新进程。鉴于技术多样性对发展中国家内资企业重组创新和抑制技术锁定效应的作用得到许多学者的共识及证实，因此其对于实现一国长期技术进步显得日益重要。Rijnsoever 等[89]将知识基础观融入组织经济学，研究技术扩散转移系统构成与新兴技术多样性的关联问题，对荷兰沼气能源技术创新扩散系统进行实证研究，发现共有知识交易扩散不利于新技术多样性的产生；扩散系统及协同创新项目中成员的多样性对技术多样性会产生正向促进，而同类成员数量反而对技术多样性有负面影响。浙江大学的魏江等[90]发现内外资企业间研发项目交易的地理分散性有利于中国企业获得外资技术扩散效应及提升跨国协同创新收益，然而技术多样性却显著地负向调节着地理分散性跨国技术转移对内外资企业间协同技术创新的积极影响。Walker 等[91]对生物技术研发企业为例，验证闭合网络中社会资本产生及壮大影响了技术扩散系统的构成和关联产业的发展，从而有力支持了 Burt[92-94]开创的结构洞理论更适宜扩散型技术交易网络的论点。Stuart 和 Podolny[95]发现半导体企业与本专业技术领域以外的其他企业构建技术扩散系统、建立互惠交易关系及创新联盟时，协作产出创新成果的概率更大。Jr 等[96]基于技术扩散及组织互补性研究了美国农产品部门的组织实践演进过程，认为静态视角下的契约制和组织垂直整合不足以解释新技术采纳率异质性，而技术扩散系统的组织形态更能影响合约式农业的新技术引进交易程度及采纳应用率。

已有对内外资企业间技术扩散性交易的相关研究，大多聚焦于交易的地位、功能及特性等领域，而这些研究对于交易所依存的技术扩散系统而言仍然存在明显的局限性：①已有研究并未系统性探究企业间交易的根源、动因及内核。若要准确把握交易的内在本质，务必将其置于国际技术扩散系统中全面考量它与企业间创新合作及内资企业技术进步的关系及影响机理。片面地从企业技术交易所外显出的特性或功效来掌握其在技术扩散系统中的本性及其形态演化，是不能对其全貌给出权威性的诠释和解读的。②即使中外众多学者通过大量实证或经验研究确立了企业间技术转移交易在全球技术扩散系统中的重要性，并从多视角来认识技术知识跨国界或跨组织交易，也并未在技术扩散系统中内外资企业间简单交易向长期互惠型交易合作演化过程研究上有所建树或有令人满意的斩获。

3. 对外资技术扩散系统中内外资交易合作的交互性研究及博弈研究较为稀缺

交易合作的理论研究大多只关注机制问题，而不能反映技术扩散系统中的内外资创新型企业之间交易合作行为的交互性及动态演化均衡，而且研究方法只以质性研究为主，缺乏理论层面上的博弈研究。

现有对技术扩散系统中内外资企业间交易合作的理论研究偏重于机理分析，而更能揭示跨国技术扩散系统动态发展特点的创新主体间交易合作行为交互影响规律及其动态演化均衡的研究却涉及较少。技术扩散系统中内外资企业间交易向交易合作演化发展及转型升级过程的过程，即双方交易合作关系的形成过程，其实质上正是内外资企业从各自可能选择的交易合作行为或策略中作出优选、不断调整并将其实现，最终获取比简单交易关系时更高的预期支付的过程，也是双方的交易合作行为的交互影响过程及动态均衡或演化均衡的形成并稳定的过程，这当然是交易合作博弈的典型过程，也是一种利益博弈过程，而现有学者对此的研究却非常匮乏；当前对交易合作行为交互影响的研究方法也以质性或案例为主，而缺乏理论层面上的博弈模型研究，更没有搜到贴近现实内外资企业情形的基于有限理性的交易合作演化博弈研究，因此严重不能适应技术扩散系统中内外资企业策略及行为间具有紧密交互性的动态特征的变化要求，也就难以给出双方交易合作策略均衡的有效解读，因而不能为东道国内资企业或政府部门给出提振交易合作政策的有益启示。

纵观数十年外文文献，企业交易合作理论始终是学者们的研究重点。Aarikka-Stenroos 等[97]通过观测创新合作者角色和数量、技术扩散网络组织类型及扩散路径，来探讨创新型企业间技术转移交易向交易合作的演化性及其在创新成果商业化中的地位转换。Das[98]构建一个全球 CGE 模型来显示南北技术贸易引导下的技术跨国流动、转移、传播及其被获取采纳，基于吸收能力和社会制度因素来分析跨国技术扩散外溢，并探究技术在南北贸易传播中的“弹跳效果”，利用核心边缘理论来揭示中印在发展中国家经济增长中的引擎作用，发现“中心辐射型”南南协同创新系统通过“南南创新合作”而非衰退中的南北技术贸易来支撑南半球发展中国家的技术追赶进程，全球化引导下的“北-南-南”三角形创新交易合作体系能帮助采纳发达国家出口技术的后进国实现生产率及经济增长。Kimura[99]分析知识的传播性交易在农村产业集群的现代化成长过程中的作用演变，提出最初的农户间知识交易将最终转变为新兴机械化生产运营的分工协作，曾经的农户关系网也将升级为社会学习网络、新产品开发网络、知识信息网络、协同创新网络等，统领着农户先觉者和众多农户追随者从事的非农产业的产学研活动。与常见的从技术转移扩散到交易合作或协同创新的研究视角截然相反，Lubango[100]考察了协同创新对学术知识从学术界向工业集群扩散传播的影响，发现共同发明能显著提升工业专利的转化率，其合作关系能加快大型研发创新集群中的知识交易及扩散转移。Hoffmann等[101]也发现巴西产业集群中的小型公司间合作条件下的知识交易扩散更容易发生，不同类型的社会关系也会使产业集群中的知识转移扩散表现出异质性。Welfens[102]基于专利网络视角，从ICT技术扩散系统中的地方企业交易合作动因、群聚性等维度展开比较研究，来探究欧盟国企业间跨国交易合作过程。Hémous和Olsen[103]考察了纵向技术扩散系统均衡的演化过程，从企业间匹配性和重复交互入手来研究基于中间品交易的创新合作关系特性，发现合作均衡下的创新率未必高于中间投入可收缩情形，甚至低于非合作均衡下的创新率，即创新可能会降低福利；若要扭转这种长期交易合作关系的动态无效率状况，他们认为应该充分降低后向技术扩散速度。Sachsenmeier[104]从现代技术管理及创新的角度解释了交易竞合关系的发展过程，考虑了创新型企业间交易合作的社会经济动力，并展望其未来前进轨迹。Hess和Siegwart等[105]具体描述了能源部门的交易合作框架及实现过程，基于多案例研究，他们认为拥有常规研发部门的大型工业企业间交易合作过程就是成功识别、探索并捕获突破性技术的过程，R&D投资旨在通过R&D合作促成技术交易转移并协同探索未来技术。Belitz和Mölders[106]发现高科技产品进口贸易是全球知识扩散的重要路径，尤其在发展中国家表现得更为明显；而发达经济体在知识扩散体系中受益，通常源于内外资公司间全球研发合作。Eckert等[107]发现内资创业企业在成立之初的创造性和学习力是最强的，是商业创新和产业经济增长的重要力量，它们相比知名大企业更具有主动创新意识和学习精神，更擅长开发新知识、利用新技术；鉴于两种企业的优劣势，开展技术创新合作及加强互动是符合它们利益诉求的。Albors等[108]调查了欧盟IRC（创新驿站）技术跨国转移网络的最新发展，认为该网络是实施协同创新的虚拟网络，提升小微企业创新合作是IRC计划成功的关键，以交易报价为中心的技术扩散模型相比以技术需求为中心更能实现可持续性发展，而且欧盟各国不同的社会经济环境对这一跨文化的技术扩散系统的整体绩效有重要影响。Selberherr和Girmscheid[109]从产品寿命周期成本入手，探讨基于交易的建筑企业间技术合作的协同增效效应，构建了面向商业合作的技术整合模式，提出通过跨界合作及诀窍知识扩散共享，使得企业可能实现基于生态效益理念的可持续性整体价值最大化目标。London和

Singh[110]深入考察澳大利亚建筑业信息技术的两个国家级研究项目，基于扩散理论解释了先进信息技术的未来交易动因及采纳障碍，提出了创新性信息技术扩散的路径模型，伴随着多种形式的技术采纳及多层次的新技术应用鉴定，还集中设计了建筑业整合供应链上离散型创新者的高级协同平台，并认为在创造性、协同性及不确定性环境下，技术交易合作决策框架依赖于整体协同设计管理。

国内学者也通过案例或实证研究对内外资企业间交易合作的发展历程进行了充分地探索，付敬从企业寿命周期视角，对内外资企业创新合作能力演进机理予以阐释，从技术学习咨询，到技术扩散下的简单转移交易和模仿，再发展为协同供应链及跨国研发协作，最终升级为技术创新联盟，致力于高精尖技术开发。随着内资方对技术需求的动态变化，内外资企业间交易合作模式演进具有成员组织扩展性、关系复杂性及网络化特征，通常由简单线型交易合作阶段发展为桥梁型交易合作，再渐进演化为基于纵横一体化创新联盟及跨国技术交易网络的开放式创新及协同创新；他还发现企业间交易合作模式与吸收能力在螺旋式发展过程中发生着密切的交互关系，企业学习通过知识引进与转化来促进合作能力的高级化演进，该研究有助于我国内资企业在技术演进视角下选择适宜的跨国技术交易合作路径及外部学习策略[111]。上海交通大学的 Zeng 等[112]通过调研 137 家国内小微制造企业，发现公司间横向合作或纵向合作对于创新过程及绩效的积极影响最大，甚至比产学研合作的作用更明显。白丹等[113]将合作能力视为内外资创新战略联盟能力的重要组成要素，影响着联盟的创新效率和绩效，其发展过程大致要经历 4 种能力的修炼、强化及跃迁：技术创新主体间相互兼容的能力—冲突化解能力—战略柔性的能力—文化整合的能力。

内外资企业在技术交易过程中，任一方都希望最大化己方收益，势必会出现竞争性谈判、价格分歧或者在合同其他条款上出现矛盾争议，甚至是利益冲突。然而，这仅仅是短期内可能发生的情形，如果从长期来看，在国际技术广泛扩散的大环境下，双方之间的技术转移及传播随着时间而越发频繁及常态化，双方交易关系的实际情况就会继而相反，具有足够理性的内外资方企业会转而采取交易合作的策略，以更低的交易费用完成技术转让签约并公平分配共同收益，对双方都是长期有利的，而片面追求单发利益，难免会导致零和交易。化解冲突、合作创新，是更能符合技术授受双方长期总体利益的最优路径。技术交易中的竞争冲突或技术创新中的跨国合作都是 MNC 在技术扩散过程中与东道国企业之间普遍存在的相互关系，除了技术交易转移中的利益之争，双方更需要稳定而持续的互补性协作，技术创新协同关系往往伴随着发展中国家企业的技术进步历程，随着经济增长与生产率提高，内资企业日益重视技术引进交易后的合作创新。准确描述并系统分析内外资企业间创新合作问题，通过抽象方法凝练出一般模型，揭示其发展轨迹及共性规律，将“交易合作”作为中国新常态经济发展改革中面临的突出问题进行科学性研究，已然是中国企业经营决策理论范畴中的一个重要分支，具有研究的迫切性。

早期的学者们局限于定性地研究企业间技术交易合作问题，随着全球经济增长与科技快速发展，产品的技术含量在竞争中逐渐居于主导地位，跨国技术合作更加广泛，发展中国家的企业更加渴求和注重与领先的外资企业的技术创新合作，这迫使系统论学者运用数理工具及运筹方法研究企业交易合作问题，而将交易合作作为一般性问题加以独立研究，对于国外学者也不过 20 年有余，近年来研究企业间交易合作的思路框架、模型及工具也层出不穷。乔尔·布利克（Joel Bleeke）与戴维·厄恩斯特（David Ernst[114]）被公认为该领域的开创者，他们以原原本本的理论来分析 MNC 的竞合过程，很早便阐释了该理论的内核："对一般的 MNC 而言，纯粹的零和交易已经成为过去；提升公司竞争力的传统动力，已无法保证竞争中的胜者在长期竞争演化中取得成本领先或产品差异化优势，以及最大化利润"，"越来越多的内外资企业意识到，为了成长必须协作，以替代"你死我活"的低级竞争行为；MNC 应该通过与同行或供应链伙伴进行互补共赢式的交易合作，涉及控制权、许可证、技术密集型产品、关键设备、资产、市场准入、信息与知识、专利技术等，从而为投资者及客户创造最大化公司价值"，他们将企业看作一种多元化资源的组合，从企业设立途径及经营模式等一般特性出发来考虑企业合作机理，即企业间选择何种路径实现合作，企业合作的动因有哪些，这些动因通过何种路径以及具体如何触发合作关系的建立，并且构建了很清晰的企业合作机理理论研究框架，辨析了企业竞争合作成功的关键要素；二位还认为，有效协同的基础是内外资企业的长期同步行动，基于草率随机决策及短视运营目标的联合是低效的。但是，该学派认为企业间竞争合作主要会发展为合资或并购，即重点考虑了企业间的资本合作，而对于经济全球化环境下科技型企业更需要的创新协同形式却并未探究。

随着全球网络经济环境日趋成熟，企业长期发展更加需要运用自身边界之外的网络化优质资源，诺贝尔经济学奖得主、规制经济学家乔治·斯蒂格勒曾经说过："没有一家全球大型企业不是利用某种形式的并购而壮大起来的，几乎没有一家知名的大公司是完全靠内部积累而发展起来的"。即外因有时对企业发展起至关重要的作用。尤其美国企业是全球企业中资金实力最为雄厚者，是科技资源在全球名列前茅者，也是技术创新能力最突出者，其新产品研发水平及其技术含量或技术等级也是遥遥领先的；同时，美资企业也吸纳了全球最多的离岸投资及跨国技术转移。跨国服务外包是 MNC 统筹利用国外子公司资源和全球外部资源，合理配置全球资源并适时进行产业转移的一种交易合作方式，通常包括 MNC 动用经济较为落后的东道国的丰裕且低廉的劳动力及自然资源，将制造环节转包给这些国家；相比 FDI，跨国服务外包具有节约运营成本、实现规模经济、增强核心竞争力的优势，八成以上的 MNC 都将海外服务外包作为全球化战略中不可或缺的重要内容[115]。据国际数据公司（IDC）发布的统计数据，2013 年全球服务外包市场交易量高达 1.3 万亿美元，是 2006 年（6663 亿美元）的 1.95 倍[116]。综上所述，借助交易合作路径，吸收企业外部科技资源及资金来拉动企业发展，不但是可行的，而且应该是必由之路。陈伟等[117]梳理了技术知识交易合作机理的相关研究，从协同创新视角，提出供应链成员之间技术知识交易合作的正式契约机理及关系契约机理，以克制交易双方的败德行为，发现交易合作的正式契约机理不能激励交易者对合作的投入，而当贴现因子超过门槛值时，关系契约机理对交易者合作投入的激励作用随着贴现因子变大而越发明显，协同创新绩效将实现最优化。可见，这两种主要的企业交易合作机理，都在特定的交易环境下而出现、运行并发生作用，也各自反映出有差异的策略思维。江积海和龙勇[118]从成员收支视角探讨竞争性知识联盟的内外资企业间技术知识交易合作机理，发现“交易联盟边界—收支结构—竞合行为—竞合联盟的动态边界”内在性可循环传导路径。

已有的内外资企业间交易合作的研究，较多侧重于交易的特性、作用方面，而对于企业间交易向交易合作演化的过程、机制、交互策略及稳定性分析仍有不足[119]。相关研究也没有满足创新型内资企业利用外资技术扩散的机会而实现技术转移跨国交易和跨国创新合作的实际需要，对企业间交易合作的效应研究也局限于单纯的交易增量或从企业组织形态出发进行契约合作模式比较研究，这显然无法应对技术扩散背景下内外资企业间简单技术交易向交易合作演化的过程研究的客观需要[120]。研究发现，对于企业间技术交易合作的研究，并不能简单地理解为交易中相互妥协或企业绩效的纵向对比，因为生产率、利润增幅、企业规模等经济指标都不足以印证企业技术创新力的质变或在跨国技术转移交易中的竞合地位改善，也就不足以测度发展中国家企业依托外资技术扩散而实现自身技术进步的程度。技术扩散系统中交易合作格局的形成基础及发展条件，不仅取决于技术交易本身的性质、机制、模式和影响因素，还受制于技术扩散系统内在的创新性和组织间协同的可能性，更离不开内外资企业间竞合关系的动态演化的影响。

1.2 研究目标及意义

本研究不但要实现技术扩散理论方面的发展及提高，还要力争对中国内资企业技术创新现实路径给出指引及释疑。跨国技术扩散系统中内外资企业间交易合作的形成，不但需要对跨国技术扩散视角下内资企业协同创新能力提升路径进行探索，更有必要在科技合作网络化发展趋势下对内资企业独立创新能力构建及强化给出理论阐释。因此，拟给出本研究的具体研究目标和价值体现。

1.2.1 研究目标

本研究从国际技术扩散系统这一为东道国企业提供外部先进技术的组织形式出发，从博弈视角研究外资技术扩散中内外资企业间交易的演化表现，解释技术扩散系统中企业间交易合作关系的确立过程，为扩散环境下内资方的协同创新能力的增强以及内生创新能力的培育给出理论导引及策略支持。本研究的主要研究目标包括以下两个方面。

（1）充实国际技术扩散环境下发展中国家内外资企业间技术转移交易促成合作创新的相关理论内容。当前对内外资企业间交易合作的研究，通常着眼于交易合作对企业竞争力的提升或对竞争优势的增强；再者，这类交易合作研究大多从企业自身掌控的资源来考虑，而忽视了技术扩散条件下技术转移和合作创新的新特征及多元化路径选择。技术扩散环境下，内资企业有别于封闭环境下的地方企业，已然有能力整合国内外先进技术知识资源，内外资企业间交易合作呈现出行为交互性，反映出交易者的创新性资源进一步紧密融合的思想。本研究拟基于博弈论，揭示技术扩散系统中授受方交易的进行过程及其向合作创新的演进机理，对国际技术扩散环境下发展中国家后进企业与MNC间的技术转移交易互惠性理论及跨国协同创新理论予以补充、丰富，包括国际贸易互惠理论、FDI互惠理论、知识交易互惠理论等。

（2）揭示内外资企业间互惠性交易合作关系动态演化发展规律。虽然能查阅到不少围绕中外企业科技资源合作开发或协同创新而展开关键影响因素研究的新文献，但是经过思考比对后，发现学者们发掘出的各种因素仍不足以形成国际技术扩散视角下内外资企业互惠交易演化过程的相关机理。面对外资技术扩散，我国企业的外向型交易合作动因不仅来自自身进化和技术升级的需要，也受到外资企业破坏性或颠覆性创新带来的巨大变革及技术冲击的作用，同时还与内资企业嵌入MNC在华的多元化技术扩散路径的匹配度、程度及深度有密切关联。本研究不但注重于辨析影响内外资企业互惠交易演化过程的多层面因素，更要探究相关影响因素对内外资企业互惠交易演化过程的作用机理。通过构建内外资企业互惠交易的演化模型，并对内外资企业互惠交易演化过程进行仿真分析，以阐释技术扩散系统中内外资企业间相关技术密集型标的物的交易关系向交易合作关系的演化特性，从而帮助我们对内外资企业间互惠性交易合作关系的动态演化发展规律予以揭示和作出理论阐释。

1.2.2 研究意义

从交易经济学、合作经济学和演化博弈论的视角，以外资技术扩散路径为出发点，探索内外资企业由简单交易向互惠交易的渐进演化过程及其演化稳定性，着手分析内外资企业交易合作策略的交互影响，剖析相关技术交易合作的内在演化机制，有利于我国政府与企业制定理性的技术密集型标的物跨国交易路线图及内资企业技术赶超战略；也能从国际技术扩散环境下内外资企业间交易合作博弈研究中得到东道国政策启发，以提升外资在华技术扩散的正面效应，促进我国内资方技术快速进步与生产率长期稳步增长，对于支柱性产业的自主创新能力的培育与提高提供重要的理论及政策支撑，并产生较为显著的实际价值。

1. 本研究的理论价值及意义

本研究建立在长期企业调研与前期大量研究成果所形成的理论共识的基础上，通过构建动态博弈及演化博弈模型来研究外资技术扩散与我国内资企业研发投入的交互影响，具体地剖析外资技术扩散过程中内外资企业交易及合作投入的交互影响，双方的交易合作主要包括FDI、专利技术或核心零部件相关交易等，并将通过国内装备制造业的实证分析来证实理论研究的正确性与适用性。其理论价值主要体现在以下三个方面。

（1）通过理论文献分析技术扩散理论及交易合作理论，从内资方技术创新投入具有提高创新能力和吸收能力的两面性出发，探讨外资技术扩散与内资企业研发投入交互影响的本质，阐释技术扩散视角下内外资之间交易合作关系的本质内涵，从技术扩散方和技术接受方在动态博弈下有先后次序的相机行动计划出发，为技术扩散效应研究提供新的交易合作理论视角。

（2）通过外资技术扩散来重新界定国内开放型企业的技术进步过程，再根据不同的竞合关系，构建技术扩散与研发投入交互作用的演化博弈模型，探索外资技术扩散与内资企业研发投入的交互影响路径，探讨外资技术扩散如何通过技术外溢效应来影响内资方技术创新及其技术进步，进而影响内外资方交易合作投入的路径演化。本研究将提出外资技术扩散的主要特征、内外资企业交互影响的特征及其测度，将外资技术扩散与内资企业自主创新相结合加以考察，将国际技术扩散评价理论与后进国技术进步理论或技术增长理论相结合，重构技术扩散方及技术采纳方交易合作模式下的技术创新扩散系统组织，丰富跨国技术创新理论及跨国技术创新扩散系统管理方面的理论研究。

（3）系统性分析技术扩散与研发投入交互影响的相关变量因素，具体地辨析技术扩散环境下内外资就股权、专利技术和核心零部件交易合作的交互影响因素，根据内外资企业之间形成的不同的竞争合作关系，构建动态博弈及演化博弈模型，探索内外资企业由简单交易向互惠交易的渐进演化过程及其演化均衡点的稳定性，并通过国内典型装备制造业的实证分析对其进行验证和修正，从外资技术扩散与内资自主创新的结合上丰富技术创新理论，通过技术扩散与互惠交易的有机融合来充实技术创新扩散博弈理论。

2. 本研究的实际应用价值及意义

我国企业普遍缺乏核心技术，迫切需要外资技术扩散以推动我国技术创新，也更需要和外资企业有更多技术创新合作。然而，国内研发活动总体上处于世界较低水平，技术吸收能力弱，难以快速吸收外资先进技术，从一定程度上抑制了外资技术扩散的效应。本研究假设内外资方以关键技术、专利知识或股权资本作为重要的交易标的物，以加速外资企业在华技术扩散。从演化博弈视角出发，研究技术扩散视角下内外资就股权、专利技术和核心零部件的动态交易，在此基础上展示扩散方与接受方的交互影响，并进行跨国创新合作的交互影响研究，应用价值和意义主要有以下三个方面。

（1）从企业层面来说，有利于我国企业深入认识内部创新投入及开展跨国合作创新的现实表现；理解内资企业要获得更多来自外资企业的技术外溢必须首先提高自身的技术和资本等研发投入，提高技术吸收能力，其次还要着力发展内外资企业间协同创新；在外资技术扩散环境下摸索适合自身的从内外资企业简单交易向跨国技术交易合作演化的过程；并甄别及掌控影响内外资企业间相关技术性交易合作演化稳定性的若干关键因素。本研究的结论和相关启示对于开放环境下的我国企业适时引进吸收外来先进技术并积极参与跨国创新合作的路径选择具有指导作用，对于国际技术扩散背景下中国企业制定技术进步、追赶和超越战略具有借鉴和启示意义，对于全球一体化环境下内资企业的自主创新能力与协同创新能力的共同形成与并行发展具有实践参考价值，对于促进我国企业发展更高级生产力、在全球范围内增强其技术竞争优势具有现实意义。

（2）从科技政策层面来讲，本研究主张提升内外资企业间技术交易的互惠合作性，能够为区域经济发展、经济区自主创新政策制定、国家创新体系建设和国家自主创新政策制定提供科研成果支持，对于培育国内各大高新技术产业带或经济技术开发区的长期内生技术增长和经济增长的源泉具有实践指导意义，也有助于夯实新常态经济环境下的政府招商引资策略，促进培育我国经济以技术和资本投入为基础的内生增长，加快产业自主性技术进步和协同创新速度，在提升外资利用效能的基础上促进我国内资部门在整体层面上的技术进步和生产率增长。

（3）对于国内经济区建设而言，本研究有助于提高我国东部、中部、西部地区重点经济开发区或高新产业带的外商投资吸引力及外资利用效率，吸引高质量外资，促进外资技术扩散与内资研发投入的良性交互，提升外资企业在华技术外溢效应，推进内外技术资源的合理流动与优化配置，增强经济区技术创新要素的集聚及整合能力，更大程度发挥外资在国家级经济区——关中—天水经济区（简称关天经济区）经济建设和社会发展中的作用，促进经济区长期可持续发展。最终研究成果对于培育我国内资企业长期内生经济增长的源泉、助推我国内资企业向发达外资方的技术追赶、加快我国区域技术进步和经济收敛具有重要的指导意义。

1.3 研究方法

针对交易合作对外资技术扩散的促进作用，本研究力求提出有效的解决方法，因此本研究通过查阅大量的国内外文献资料，并从实际运作出发，力求准确、全面、客观地认识内外资企业间交易合作，了解内外资企业从简单交易向交易合作发展的过程及其影响因素，运用相关理论实质性提升外资在华技术扩散效应，帮助内资企业加快技术进步。本研究的主要研究方法如下。

（1）通过文献分析与文献研究，掌握国内外以往的研究成果及最新的研究动态，为本研究提供理论基础和参考依据。

（2）利用访谈法对技术负责部门领导及重要人员、专利权引进项目负责人及项目组成员、研发部门经理、关键岗位技术员、业务骨干团队、公司管理层、中间品采购部门管理人员及主要代理商进行访谈，收集有关内外资企业交易合作发展历史及其演变过程，并且了解公司不同层次的人员在处理跨国或跨组织交易合作时的态度、动机、心理变化过程及行为，还有许多过去有关技术交易的管理方法及实施结果。

（3）运用定性与定量相结合的分析方法，分析内外资企业间交易合作博弈均衡的演化形成过程、稳定性及其影响因素。

（4）使用静态博弈及演化博弈分析方法深入讨论内外资企业间交易合作过程，运用数值实验方法及实证研究验证博弈理论模型分析结论，评价内外资企业合作创新绩效或交易合作效益。

1.4 体系框架与特点

1.4.1 逻辑结构

本研究拟从以下 9 个部分对 MNC 技术扩散与内资研发投入的交互影响问题进行阐

述，并主要通过演化博弈工具展开分析。结构上共分为11章。

1. 第一部分：研究背景、对象及目标意义

本研究拟从技术扩散视角下建构内外资方的交易合作博弈模型，剖析内外资方在多元化技术扩散路径上的交易合作行为之间的动态交互作用，换言之，本研究欲抓住国际贸易、FDI两条主要的技术扩散路径，探究内外资企业间的交易合作机理及交互策略选择，挖掘出影响外资扩散方与内资引进方由简单交易向交易合作的演化路径的关键决策性变量或制度性因素，同时揭示内外资企业间交易合作对国际技术扩散的实际影响及动力机制。该部分对应第1章，首先从总体上对选题进行分析，从全球化发展趋势、技术扩散积极效应的凸显、我国“十三五”规划对于提升利用外资水平的引导、外资技术扩散与内资研发投入的交互影响作用共4个方面阐述选题的背景；再确立本研究的目标，同时从理论价值和实际应用价值两个方面指出本研究的意义和价值；接着明确研究方法、技术路线等。

2. 第二部分：文献综述

为了实现本研究的目的，收集并梳理国内外相关文献，概述已有研究成果是必要的，目的是在此基础上寻找本研究的突破口和创新点。同时，为了使本研究建立在坚实的理论基础之上，对所涉及的相关理论予以简要介绍也是必需的。该部分对应第2章，首先明确技术与技术进步的概念，界定技术扩散、技术转让与技术外溢三者的定义及其之间的关系，重点介绍技术外溢的内涵和产生途径；再对外资技术扩散的国内外研究现状进行梳理总结，对内资研发投入影响外资技术扩散的国内外研究现状进行评述，为后面的论述进行理论铺垫和引导，提出主要观点：MNC的技术扩散具有积极的正效应，继续引进外资，参与到MNC全球产业价值链中，依然是我国发展经济、提升自身技术水平的方向。基于贸易和FDI的技术外溢对我国内资企业TFP、技术进步和经济增长的正向影响效果受制于本土企业的学习吸收能力及新技术应用条件，即内资企业研发投入也会影响到外资技术扩散效应。

3. 第三部分：基于供应链关系合作（非股权参与）的技术扩散

该部分对应第3章，主要通过技术外溢效应体现，本章对基于供应链关系合作的技术扩散进行了论证和分析。分别阐述了OEM、ODM、OBM等方式的技术外溢效应；主要介绍全球生产分工体系的新发展，供应链上生产企业的创造性模仿能力以及从技术扩散到技术创新。

4. 第四部分：基于FDI的外资技术扩散分析

该部分对应第4章，主要介绍FDI在中国的技术概况及技术扩散。FDI在中国的技术扩散在技术转移和技术外溢两方面都有体现。本章还特别阐述了FDI的技术外溢效应是通过竞争、示范与模仿、前后向联系、人力资本流动4种途径发挥作用的。本章着重

分析 R&D 全球化与技术转移，介绍 MNC 在华设立研发机构的情况与研发机构的技术外溢效应，进一步分析了外资技术扩散对我国内资企业的积极影响和消极影响。

5. 第五部分：外资技术扩散现状及路径优化的案例分析

该部分对应第 5 章，本章以关天经济区外资技术扩散与内资研发投入的交互影响为样本展开实证研究，首先阐述关天经济区发展概况及该经济区的外资技术扩散现状，发现关天经济区外资技术扩散存在问题，通过分析找到现存问题的根源所在，最后提出促进关天经济区外资企业创新技术溢出的重要思路，设计外资技术扩散、内资研发投入与关天经济区经济增长的正向自反馈机制。

6. 第六部分：内外资企业交易合作的一般静态博弈模型分析

该部分对应第 6 章，研究内容是整个研究的基础，通过内外资企业交易合作的一般静态博弈分析，旨在构建技术扩散视角下内外资交易合作博弈研究的理论概念框架，为后续章节的展开分析提供理论研究支撑。本章大致包括以下内容：从内外资企业交易关系形成的理论分析入手，对双方交易中的若干重要支付变量给予阐释；构造出内外资企业的技术交易谈判问题的静态博弈模型，并对该谈判博弈可行解的特性进行表述；采用静态博弈的基本分析思路和方法，分析不同收益原则下内外资企业在技术交易中的利益分配结构，进而揭示纳什均衡解与两类收益原则下均衡解的折中关系；将内外资企业间技术交易谈判博弈模型分别置于双方可能合作的支付转移情境及双方行为受约束的预设威胁情境，探究双方的竞合策略选择条件，并对比相应的支付结构，从而揭示内外资企业经过谈判博弈而选择交易合作行为的一般性规律。最后，调研中国奇瑞汽车公司的实例，验证了三种均衡解的存在性，探讨其差异性根源。

7. 第七部分：技术扩散视角下内外资企业交易合作的演化博弈均衡分析

本部分研究内容主要是考虑了技术扩散的多元化路径依赖特性，对内外资企业针对不同标的物的交易合作展开演化博弈模型分析，主要包括以下三个方面。

（1）第 7 章：基于中间品进口贸易的内外资企业间交易合作演化博弈模型分析。

本章选取外资技术扩散的常见路径之一——中间品进口贸易，运用演化博弈论分析内外资企业在核心零部件交易基础上的本土化产品合作定制路径演化特征及关联因素。对内外资企业的核心零部件交易关系作出分类；根据静态博弈研究所发现的可信威胁对于内外资企业间交易合作格局所产生的积极作用，引入违约罚金变量；在技术扩散视角下设计逃逸收益变量；构建内外资企业在核心零部件交易基础上的本土化产品合作定制演化博弈模型；探讨合作定制收益增量及共享比例、合作定制成本及分摊参数、技术外溢效应和吸收能力引致的逃逸收益等关联因素与最优均衡实现的关系；通过实证研究及算例实验显示个体交易策略对种群分布的影响，以及中间品交易基础上的产品合作定制路径演化特征；最后，提出最优合作定制策略。

（2）第 8 章：基于专利权技术贸易的内外资企业间互惠交易行为演化博弈模型分析。

本章选取外资技术扩散的常见路径之一——技术贸易，并针对非对称内外资方的专利权互惠式转让交易及商用转化合作往往难以维系的现存问题，运用演化博弈论分析非对称内外资专利权转让交易系统的演化稳定性。鉴于静态博弈研究发现支付让渡权在交易谈判层面上能创造出受让双方的合作关系，引入交互资助因子；探讨非对称内外资企业专利权转让交易及商业化应用合作系统均衡，揭示出交易合作系统均衡的相关影响因素，分析专利研发、交互资助、交易费用及价格对互惠交易合作的影响；基于蓝驱技术贸易的实证研究及算例仿真，揭示双方专利权交易合作均衡的演化稳定性，并提出最优互惠交易均衡实现的双方策略建议。

（3）第 9 章：基于合作型 FDI 的内外资企业间非零和交易合作博弈分析。

FDI 股权投资在外资技术创新扩散中的重要性日益凸显，在外资技术创新扩散视角下，运用演化博弈论，构建复制动态机制下吸收能力强、弱两类内资方的 FDI 股权投资竞标演化博弈模型；在纳什讨价还价静态博弈分析的基础上，同时在交易成本理论的指引下，设计具有现实性且优选级逐次递减的中标准则——股价最低化、治理成本最小化及总控制权最大化；细分出投融资数量差异的三种不同条件并逐项分析，求解博弈均衡策略，解释竞标博弈均衡条件，探讨最优演化均衡稳定实现的关键影响因素、FDI 股权投资竞价产生机制及规避不理想均衡的参数选择；并用数值仿真实验研究来印证博弈方竞价策略的交互影响、调整轨迹及演化稳定性。最后，为了引导内资方向 FDI 低价竞标的 Pareto 最优均衡态演化，对政府和企业分别提出了策略建议。本章研究结论有利于优化引资效率，提升外资技术扩散效应及内资创新绩效。

8. 第八部分：充分利用 MNC 技术扩散的对策研究

该部分对应第 10 章。本章列举外资技术扩散的制约因素，同时针对这些制约因素提出我国政府及企业共同引导外资技术扩散的有效对策，以利于内资企业吸收技术溢出和实现稳健发展。

9. 第九部分：研究结论和展望

该部分对应第 11 章，研究结论与展望。首先，基于前面章节的理论及实证研究，总结本研究发现的不少有价值的结论，并延伸得出这些结论对于我国内资企业吸收外资技术扩散和发展内外资企业间互惠式交易合作等有关方面的直接启示和重要意义，以及对于我国政府部门制定技术引进、技术创新、引资和对外经贸政策而言针对性较强的参考意义；还需要提出本研究的局限性，并指出未来的主要研究方向。

1.4.2 技术路线

上述逻辑结构和思路的建立为本研究搭建了主要框架，可以用下面的技术路线图来清晰表现，如图 1-1 所示。

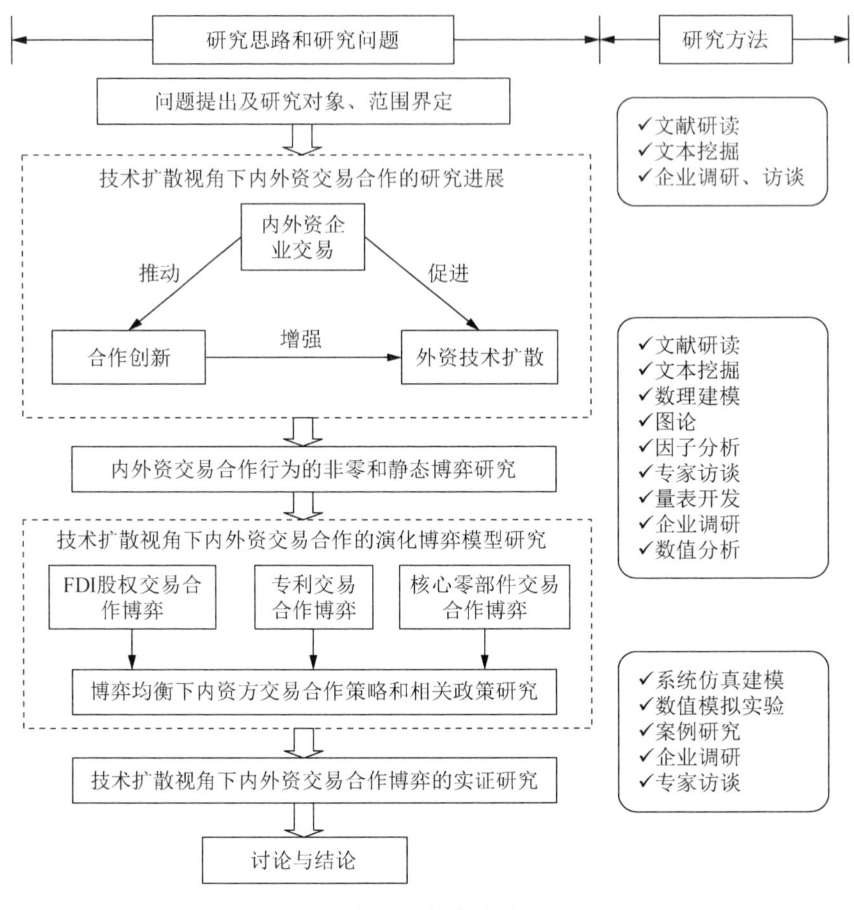

图 1-1　技术路线

1.4.3　主要特点

上述逻辑思路的建立为本研究搭建了主要框架。本研究在总结已有的技术扩散相关研究成果基础上，从 FDI 和供应链关系合作两个方面研究分析了其中的技术扩散，包括对技术转移和技术外溢的分析，较为细致、全面地阐述了技术扩散及其在我国的实际效应。同时结合中国实际，利用泛亚汽车技术中心有限公司的案例分析企业利用技术扩散的情况。另外，本报告还对 MNC 在华设立研发机构的情况进行介绍，并对 MNC 在华研发的技术外溢效应进行论述。

课题组以国家级经济区——关天经济区为例，对外资在华技术扩散与内资研发投入的交互影响展开实证研究和经验研究，首先对关天经济区基本区情、经济发展现状及其外资技术扩散现状进行了全面深度调研，并从多个方面详细分析了关天经济区或陕西省历年来利用 FDI 的情况，基于此，报告认为关天经济区外资技术扩散存在问题，并分析现存问题的根源所在，基于此提出促进关天经济区外资创新技术溢出和内资企业自主创新的重要途径，建议关天经济区技术政策制定者有必要准确认识技术外溢对于区域创新体系建设的促进作用，还设计了外资技术扩散、内资研发投入与关天经济区经济增长的正向自反馈机制，这一研究成果完全可以推广到全国其他类似的经济开发区，以有效指导我国内资企业研发活动与外资企业技术扩散产生长期良性交互的理想效果。

接着，报告针对外资技术扩散的常见路径——中间品进口贸易、技术贸易和FDI，分别运用演化博弈论分析内外资企业在三类常见的技术扩散路径上的合作路径演化特征，探讨最优演化均衡稳定实现的影响因素、机理及规避不理想均衡的参数选择，并用数值研究加以印证。最后，针对目前存在的一些制约溢出效应的关键因素提出了有针对性的解决对策，具有一定的现实意义。本研究既有对理论的解释、综合与延伸，也有对当前西部省份乃至全国实际利用外资技术扩散情况的分析和探索，有一定的综合性与启发性。

1.5 主要的科学发现和创新内容

本研究的主要工作和创新点有以下几种。

（1）论证了内资研发对外资技术扩散的门槛效应；剖析供应链合作下外资技术外溢效应；分析了外资技术扩散对我国内资企业研发投入的影响。

（2）以我国关天经济区和陕西省FDI为实例，研究发现外资技术扩散与内资研发投入存在问题：科研成果与经济建设关联度差、技术贸易与合作不乐观，分析根源在于技术贸易及技术合作的不可实现性、经济增长与创新产出反馈机制难维持；并提出促进外资技术扩散和内资研发创新的思路，设计了外资技术扩散、内资研发投资与区域经济发展的自反馈机制。

（3）内外资企业间技术转让交易合作的非零和静态博弈。本研究厘清技术交易谈判要素对技术交易竞合格局的影响，考虑内外资企业间技术转让交互策略选择，构建纳什谈判博弈模型，分析非零和静态博弈条件下的内外资企业交易行为，基于平等主义和功利主义测度局中人支付值；本研究试图延伸交易谈判的内涵，将交易合作也视为谈判目标之一，引入支付让渡权及可信威胁假设，增设内外资企业双方从简单交易向交易合作升级发展的基础，基于最小化最大值理论及差分博弈求得两种新的均衡解；通过调研奇瑞公司，验证三种均衡解的存在性，得出均衡差异性根源在于技术引进方可选的可信威胁类型，可信威胁类型数量与其在技术交易合作格局中的地位和得益正相关。

（4）通过演化博弈模型构建，揭示内外资企业在贸易或FDI中的合作策略演化特征，分析演化均衡实现的影响因素、机理及参数选择，具体分为三个方面：内外资企业间中间品交易及合作创新演化博弈、内外资企业间专利权转让的互惠交易演化博弈、FDI股权投资竞标下内外资企业间交易合作演化博弈。

① 内外资企业间中间品交易及合作创新演化博弈。对内外资企业的核心零部件交易关系作出分类；根据静态博弈研究所发现的可信威胁对于内外资企业间交易合作格局所产生的积极作用，引入违约罚金变量；在技术扩散视角下设计逃逸收益变量；构建内

外资企业在核心零部件交易基础上的本土化产品合作定制演化博弈模型；探讨合作定制收益增量及共享比例、合作定制成本及分摊参数、技术外溢效应和吸收能力引致的逃逸收益等关联因素与最优均衡实现的关系；算例实验显示个体交易策略对种群分布的影响，以及中间品交易基础上的产品合作定制路径演化特征；最后，提出内外资企业的最优合作定制策略。

② 内外资企业间专利权转让的互惠交易演化博弈。实际中，非对称内外资企业的专利权交易及商用转化合作频繁出现，但是往往是短命的。鉴于静态博弈研究发现支付让渡权在交易谈判层面上能创造出受让双方的合作关系，引入交互资助因子；探讨非对称内外资企业专利权转让交易及商业化应用合作系统均衡，分析专利研发、交互资助、交易费用及价格对互惠交易合作的影响；基于蓝驱技术算例仿真，揭示双方专利权交易合作均衡的演化稳定性，并提出最优互惠交易均衡策略建议。

③ FDI 股权投资竞标下内外资企业间交易合作演化博弈。在外资技术创新扩散视角下，考虑到 FDI 股权投资路径的重要性，构建吸收能力强、弱两类内资方的 FDI 股权投资竞标演化博弈模型；在纳什讨价还价静态博弈分析的基础上，同时在交易成本理论的指引下，设计优选级递减的中标准则——股价最低、治理成本最小及总控制权最大；细分出投融资数量差异的三种不同条件，求解博弈均衡策略，探讨最优演化均衡稳定实现的关键影响因素、竞价产生机制及规避不理想均衡的参数选择；并用数值仿真实验印证博弈方竞价策略的交互影响、调整轨迹及演化稳定性。

（5）根据我国利用外资技术扩散的主要制约因素，提出引导外资技术扩散的可行对策。国家和地方政府层面，应该完善东道国市场环境，强化内外资企业间竞争氛围，有规划、有选择地吸引外资，制定灵活的外资优惠政策，加强人力资本开发，完善人才流动机制，积极鼓励 MNC 在华设立研发机构。内资企业除了转变传统的技术引进观念，重视利用多种国际技术扩散途径和方式获取国外先进技术，加强内外资企业间共赢式技术交易和跨国创新合作，还应该提高其对国外先进技术的吸收能力，丰富其获取外部先进技术知识的非正式途径。

本研究不但从技术扩散视角下，为内外资企业间交易合作关系及机理研究奠定基础；而且利用博弈模型和数理演绎，为开放环境下基于技术引进和合作创新的内资企业技术进步，以及我国企业协同技术创新能力培育提供策略建议；也为优化内外资企业间交易合作环境，提高我国政府的引资质量及效率、国外专利技术引进效率，提升外资在华技术溢出及跨国合作创新绩效提供政策启示。

第2章 文献综述

本研究的重点是以FDI、国际贸易为路径的国际技术扩散视角下内外资企业间交易合作博弈行为的交互影响，因此，本章将首先综述国际技术扩散的理论、模型、实证及博弈研究的演进历程及最新进展，其次梳理近年来不断丰富起来的内外资企业交易合作的相关研究，最后对近年来与本研究主题密切相关的中外文献作出全面、系统及客观的评述，通过发现现有研究的局限性和薄弱之处，明确本研究的研究价值，树立本研究的研究目标，理清本研究的研究路径，为后面章节分析模型框架的形成起到必要的铺垫作用。

2.1 国际技术扩散及其相关研究

我国内资企业加强技术创新的举措可以有多种形式，借助国际技术扩散，不但能从静态角度上增加原有技术存量，强化自身技术能力，拉近与MNC的技术差距， 更有意义的是从动态角度上利用多种扩散路径和方式推动自主技术创新能力提升并建立适合自身的技术创新机理，从而为追赶外资企业创造有利条件。

技术扩散是指技术知识通过一定的渠道在潜在使用者之间随时间传播并推广采用的过程，存在时间和空间两个维度。国际技术扩散理论主要始于早期的国际贸易理论及全球技术转移学说，之后日益被西方学者丰富及完善。弗农（Vernon）是国际技术转移理论的前驱，他在1966年提出产品生命周期理论，认为新产品新技术在发达国家被开发出来，只有在标准化之后，才会被转移到发展中国家。另一个集大成者是邓宁（Dunning），他在1977年建立国际生产折中理论，核心是所有权特定优势、内部化特定优势和区位优势。MNC只有同时兼备三种特定优势，才能从事有利可图的海外FDI，否则就只有选择出口贸易或技术转移作为权宜之计。

本部分拟对国际技术扩散的相关概念进行总结，梳理技术扩散的近年来理论及实证研究，也对该领域的相关模型予以评述，基于此，详细评述技术扩散研究的演进历程，凝练出技术扩散研究在不同发展时期的理论架构、方法论、数理模型和企业应用的主要特征，同时指出当代国内外学者对技术扩散的研究焦点。

2.1.1 技术扩散的相关概念界定

1. 技术与技术进步

基于不同的技术概念，会有不同的研究对象选择。因此研究技术外溢，首先要明确技术的概念。

“技术”一词源于希腊文，本来指人的技艺或技能。英文中的“技术”则有两重含义：一是工艺研究与应用学科，如工程技术、生产技术；二是制造业领域的技术运用[121]。工业革命时期，生产力快速发展，通常将技术的物质手段视为技术的标志，即技术是物质手段的综合。而经济学家对技术却有不同的理解，一般可分为广义技术或狭义技术，也有学者将其区分为宏观和微观两个层面[122]。微观层面上，技术的界定各不相同：Robinson[123]将技术划分成纵向技术与横向技术，前者侧重于技术的实际使用，后者则指核心或边缘技术，也可指代使用许可权。李平[124]凝练出各种概念的技术的若干共性特征，对其总结为人类利用生产资源开展多种经济活动的必要手段，可拓展至产品、服务、工序、劳动力等，他还从经济活动效率的角度提出无论是生产过程必需的工艺技术，还是产成品所蕴含的制造技术，技术都是为了实现生产目标和经济效益而被开发及加以运用的。

在《美国国家技术教育标准》中，关于技术是这样定义的：“‘技术’包含着很多种意义和内涵，它可以指人类发明的产品和人工制品；还可以表示技术知识的产生过程及技术产品的开发过程。从非常广义的角度来看，技术表示的是包括产品、知识、人员、组织、规章制度和社会结构在内的整个系统。”

可以看出，技术是一个复杂的系统的概念，技术与语言、宗教、社会准则、商业和艺术一样，是人类文化系统不可分割的一个子系统。“技术变成了一项复杂的社会事业，不仅包括研究、设计和技巧，还涉及财政、制造、管理、劳动力、营销和维修。”实际上，在具体的经济研究中，往往把技术量化为一个具体的生产函数，以便分析和考察。

在经济增长理论中，技术分为内生性及外生性。20 世纪中叶，Solow 在资本与劳动可替代假设下构建新古典经济增长模型，认为技术具有外生性，其改进可以通过生产率变化来衡量[18]。而在内生经济增长理论中，技术等同于知识，Romer[125]归纳出技术具有三大特征：一是非竞争性，这也是技术得以扩散的重要前提条件；二是技术投资收益同时具有私有性和公共性，这意味着技术创新者只具有短暂的新技术垄断地位，然而这也足以激励创新活动广泛持续开展，另外，创新成果也将惠及其他企业或个体，增加他们的知识储备，这就是技术的外部性或技术溢出性；三是技术进步是创新主体将资源投入产品开发或工艺设计的结果。因本研究探讨外资技术扩散与内外资企业间交易合作的关系，故而文中技术的内涵囊括了狭义、广义、宏微观各层面的技术属性，当然含有内生经济增长理论所支持的三种技术特征。

技术进步的概念源自经济学家对生产函数的研究。Solow 和 Swan 提出了著名的新古典经济增长模型。在此基础上，经济学家们进行了大量关于技术进步方面的研究，研究思路可以归纳为：在生产函数中，除了资本和劳动力之外的促进经济增长的全部要素，都纳入技术进步的范畴进行量化研究。所以技术进步增长率又称全要素生产率（total factor productivity）。本研究认为，在现代经济增长过程中，技术进步主要体现在两个方面，一方面是全要素生产率的提高，另一方面是新发明的出现。基于以上对技术和技术进步概念的界定，本研究对 MNC 的技术扩散的相关概念进行了界定和研究。

2. 技术扩散、技术转移与技术外溢

技术扩散可简单定义为技术通过一定渠道在潜在使用者之间的传播采用过程。一般是指给新使用者带来预期经济效益的技术新应用。技术扩散的过程，既包括技术主体有意识的技术转移和技术转让，也包括技术主体无意识的技术溢出。技术扩散是技术创新取得社会效益的源泉，因为一项新技术的经济效益主要来自它的扩散，新技术只有大规模地进行扩散，在社会上得到大规模的应用，整个社会才能取得更大的经济效益，新技术的出现会在社会上形成巨大的社会效应，那些还没有采用新技术的企业会纷纷模仿，以期获得超额利润，从而整个社会的经济技术水平得到提高。

技术转移与技术外溢是 MNC 技术扩散效应产生的两种形式，在概念上应加以区分和明确。

技术转移即有意识地进行国际技术转移。技术转移是指技术供方把生产、管理、销售的技术及相关权利（如专利权、商标权、版权等），通过不同方式，如贸易、合作、援助、技术服务、学术交流等方式转让给对方加以利用。按照转移方式的不同大致可分为三类：①无偿转移，指各国团体或个人之间通过互相访问、参观考察、国际技术产品展览、技术座谈、科技文献或情报交流等方式无偿地获得各自所需的技术。②有偿转让，又称技术贸易，这是技术转让的一种商业形式，即把技术作为一项或数项商品，按交易方式或条件转让给对方。③许可证贸易，这是近几年来在国际技术贸易活动方面发展较快的一种形式，是一种技术许可方在一定条件下允许被许可方使用其技术的交易。

MNC 可以通过内部渠道或外部渠道向东道国企业转移技术，这是一种直接联系。例如，向其子公司转让技术、专门知识和技能；通过许可证交易向当地企业转让技术和管理经验。而 MNC 主动积极地向子公司转让技术，是为了提高其子公司在当地的竞争力，获得更高的收益，MNC 转移技术可以得到充分的补偿，因此是一种有意识的主动行为。同样，MNC 通过许可证交易转移技术也纯粹是市场交易行为，是可以直接获得收益的。

技术外溢，通常是指技术领先者对同行业企业及其他企业的技术进步产生的积极影响。由于技术产品具有公共产品的某种属性，如消费的非排他性和非竞争性，使得技术领先者无法获得技术的全部成果，所以技术外溢效应通常是在非情愿或无意识的状态下完成的。MNC 与东道国的合作引起当地技术和生产力的进步，而 MNC 无法获取其中的全部收益，这种外部效应就是技术外溢。

技术外溢效应则存在于 MNC 与东道国企业技术水平的间接联系之中，这种间接影响与技术转移的主动行为不同，技术外溢强调的是经济学意义上的外部效应，是技术领先者带来的，却难以从中获得相应的回报，因此不是主动的、积极的，而是非情愿或无意识的。

技术作为当代企业竞争的有力武器，给企业带来了巨大的经济利益。随着经济全球化和企业竞争日益激烈的发展趋势，技术更新换代的速度在逐渐加快，企业越来越意识到领先技术和创新技术对企业的重要作用。为了在激烈的市场竞争中占据优势地位，拥有世界70%先进技术的MNC加强了对技术特别是核心技术的垄断和封锁，阻碍了技术扩散。诸多研究表明，当今多数技术扩散是通过技术外溢的方式实现的，也就是非情愿或无意识的。因此，技术外溢问题特别是如何提高和利用技术外溢效应受到了越来越广泛的关注。

2.1.2 国际技术扩散概述

1. 国际技术扩散的内涵

学者们对技术扩散的认知及研究也是循序渐进的，尤其国外研究者对技术扩散的见解不一[124]。Schumpeter[126]早在20世纪初就开创了创新理论，将技术发展过程分为发明、创新、扩散三个阶段，他认为由于扩散阶段少数厂商率先采纳先进技术后效率得到提升且成本明显削减，示范效应得以彰显，因此会大量出现“模仿者”，经过模仿的高潮阶段，创新扩散进程基本结束，新技术市场达到饱和程度，其需求会因下一个创新技术的发明而逐渐下降，最终该技术会显得落后而被淘汰。学术界中众多他的拥护者受他的这一理论影响，重点提炼及归纳出他对技术创新的精辟论述，并围绕着技术创新扩散开展了广泛而深入的理论、实证及模型研究，成果颇丰。Smith认为技术扩散是一种技术流动的方式，发生在地域间、行业领域间、企业间或个体之间。Gee认为技术扩散是指能使新技术采纳方获取预期收益的技术采用过程。Roger认为技术扩散是一种新的构思从其源头到下游使用者手中的传播过程，意味着新方法通过某种渠道到达其他社会成员那里，Roger指出的“渠道”其实就是后来大量研究文献中经常出现的“技术扩散路径”。我国学者傅家骥[127]认为技术扩散是指技术从一开始步入产业化，历经重点推介、普及化运用，直到最终出现下一代新技术将其替代和淘汰的整个过程。Glinow & Teagarden认为技术扩散涉及三种对象的转移：技术文本、专用技术及有形设备。Komoda[128]则认为技术扩散是吸收和再开发已受让技术的能力迁移，技术扩散概念是与技术转移过程密不可分的；技术扩散成功的重要标志就是受让方在没有扩散方的协助时，有能力独立地消化吸收、实施并维护被转移的技术，而且能适当地优化、拓展及二次开发被交易的技术；技术扩散不仅意味着获取产品加工技术，还暗含着再造技术接受方的技术能力；因此他将技术扩散划分成具有主观能动性的技术转移和非主观性的技术传播或外溢。金麟洙对韩国200多家企业的20多年的持续调研发现，积极促进并有效利用MNC的跨国技术转移，并挑选适宜的技术加以学习，是内资企业实现从简单模仿到高级创新转型升级的关键。

外资技术扩散或MNC技术外溢效应产生的主要原因是MNC与当地企业之间技术存在差距，有了这种差距就产生了技术外溢的势能，有迫使技术溢出的可能。同时，外部日趋激烈的市场竞争压力、东道国政府政策方面的鼓励；内部技术进步优势的驱动，如效率的提高、成本的降低以及由此带来的利润增加等都为技术外溢提供了动力。

对MNC技术转移动因研究产生巨大影响的斋藤优、Mansfield以及邓宁，对他们的学术观点归纳起来，MNC的海外活动无非是利益最大化原则下FDI、贸易、技术转移之间的权衡之选。将 Posner 和 Hufbauer 的技术缺口学说、弗农的技术寿命周期理论、金泳镐的双重技术缺口模型、斋藤优的 Need-Resource 关系理论有机结合，就可以很好地解释技术转移的形成，这些理论达成的共识是：MNC 一般不愿意转移当前较为先进和前沿的技术。

国内学者对国际技术扩散的研究起步较晚，相比西方学者还很落后，直到 20 世纪 80 年代后期，创新扩散理论才基本传入我国，国内相关学术领域的重要刊物上才陆续出现国际技术扩散的相关研究成功的报道。到了 90 年代中后期，国内一些从事国际技术扩散研究的知名学者才逐渐开始出版兼具学术研究及普及工作性质的专著，如大连理工大学的武春友、浙江大学的盛亚、河北工业大学的胡保民及康凯、山东理工大学的李平、湖南大学的赖明勇等。

综上，本研究认为技术扩散的实质是应用新技术而引致的技术进步，可能是对原本技术的改进或再开发以满足东道国引进方需要，但仍然保留引进技术的内核部分。若新技术通过采纳及应用能够产生足够高的预期收益，那么它就会被持续地转移或传播而呈现出技术扩散效应（包括示范效应和外溢效应），这正是技术扩散的最主要动因所在。同时，技术扩散也是接受方不断学习的过程，只有通过学习来节约成本、丰富经验、提高生产效率，技能才会有长进，进而有助于对被扩散的先进技术加以消化、吸收、仿制、优化、延伸、再造并二次开发。

开放经济环境下，国家或地区之间不断发生着技术扩散，这正是国际技术扩散，因为被扩散的技术通常来自于东道国以外的企业，故有时也称之为外资技术扩散。简言之，国际技术扩散就是扩散对象提供国即技术供给国的新技术经由国际贸易、投资、合作生产等路径为扩散对象接受国即技术创新采用国所应用、消化吸收、模仿并开发的过程，这不是低级的复制，而是结合东道国国情加以改良以适应该国的差异化环境。

2. 国际技术扩散路径

国际技术扩散一般可分为静态路径及动态路径，前者其实就是国际技术扩散的模式、通道或载体，后者意指国际技术扩散过程的主要阶段，也代表其所具有的周期性。鉴于本研究将着重构建并分析技术扩散的两种路径载体——国际贸易、FDI 的内外资企业间的技术授受交易合作博弈，探究基于国际技术扩散多元化路径的内外资企业间交易合作模式及其机理优化，以提升我国企业自主创新能力及协同创新能力、夯实区域和国家创新体系，因而下面将重点评述其静态路径。

1）国际技术扩散的动态路径

Mansfield 和 Romeo[129]阐释了技术在开发、创新和统一化三个阶段的不同构造、信息类型、密度及市场属性等。Robinson[123]将技术扩散细分为 11 个阶段——发现、分析、发明、产业化、引入市场、修订及优化、标准化、散播、同质化竞争、替代和淘汰。Burgleman 等[130]认为技术寿命周期由 5 个前后衔接的阶段组成，清晰地揭示了技术开发生产、销售及应用周期的变化趋势，三个周期的极值都处于技术成熟期，而且三个周期先后依次叠加，可见技术扩散强度在各周期之间会连续向上攀升（图 2-1）。

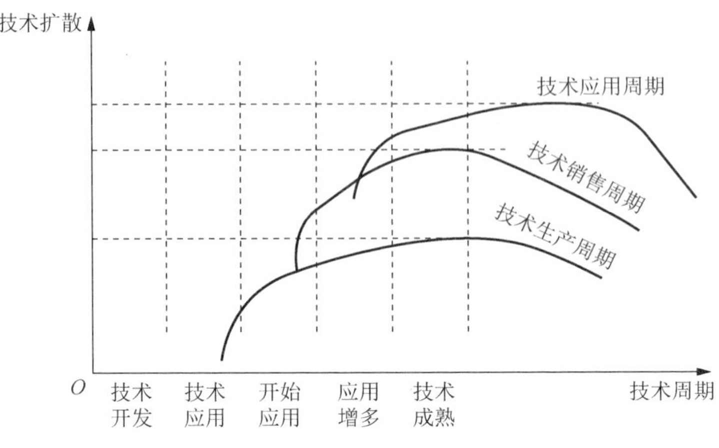

图 2-1　技术寿命周期

20 世纪 60 年代，Vernon 和 Wells[131，132]先后根据产品寿命周期来揭示国际技术扩散的动态路径，如图 2-2 所示，他们将产品寿命周期分割成 6 大阶段：①产品研制，发达国家（developed country，DC）成功研发新产品并开始量产及销售，产销量逐步提高；②DC 的市场销量仍然在攀升，同时出口产品到新兴工业化国家（new industries，NIS）和发展中国家（less developed country，LDC），还没有进行海外生产；③DC 的本国市场接近饱和，产品趋向成熟，销售量逐步下降，NIS 摆脱进口依赖，实现自给，DC 只有出口到 LDC；④DC 的本国产销量迅速降低，NIS 的生产规模迅速扩大，NIS 逐渐取代 DC 向 LDC 出口；⑤DC 的生产受到 NIS 出口的很大威胁，NIS 的产销量趋向最高点，LDC 也开始实现自给，基本摆脱向 NIS 进口；⑥LDC 的产销活动快速发展，已经能够取代 DC 和 NIS 的所有生产，LDC 向世界大量出口。不难看出，二位学者认为在技术寿命周期的第 2 阶段就出现了周期性的国际技术扩散活动：首先，技术物化于产品之中，由 DC 逐渐向 NIS 及 LDC 传播；其次，NIS 利用多种途径掌握该先进技术，发展自身的产能，首次技术扩散宣告完成；再次，LDC 累积了较丰富的工艺经验和研发能力后，积极引进并改造技术，在具备充足产能的基础上，升级为世界制造中心，这意味着第 2 次技术扩散的成功实现。基于此，人们也将产品寿命周期理论称作两轮次国际技术扩散理论，该学说同时也暗示出 NIS 在全球技术扩散进程中具有不容忽视的、承前启后的重要地位[133]。

2）国际技术扩散的静态路径

Barkley 提出 10 种静态路径可供国际技术扩散选择：股权式合资企业、契约式合资企业、外商独资企业、外方控股企业、股权递减契约、技术许可权、转售、管理协议、交钥匙工程和海外分包。Davidson 和 Mcfetridge[134]发现技术经验丰富的企业在扩散研发密集型技术时通常会选择 FDI，而在以出口贸易为导向的劳动密集型行业里，跨国外包更为盛行。还有学者提出了更广泛的国际技术扩散模式：咨询、培训、商务交流、科技杂志、人力资本流动、技术密集型产品贸易、售后技术服务、国际会议的信息服务、MNC 子公司的示范效应、反求工程、本土企业仿制等。

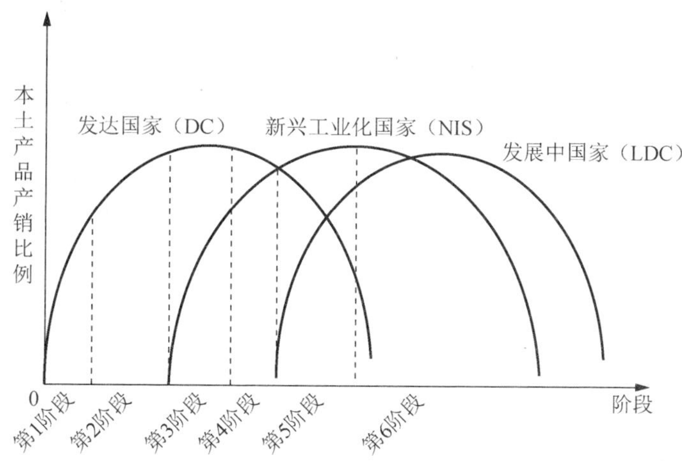

图 2-2　产品寿命周期

技术扩散又能区分为在产品技术、设计技术及能力技术三个层面上的扩散。产品技术通常包括原料、中间产品、成品、部件、机工设备甚至交钥匙工程，用于形成现实产能或实物产品；设计技术则用于产品设计或提供蓝图、创意信息、试验数据和开发指南，以此为技术创新奠定基础；能力技术一般也就是诀窍知识。

国际技术扩散不但可以通过跨国中介组织实现，在没有中介的情形下依然能够出现；根据扩散对象提供者的意愿和态度的不同，国际技术扩散呈现出积极性或者消极性，前者是指东道国企业引进并吸收先进的国外技术，以提高自身技术水平，其中，基于市场中介的积极性国际技术扩散通常有许可证贸易、交钥匙工程或咨询服务等路径，没有市场中介的积极性国际技术扩散主要表现为技术支援的静态路径；而后者往往指发展中国家借助于中间品进口和 FDI 并加以模仿发达经济体而实现，进口国也将逐渐熟悉中间品内嵌的高级技术，市场中介作用下的消极性国际技术扩散主要借由进口渠道而发生，没有中介的协助，消极性国际技术扩散只能依赖扩散国的 FDI 行为作为静态路径，东道国可以采取逆向工程来观察 MNC 子公司的产品或工序技术来获得可能来自 MNC 母公司的国外先进技术，内资企业还可以充分利用地缘优势，积极模仿 MNC 子公司的经营知识、营销诀窍、管理模式、制造技术、研发过程、资源配置、质量标准、产能规划、项目控制、价值评估、设施组织、服务流程、供应链协同、投资组合、财务体系、核算方式、会计制度等，从而免费享用到来自较强势的外资企业的本土示范效应并加以应用，如表 2-1 所示[135]。

表 2-1　国际技术扩散的静态路径

项目	技术创新者的意愿	
	积极性	消极性
有中介	许可证贸易、交钥匙工程、咨询服务	进口
无中介	技术支援	FDI

消极性国际技术扩散依赖于中间品进口和 FDI，因此对外贸易及 FDI 的国别格局也

就会引致全球技术扩散强度的异质性。例如，地理接近性会促使国际进出口贸易量增大，也就会引起国际技术扩散在地理距离不同的国家或地区之间的差异。

还需要指出，中间品贸易未必能触发国际技术扩散。首先，国际技术扩散可能受到东道国法律的约束限制（如知识产权法、广告法、合同法等）[136]，资源配置不同步也会技术落后国技术扩散的重要阻碍之一[137]。其次，只有订立明确且公平合理的技术许可契约，技术创新者才愿意传播其技术诀窍，否则他必定对其专业技术知识严加保密。但是，要彻底阻止技术扩散几乎是不可能的。学习者可以通过参加国际会议或出国交流，与创新者保持近距离接触，从而获取高价值的技术知识。而且，一国通过贸易或 FDI 搭建了学习外国工艺技术、设计技术、生产组织和获悉海外客户需求和市场信息的渠道。通过贸易和 FDI 的路径，全球各国也能得到先进程度不一的国外技术信息。再次，要真正利用外资企业的先进技术，不但要获取到核心性、关键性技术，还必须得到同样重要的与之相匹配的隐性信息，即并非用语言或文字表述的需要采纳者领悟体会的信息，这是因为技术供应者几乎无法完全用文字准确且无遗漏地记录新技术所包括的所有信息。Teece[138]发现在跨国技术转移活动中，隐性知识成本占到技术项目总成本的 20%左右，这种成本包含着对隐性信息加工翻译以使其转变为可用文字记载的显性信息及改进隐性技术的可能花费。近年来，类似的研究也证实了这种被扩散技术中的隐性知识对国际技术创新扩散的成功率具有重要影响。Hippel[139]认为隐性知识只能通过学徒制加以传授，因此，当被扩散的技术中含有相当分量的隐性知识时，人际交流就成了技术扩散效率的决定性因素。随着 ICT 技术的突飞猛进，跨地域的沟通交流变得日益便捷和频繁，但是地理距离仍然限制或阻隔着人们近距离的交往，异国或异地的人们见面交流仍然会产生很高成本。故而，当技术的隐性知识的重要性越高时，国际技术扩散受地理距离的负向影响就越明显，致使技术扩散的区位选择趋于地理集中性。Hippel 还研究了一种极端情况下的国际技术扩散，当先进技术全部都是以隐性方式而呈现的时候，技术销售及采纳活动就只会在一个地区发生，技术扩散活动此时不存在；而当技术的隐性知识分布于不同地域时，企业的最优技术采纳战略就是选择串行而非并行的工作模式。最关键的就是，成功的技术扩散是有前提的，东道国企业必须保有足够的人力资本及 R&D 存量，才有可能消化吸收或模仿外国企业扩散的先进技术[140]。众多发展中国家限于人力资本及 R&D 投资的匮乏，致使其吸收能力较弱，出现了引入外来技术的门槛效应，外资流入这些东道国不但没有产生预期的技术外溢，反而因为 MNC 在技术更新、专利权垄断、原料获取、资源整合、规模效应、市场定位、品牌战略、客户关系管理、渠道体系、质量管控和新产品研制能力等方面的绝对优势，对东道国内资企业造成了巨大的威胁，产生了令人担忧的来自外资企业运营活动的负向竞争效应[141]。

3. 国际技术扩散的类型

Grossman 和 Helpman、Howitt 将技术扩散划分为跨国性和跨区域性，前者使后进国的经济加快向发达经济体收敛，然而后者却起到相反作用。

从国际技术扩散的流向来看，既有单向扩散，也存在双向对流式扩散，还有交叉性扩散的形态，因此，依据主体异质性，大体上将其归纳为三种类型的国际技术扩散，即水平技术扩散（产业内溢出）、垂直技术扩散（产业间溢出）、互补式技术扩散或级差型扩散。

第一种，技术先进国家之间的国际技术扩散或转移，这是跨国技术转移的重要形式。依据国际分工学说，这也被视为水平技术扩散。基于技术梯度理论，水平技术扩散就是技术等级相当的国家或企业之间的技术扩散，双方的互相合作及有序竞争会自然地产生技术扩散。发达经济体之间的 FDI、国际技术合作和国际贸易是水平技术扩散的主要途径。MNC 是 FDI 渠道中水平技术扩散的授受主体。当今全球的技术发达国家企业间的交叉持股强度日益增加，致使这些 MNC 间技术扩散转移的对流性也趋于显著。回顾过去，在 20 世纪中叶的西欧各国和六七十年代的日本频繁地单向引进并吸收美国企业的先进技术，而今天的欧洲、日韩及美国已经实现了高频式交叉扩散[142]。

水平溢出也是由于同行企业之间的相互竞争、相互学习而产生的，市场上每一家公司引进吸收或创新出一套新技术，其他相关企业就自然会向创新企业学习，模仿复制该技术或在学习的基础上研究、开发更新的技术。经过这样的过程，创新技术在当地市场得到了普及和发扬，整个行业的技术水平得到螺旋式的上升。主要表现在两个方面：一是市场竞争效应。MNC 凭借其拥有的先进技术和管理经验等优势，参与并加剧东道国的市场竞争，打破原有的市场均衡，迫使东道国企业改善经营管理，努力提高技术水平和充分利用本地资源，从而提高市场竞争力。在此过程中，必然有一部分生产效率低下，竞争力不强的东道国企业被淘汰出该行业，最终使得资源流向效率高的企业，得到优化配置，整个行业竞争力提高。二是示范效应。MNC 采用先进技术和工艺所生产的产品，由于满足了市场需求并且有较好的获利能力，这也会刺激东道国企业通过各种方法，如逆向工程的模仿研究和开发或雇用曾在 MNC 工作过、受过培训的技术管理人员，从而间接获得该产品的生产技术和工艺，以提高本企业的产品技术水平。

第二种，技术先进国家与后进国家之间的技术扩散及转移。通常，前者的技术能力强于后者，技术往往由高向低扩散或转移，故而也被称作垂直技术扩散，这理应是最为传统也是最早出现的国际技术扩散形态；在国际经济学领域，技术纵向扩散正是发展中国家赶超发达国家的重要手段之一，不排除落后者的“蛙跳式”技术进步特性的出现；纵观当今代表性发达国家的技术进步历程，早期的英国向美国扩散先进技术，日本向美国学习高级工业技术，这都曾经是美、日超越以往经济强国的关键手段[143]。还值得一提的是，今天的技术先进国家和后进国家之间还可能有反向技术扩散的情形，尤其是新兴工业国或半工业化国家完全有能力向发达国家输出专有技术；反向扩散的原因在于技术的跨国分工，首先，NIS 发明了很多特殊的专利技术，在本国政府主张“走出去”的投资战略支撑下，NIS 的科技型企业试图在发达经济体拓展市场；其次，MNC 对产品技术的偏高层级的需求使得大量的科技小发明在发达国家不具备比较优势，因此分工给 NIS 或 LDC 国家的企业从事这些小创新，然后将创新成果再返回给技术先进国采纳及应用[144]。

垂直溢出也是指 MNC 在东道国进行业务活动时，对当地供应商、购货商能产生影响。其主要表现在两个方面：一是后向联系。MNC 向当地企业购买加工原料及零部件是其间接影响东道国产业结构的主要方式。通过这种后向联系，可以使东道国上游产业生产效率提高，生产能力得到加强。同时，为保证其产品的质量和竞争能力，MNC 往往会为供应商提供技术援助、咨询、人员培训等服务，以帮助供应商改善经营管理，提高产品质量。这种后向联系，可促进东道国上游产业技术重组，提高企业技术水平。二是前向联系。东道国企业通过购买 MNC 较先进的技术产品，能提高自身产品的质量和生产效率。同时，MNC 产品的相关技术（维修和操作等技术）也会向东道国企业转移、这种前向联系对东道国下游产业技术水平将产生影响。

第三种，技术后进国企业间的技术扩散或转移。这种扩散无非有两类情形：其一是经济实力接近且技术水平类似的 LDC 或内资企业之间发生的互补式技术扩散，主要存在于 NIS 种群之间[145]；其二是由于 LDC 之间也有不容忽视的技术缺口，为级差型扩散创造了机会[146]，从而使实用新型技术创新被递阶式转移并逐渐采纳。总体而言，LDC 之间的技术扩散，不可简单归结为水平型或垂直型，而更可能是两类扩散的交融或集成。

归结起来，外资技术扩散或跨国技术外溢效应主要通过示范与模仿作用、竞争、人员流动、前后向联系四大途径来实现。FDI 的技术外溢效应主要通过示范与模仿作用、竞争、人员流动来实现，也可以通过产业部门间的关联、企业间的前后向联系来实现。MNC 基于供应链关系合作的技术外溢则主要通过垂直溢出渠道，当地企业通过与 MNC 的前后向关联得到技术，获得技术外溢效应。

2.1.3 国际技术扩散研究述评

自从技术扩散概念出现以后，来自不同学科的众多研究者共同拓宽了技术扩散的研究疆界，在各种维度上都展开了深入系统的研究。Brown[147]根据信息流（技术的风险性）、经济变迁（技术更新换代的速度）、经济增长（信任关系的构建能力）和市场特性（技术交易市场的秩序）对技术扩散相关研究做出分类。继而，Rogers 根据研究对象对技术扩散相关研究又做出了另一种分类，而且挖掘出 8 个主要研究领域中的权威学者及其代表性文献，如表 2-2 所示。该表按照 8 种研究类型对已出版文献做出分类统计，展示了技术扩散研究的发展全貌。从表中不难看出早期的技术扩散研究偏重于社会系统的个体创新，这都是以 1981 年以前的文献为计量依据的，不能准确反映当代技术扩散相关研究领域的新特征。因此，下面就按照研究所处的不同年代，总结出技术扩散研究在三个阶段的演进历程，依据技术扩散研究延伸到的多个领域，尤其是 20 世纪 80 年代至今的最新扩散研究，重点对三个阶段的国外研究进行综述和梳理。

表 2-2　技术扩散相关研究的分类

类型	自变量	因变量	研究对象	文献占比	代表人物
1	主体特征	创新的预见性	社会个体	5%	Greenberg（1964）
2	技术属性	创新采纳率	创新技术	1%	Fliegel & Kivlin（1966）

续表

类型	自变量	因变量	研究对象	文献占比	代表人物
3	主体特征、环境变量	社会成员的创新能力	社会个体	58%	Deutshmann & Fals Borda（1962），Mohr（1969）
4	主体特征、体制及环境变量	技术提议方	社会个体	3%	Rogers & Van Es（1964）
5	社会关系网络	技术扩散网络	人际关系网	1%	Rogers & Kincaid（1981），Coleman（1966）
6	社会体制、系统特性、创新决策方式、变革引导路径	各种社会系统的创新采纳率	社会系统	2%	Rogers & Kincaid（1981）
7	主体创新能力、社会体制、创新性质	交流途径的中介作用	社会个体	7%	Ryan & Gross（1943）
8	个体及社会系统属性、创新的本质	创新成果	个体、社会系统及创新技术	0.2%	Sharp（1952）

笔者根据不同时期技术扩散相关研究的特征对其进行了阶段划分，如表 2-3 所示。第一阶段是 20 世纪的前 60 年，几位知名学者开创了技术扩散研究的先河，从经济学视域下界定了技术扩散，S 形曲线的提出为该领域研究提供了理论根基；第二阶段持续了 20 年，呈现出学科交叉融合的发展特征，跨学科研究不断涌现，新概念、新模型层出不穷，多领域的学者们为技术扩散探索出更多新的研究范围，更重要的是发展中国家的学者们也积极介入了技术扩散研究，为垂直扩散、逆向扩散的研究提供了重要依据；第三阶段始于 20 世纪 80 年代，一直持续至今，是技术扩散理论调整和延伸的更高阶段，也是中外学者研究分歧最大的阶段，比如针对发展中国家的技术扩散外溢效应，就出现了促进论和抑制论之争，现阶段的研究极大地丰富了技术扩散的相关概念、理论模型和研究思路，也对原来的模型进行了改进，实证研究数量激增、视角独特、研究对象多元化，为各国政府、区域、产业和企业的技术创新扩散政策和应对外资政策制定提供了重要的决策依据。同时，更多新的研究方法被广泛应用于研究新形势下的技术扩散现象。

表 2-3　技术扩散相关研究的阶段性

年代	阶段	著名学者	代表性研究成果
1900～1966	理论构建阶段	Schumpeter	提出技术扩散的概念
		Mansfield	技术扩散过程的 S 形曲线
1964～1986	学科交叉融合阶段	Rogers & Shoemaker	创新扩散过程的前置偏差及降低方法
		Bass	Bass 扩散模型
		Caves	技术扩散外部性研究
1986 至今	理论修订延伸阶段	Mahajan	修改了 Bass 扩散模型
		Grossman	对技术扩散、创新及模仿作出内生化变换

1. 技术扩散理论研究述评

1）理论构建阶段

技术扩散的研究发端于多种不同学科，如社会学、心理学、教育学、卫生学、营销学、经济地理学、物理学、系统动力学、传播理论等，这些学科为技术扩散的开创性研究奠定了理论基础、逻辑思路、研究框架及方法论的支撑，同时为技术扩散研究的演进拓展了更新的研究领域。继熊彼特的创新理论之后，Kuznets[148]对欧美等国在半个世纪的经济增长及生产率变化进行调研，涉及 60 种产品和 35 种产品价格的波动序列，首次发现技术创新扩散服从 S 形曲线的规律性，这一观点为后期的 S 形曲线扩散模型的出现提供了重要的理论导引。

Ryan 和 Gross 致力于夏威夷玉米杂交技术扩散研究，他们对技术创新扩散研究方法论及理论架构的初步成形起到了很好的引领作用。该研究为以后的研究者指明了研究方向和研究重点：①创新性的关联变量；②技术创新采纳率；③扩散路径的作用；④创新技术采纳速度的影响因素。而且，这个具有开拓意义的里程碑式研究大力推动了该领域研究的蓬勃发展。

Mansfield[149]也是早期的技术扩散学者，他以 4 个行业的 12 种创新技术为对象进行扩散研究，首创性地利用传染病原理和 Logistic 方程来研究技术扩散，开创了经典的 S 形曲线扩散模型，即新技术吸收体数量随时间的增加而呈现 S 形曲线的增长态势。这一理论成果创立了技术扩散研究的宏观、量化分析之先河。Griliches[150]针对美国各地域杂交玉米技术的扩散问题研究也给 S 形曲线扩散模式提供了可信的证据支持。

2）学科交叉融合阶段

从 20 世纪 60 年代中后期开始，跨学科扩散研究纷纷出现，新颖性文献层出不穷，Rogers 和 Shoemaker[151]测度了各中交叉研究文献的引证指数，发现 1965～1968 年的数值比 1965 年以前翻了一番，足以见得技术扩散研究进入多种学科交叉融合研究阶段。

发展中国家的学者在 20 世纪 60 年代展开了一批关于卫生专业技术扩散的研究，如知识-态度-实践（KAP）调研就是一类典型的研究，Berelson 等在台中地区实施的 KAP 调研可谓最早也是最重要的一个，它属于实地研究，与其他类型的技术扩散研究所依赖的一次性访谈法截然不同，它运用一次基准调查来获取创新技术传播前该地区的技术水平背景，接着再进行持续跟踪调研，以揭示各种传播介质在生育技术扩散过程中所起的作用。

在教育学方面，学者们分析了技术创新企业和吸收企业的组织结构对技术扩散绩效的影响。这一阶段，最杰出的教育技术扩散研究首推 Carlson[152]完成的现代数学教学法在西弗吉尼亚州和宾夕法尼亚州的校方管理者中的扩散研究，他主要研究了建议者在新技术扩散中的作用，并且勾勒出该先进技术在校方决策者之间扩散的网络构造。

随着各种学科的跨界知识不断融入技术扩散的相关研究，该领域研究的范围也有了大幅度的拓展。Hightower[153]提出不仅要分析促进扩散的对策，还需要测度技术扩散的结果，他通过农业技术扩散的实例分析，认为技术扩散未必能给技术采纳者带来正效用。

一些农户采纳新技术后，西红柿的连续丰收并未给他们提供更高的收益，反而因为供给量增加，致使农产品价格降低，使吸收创新技术的农户们遭受了巨大损失。

直至20世纪70年代，技术扩散研究始终假设技术创新最终会被全社会成员所采纳，而且扩散速度会不断加快，先进技术既不能被再创新，也不能被弃用。但是，这显然不符合技术寿命周期的现实情况。Rogers等发现了这种假设所导致的偏差，将其命名为创新前偏差，而且设计了一系列有效手段来弱化甚至消除这种偏差对于后续技术扩散相关研究的不利影响。

在营销学研究领域，Bass构建了消费品扩散的预测模型，该模型成为快速兴起的文献，正是当今大量研究者仍然最常用的扩散模型之一，该模型假设创新技术的潜在吸收采纳者通常会受到两类交流媒介的影响：公众传媒的外部影响以及人际交流的内部影响（即口碑效应），这两类媒介在技术扩散的不同阶段彼此消长，因此呈现出S形曲线的扩散特征；Mahajan等[154]还研究发现两种媒介渠道在技术扩散的不同阶段对技术扩散会产生迥异的影响：若通过公众传媒渠道获取创新技术的重要信息，会使得运用新技术的客户数随着技术扩散过程而减少，若基于人际沟通渠道获取创新技术信息，会使新技术采纳客户数呈现出先增后减的变化；与S形曲线扩散模型相比而言，Bass模型研究延伸到了传媒学领域，该模型大力推动了技术创新扩散研究在营销学方面的丰富发展和普及应用，并为今后诸多扩散模型的修正研究提供了思想基础。

在技术扩散研究的这一阶段，全球MNC纷纷在其他国家投资创办子公司，引发先进技术在东道国扩散外溢，国际技术扩散的外部性问题备受关注。技术创新扩散的外部性，即外溢效应是指技术的无意识扩散带来了东道国技术进步及要素生产率提高，这也是经济外部性的一种。1960年，Macdougall[155]在分析FDI的一般性福利时，最早发现了技术外溢效应。到了20世纪70年代，Caves[156]分别分析了FDI对最佳关税、产业模式和福利的影响，其中也涉及技术溢出效应；他们又根据创新技术扩散对东道国企业的影响表现出异质性，拓展了该领域的研究，首次全面地划分技术扩散外部性：①原先有高进入壁垒的产业，因为MNC强势进入，消除了市场垄断，优化了产业的资源配置；②MNC对内资方施加越发强大的竞争压力，也给东道国带来了显著的示范效应，激励内资部门更高效地配置及整合资源，促使本国技术效率逐渐向上攀升；③鉴于竞争效应及不断模仿，外资企业入驻东道国加强了先进技术的扩散及转移；这种分类为后续的技术外溢研究的理论架构走向成熟提供了基础范式。从此，来自FDI、贸易或专利申请及引用的技术外溢研究成了技术创新经济学及技术扩散理论领域的一个极其重要的分支及发展方向。

这一阶段扩散模型也得到了很好地探索，代表性学者包括Nelson[157]，Phelp[157-159]，Krugman [160]等。作为先驱，Vernon提出的产品寿命周期学说也为扩散模型研究树立了典范，他认为创新技术在技术供应国被发明后，必须经过标准化才可能被扩散到其他潜在的技术吸收国。Krugman受到弗农的启发，首创基于南、北半球国家贸易路径的技术扩散一般均衡模型，描述了各种新产品从北半球国家逐渐扩散到南半球国家的周期性过程。Dollar对Krugman模型作了重要的扩张，将其拓展成一个两要素的内生增长动态均衡模型。Dollar 再次拓展了 Krugman 的模型，在内生增长理论视角下构建了两要素下的技术扩散动态均衡模型，不仅考虑了产品生产的国际转移，还致力于技术创新及流动性资本的南北动态扩散过程研究，阐释并比较了长期与短期均衡；他认为南、北半球国家之间的技术扩散率与双方的制造成本差距正相关，成本差距越大，技术扩散带给发展中国家的潜在收益就越大，技术扩散的动力就越强；他对跨国资本流动的考察结论是：只有南、北半球国家之间的资本收益率存在显著差别时，资本才会从北半球国家渐进式地扩散到南半球国家；Dollar[161]的新模型相比 Krugman 模型，有了重大改进，其对国际技术扩散及 FDI 的解释力更强了。

Krugman 及 Dollar 的模型都假设北半球国家会均速地研制新产品和新技术，而南半球国家则明显缺乏创新力。每一项创新技术或产品都会经过创新国家企业发明及转移给南半球国家的过程，最终，该技术在遍历如此一个完整的周期后，就会由“新”变“旧”。他们还发现，技术扩散使得南半球国家生产曾经由北半球国家垄断的产品。创新国家转移新技术或产品到落后国家去生产有以下好处：若落后国学会了新技术，该国企业能以更低成本进行生产，产品成本的降低会带来巨大的潜在利润，刺激创新国家企业源源不断地对落后国实施产品转移甚至产业转移，也会鼓励落后国企业模仿创新国的技术。如果南、北半球各国都对新老技术或产品有需求，那么，随着创新国的新产品向落后国的持续扩散和梯度转移，创新国的新产品又不停地上市，必然将出现落后国向创新国进口新产品，同时落后国向创新国出口淘汰品的动态贸易格局。不能证明，创新国的产品品种与落后国的品种的比率达到某个数值时，两国贸易的长期动态均衡就能保持稳定，动态均衡是因为两国的技术创新和产业转移会一直持续着，贸易结构也是动态变化的，而且各国产出的产品种类也在连续更新。

Krugman 及 Dollar 的扩散模型具有明显的政策倾向性。第一，对于经济发达的创新国家而言，为了维持其在国际贸易中的领导地位，就要不停地开展 R&D 活动。因此，创新国家政府必须制定并实施激励国内技术创新的政策，从而促进本国经济增长及增进本国福利。第二，对于技术落后国而言，若要缩小自身与创新国的技术缺口，提高人力资本、技术、资金、实物资源与无形资产的配置能力及利用效率，就只有积极吸引外商投资和 MNC 进入，走技术引进的道路来快速提高自身技术能力，力图技术进步；当然，落后国自身的 R&D 投入也必须增加，方能加强本国企业的学习吸收能力，改善贸易格局，否则也会抑制或阻碍其吸收国外创新技术。

在 Krugman 及 Dollar 两人的南、北半球国家贸易框架下的技术扩散及产业转移理论中，对创新国的技术创新、跨国技术转移、落后国引进吸收创新技术的发展变化过程都作了抽象化处理。为了克服这些明显的缺陷，后来不少学者借助更多新方法或加入一些新条件，对其进行了适当的改进处理。

Klunder 和 Smulders 在 Krugman 的基础上，考虑两国两部门，设计了非对称的内生增长模型，研究单向技术扩散效应，发现专业化分工导致“锁定效应”，加剧两国经济发散，除非落后国提高本国制造的高科技产品在全球市场的占有率，才有可能实现向发达国家收敛。Goodfriend 和 McDermott 也揭示了技术扩散和增长型企业市场地位的交互影响，证实了跨国技术扩散强度对于国际经济收敛的重要性。

最早研究技术扩散并开创空间扩散理论及模式的是瑞典学者 Hägerstrand[162, 163]，他认为，扩散空间分为区域性和区域内两个层次，潜在吸收者的决策受到其信息累积程度和创新采纳阻力对比情况的影响，若信息累积情况好于创新采纳阻力，技术扩散会出现，否则不扩散。他运用随机抽样来分析技术扩散的统计分布，构建“平均信息域”结构模型，阐释了技术创新扩散信息流和创新采纳阻力是扩散空间特征的两大决定性因素。继 Hägerstrand 之后，英美及发展中国家区位论研究者不断展开更深入的空间扩散研究，该理论主张：一项技术创新因为能够提高生产运作效率、产生出更大附加价值、降低人力成本或减少投资，或者新增产品功效而创造更多需求，使得在创新扩散源与附件的空间里出现“位势差”；若要抵消该势差，必须有一种力量促使技术创新提供者向周围扩散或转移新技术，同时周围空间里的主体向创新者学习、借鉴或模仿，从而达到位势平衡；正是创新技术的这种传播或潜在吸收者的主动模仿，经济水平不均衡的地区技术缺口才会被不断缩小，空间扩散模式可以存在于社会群体间、企业间、区域间、国家间、区域与企业之间，借助技术交易、信息传播、人才交流及贸易往来等路径得以实现。技术创新扩散根据空间变化特征可分为三种：①Narwent 及 Morrill 提出的扩展扩散，创新在空间上由中心向边缘连续地扩散，即先扩散到周边空间，再逐渐扩散到更远的空间，在空间上服从距离衰减原则，扩散效应主要受空间距离影响，地缘邻近的扩散效应非常明显；②Pedersen 和 Rihardson 提出的等级扩散，技术创新在非均质空间里按照一定等级而依次扩散，先在同等级的空间发生扩散，再向次级空间扩散，等级划分标准有空间规模、社会地位、经济水平、职位、文化程度等，扩散动力主要由创新潜在吸收空间的位势所决定；③位移扩散，创新吸收者随时会有非均衡位移，它通常由人口长期迁移或短期流动而触发[164]。

3）理论修订延伸阶段

在理论修订延伸阶段，西方学者面对技术扩散表露的新现象、新问题，展开了更多具有探索性质的研究，新的研究视角及框架、更为丰富的理论学说、修订的扩散模型、多元化研究方法同时涌现。许多学者的研究集中于技术扩散动因、效应及影响因素。

20 世纪六七十年代，不计其数的研究者利用 Bass 模型成功地评估了产品或技术服务的技术扩散过程。但是，也有个别案例应用 Bass 模型的效果并不理想[165, 166]。故而，有些研究者着手 Bass 模型的修正问题。Rogers 发现技术采纳曲线服从理想的正态分布，进一步利用该统计分布特性及其中的一些重要参数对技术采纳者划分为 5 种：技术创新者、较早采纳者、较早多数使用者、后期多数使用利用者和迟滞采纳者。Mahajan 等[167]将 Bass 模型与 Rogers 的分类法进行对比，基于此修订了 Bass 模型的采纳者界定方法，并探究了各种类型采纳者或使用者的异质性。Tanny 和 Derzko[168]对 Bass 模型的交流网络结构在三个方面实施延伸：重新划分潜在采纳者，分为潜在创新者及潜在模仿者；这两类潜在群体都会受到公众传媒的影响；仅仅潜在模仿者还会受到人际交流渠道的影响。Mahajan 和 Wind[169]认为 Bass 扩散模型用于预测时效果不佳的最大原因就是参数估计的方法问题，他们对比了 4 种方法：代数估计、极大似然法、最小方差法、非线性最小平方法，发现误差最小的参数估计方法是非线性最小平方法，其效果很理想。后来，Satoh[170]设计了具有简便形式的Bass离散模型，估计模型参数的工作有了大幅简化，而且新模型的精度更高。

Flam和Helpman[171]通过研究垂直产品（即根据质量水平排序的同类产品），从国民收入分配的新视角对国际贸易动态格局展开分析，假设产品质量需求与人均收入正相关，北半球国家存在低收入群体，南半球各国存在高收入群体，因此国际贸易的动态均衡格局是北半球国家向南方转移高质量创新性产品，同时南半球国家出口低价的北半球国家已淘汰的旧产品。发达的北半球国家继续致力于技术及产品创新，落后的南半球国家可以选择改进旧产品来实现技术进步和经济增长，该模型中，南、北半球贸易及国际技术扩散格局受到各国国民收入分配制度的根本性影响。Segerstrom[172]否定了以往学者提出的跟随者的模仿能力和领导者的创新能力之间有不变的刚性差异的不合理假设，认为各种企业都有可能从模仿或创新活动中公平获益，而且允许它们同时发生技术创新、模仿和扩散行为，尤其是MNC，因此他推断在均衡态时，创新成本要远远高于模仿和扩散的成本，正是成本的显著差异助推了南、北半球国家之间的创新技术扩散、引进、采纳和模仿行为的日益兴起。Das也提出技术溢出对于MNC是潜在成本，但只要MNC持续开发新技术，就能保证盈利性；他还从理论上证明，MNC使用更好的技术会使东道国的福利增加及经济发展，节省了国内企业研发投入。他的模型虽然假定MNC承认技术溢出的客观存在性，但是却未考虑内资企业的技术引进决策和模仿行为等。Lee在假定有技术溢出效应的前提下评价了不同技术定位的小企业创新绩效。尽管Flam和Segerstrom在理论层面对技术扩散研究有了明显的改进，但是还局限于局部均衡水平的探索。针对于此，从20世纪90年代开始，国外的技术扩散研究集中于开放经济环境下一般均衡模型构建及动态过程分析或长期趋势分析，引领着国际技术扩散的理论研究又上了一个更高的新台阶。

20世纪90年代初，Grossman和Helpman[173]也追随着Krugman及Dollar的脚步，在内生增长理论的基础上探讨发达国家创新与落后国家模仿的关系；他们在外向型经济环境下构建内生增长模型，对跨国技术扩散、创新及模仿作出内生化变换，分析一般均衡过程，遗憾的是，他们继续沿用国别技术能力差距外生化的旧假设，导致其模型分析结论仍然停留于南、北半球国家在创新者或模仿者的角色分工上有绝对严格的界限。不久，Barro and Xavier[174, 175]于1995年又在Grossman等人的基础上再次改进技术扩散模型，他构建了领导者-跟随者模型，领导者投入资源展开R&D活动来发明新产品，而跟随者不从事任何R&D活动，仅仅付出少量成本引进及模仿领导者的创新成果，在某些情形下，跟随者的创新扩散速度会快于领导者，随着跟随者吸收领导者的所有创新，双方的增长速度会保持同步，但不可能收敛到同等水平的产出率和人均收入。两年后，他们又对自己的扩散模型进行了修订，利用内生增长模型的收敛性推论，优化了先前自己模型中未解决的创新扩散调节机理，并论证了知识产权保护在技术扩散中的作用。他们假定技术模仿成本与模仿国已模仿技术类型数量占所有技术类型数量的比例呈正相关，即以往模仿次数越多，再模仿新技术的成本就会越高；还假设模仿成本远低于创新成本，固有且持久的技术开发能力及创新优势通常由北半球国家所具有；这样，模型的长期均衡状态就是随着技术长期进步和超越，各国吸收能力将只取决于其获取的内生固有优势，并且会实现长期收益的收敛。接着，Detragiache[176]又构建了生产率差异引致经济收敛的技术内生化宏观经济模型，后进国承担着足够高的先进技术引进成本，早期采纳者会对后期采纳者产生外部性效应，这是因为后期采纳者不必再去对创新技术应用进行重复性试验；在该模型均衡条件下，技术采纳具有渐进性特征；因后进国采纳行为时间的先后不同而导致各国的创新技术采纳成本的微弱差异，会在外溢效应的作用下被不断放大，最终导致不同发展中国家的长期收入之间的巨大鸿沟。

值得一提的是，20 世纪 80 年代后期国外学者在对扩散理论的延伸性研究过程中，形成了以 Stoneman 和 Mansfield 为主的学习论的研究流派，他们认为扩散需要时间，并非用于信息传播，而是因为创新技术从扩散开始阶段就不可能完美无缺，新产品或工艺技术的与创造灵感一样，总是伴有大量的缺陷或不足亟待技术员学习新知识并费力改进之，少不了巨大的科研工作量；根据 Mansfield 首创的 S 形曲线学习模式，当新产品及其工艺的改进基本完成，产品得以定型，工艺设计也能保持较长时期的稳定时，制造成本会趋于下降。总之，创新采纳离不开同步性学习，学习效应对创新扩散的影响路径就是“干中学”的过程。该学说最早可追溯到 20 世纪初 Schumpeter 的先创新、后模仿的通行观点，Mansfield 和 Merenish 秉承并拓展了 Schumpeter 的思想，提出了“创新-模仿”的技术扩散模式，对后续研究产生了根本性影响。Mansfield 又设计了基于学习的创新模仿模型，认为扩散过程其实就是模仿、复制及学习提高的过程，模仿是具有主动性的学习与吸收，当模仿行为蕴含渐进式创新时，就会演化为高水平学习；Mansfield 在技术推广领域的研究补足了 Schumpeter 的技术创新学说的一个重大空白，即创新与模仿的逻辑关系以及二者的变化速度问题；Mansfield 认为产业内采纳创新技术的模仿企业数量上升主要受 6 个关键因素影响：①模仿企业的盈利率；②模仿率；③创新技术采纳的投资额；④企业的收益趋向；⑤企业资产的流动性；⑥企业运营经理的年龄。除此之外，他分析了对技术扩散产生更大影响的因素在于早期采纳先进技术的企业，潜在吸收企业受到先行者的正向影响越显著，技术扩散的延续性越好，潜在吸收企业越有可能跟随先行者及创新技术供应者，毫不犹豫地选择模仿创新。Boisot 在溢出假设的基础上，利用文化空间分析方法，对比了新古典主义学习和 Schumpeter 式学习对企业技术创新水平的影响。

对于创新技术扩散的学习机制，Davies[177]构建了著名的“刺激-反应”机制，发现技术扩散中采纳者表现出“刺激-反应”行为，当创新对采纳吸收者的刺激达到临界值，他们就会采纳新技术，随着发端于创新者的技术扩散不断进行，“干中学”使得边际生产成本降低，从而也降低了临界值，有利于创新扩散强度增加和范围扩大。进入 20 世纪 80 年代，学习论的研究更为活跃，美国学者 Stoneman[178]将技术扩散视为新技术被大范围采纳和市场推广应用，他认为技术创新扩散不仅是模仿而已，还涉及基于模仿的自主研发行为，此处的模仿并非完全地照搬或死板地复制；扩散过程还要考虑投入产出关系，随着模仿者的收支状况被日益改善，产品制造过程会自然而然地产生创新元素，从而进入下一轮次的技术扩散循环周期。Stoneman[179]还发现扩散中创新采纳就是 Bayes 学习和推断的过程，潜在学习者利用 Bayes 学习来改变其对采纳创新效果、风险性和不确定因素的预期，基于此作出创新采纳行为决策；而且他一并考察组织间技术扩散及组织内技术扩散，给出结论是吸收企业采纳新技术以后，学习并未停止，在接着的技术扩散过程中还在继续学习模仿，然而此时的学习不是向外部学习，而是依赖于对自身累积的技术采纳吸收经验的反复学习，以确定企业内部实施该技术创新成果的最优比例。Silverberg 等[180]认为任何技术扩散都包括创新调整，技术进步的实现完全依赖于嵌入“干中学”的技术扩散自组织系统。近年来，Sahar 又提出了“基于学习的导入式技术扩散，基于理解的规模化技术扩散”的新理念。

到了 20 世纪 90 年代中期，Elkan[181]构建了开放经济环境下技术创新、扩散及模仿的广义的市场一般均衡模型，强调模仿国与创新国的经济收敛，模仿国能借助引进或模仿，实现技术进步和追赶发达经济体，他指出技术模仿对生产率的提升程度取决于模仿国与创新国的技术缺口，创新采纳的过程实质上就是后进国学习的过程，学习效应是通过模仿国的“干中学”所获取的，这一效应会对创新扩散过程施加实质性影响，技术创新效度的主要影响因素也是模仿国的“干中学”能力和相关经验累积情况；考虑到技术扩散的作用机理，任一国家的科技投资都会同时影响自身和别国的经济发展及福利增长。Elkan 的扩散模型阐释了发展中国家融入全球开放经济的演化过程，即技术落后国首先选择技术模仿以快速提高自身技术能力，减小自身与技术领先国的技术缺口，随着被模仿技术趋向成熟，发展中国家将从模仿者的低等角色转变为更高级的自主创新者角色；他虽然认同 Barro 的技术扩散初期跟随者技术扩散会快于领导者的观点，但是他不认同双方最终不能收敛到同一技术及经济水平的论调，他将该模型置于长期技术扩散条件下，发现起初经济水平异质性国家的人力资本增长率、产能扩大速度及经济发展程度最终会实现收敛性，创新国的科技投资回报率及模仿国的技术模仿收益率也会保持在同一水平。还有一些西方学者基于“干中学”模式丰富了技术溢出理论，如 Parente 剖析了干中学、技术扩散和 TFP 增长的内在关系，发现潜在企业的技术学习决策和生产力提高主要依靠有效的资本市场；Colombo 和 Mosconi 阐释了复合型技术在扩散初期的兼容性和跟随者的累积性学习曲线效应，发现在技术扩散过程中“干中学”效应与技术经验水平正相关。Mckendrick、Buzzacchi 等及 Mariotti 等还研究了金融组织在“干中学”方面的技术溢出效应。Caselli 和 Coleman 提出发展中国家经济增长的动力并不是依赖于自主创新，而是靠引进发达国家掌握的前沿技术后面的二流技术。

上文所述及的从 20 世纪 90 年代起由国外学者所发展的一系列扩散学说及模型很好地搭建起了南、北半球国家之间以及发达经济体之间创新技术引进、扩散、模仿及采纳的理论体系，为 21 世纪的技术创新扩散领域的经验、案例及实证性研究夯实了理论基础并指明了前进方向。

2. 技术扩散博弈研究进展及述评

在 20 世纪 80 年代以前，虽然不少学者在技术扩散领域进行案例分析，但是理论研究尚为缺乏。部分扩散模型都是来源于实证研究，少有理论支撑。80年代初，Reinganum[182]最早运用经济博弈论研究技术扩散问题，假设两家性质相同的企业展开双寡头垄断博弈，对技术创新扩散作出严谨的理论推导，发现有两个纯策略纳什均衡；虽然局中人具有完全的信息，而且两家企业的性质也是完全一样的，在每个博弈均衡中，必定有一家企业先采纳创新技术，另外一家企业采纳时间较晚，这足以证实完全信息条件下同一规模的企业之间仍会发生技术扩散；企业性质不同时，若规模较大者在技术采纳上有比较优势，则有两个纳什均衡：新技术最先被大企业采纳，或者最先被没有优势的小企业采纳，而大企业采纳得较晚；若较大企业在创新技术采纳方面没有优势，则新技术最先被小企业采纳，对比以上的均衡解，可以在很大程度上排除企业性质对技术扩散的影响作用。Jensen 和 Thursby[183]考虑模仿或创新的投入，在充分吸收内生增长模型的主体思想基础上，将南、北半球国家之间的技术扩散抽象化，设计双方技术投资行为的动态博弈分析框架，从而探讨内外资方的交互策略选择，发现南半球国家模仿北半球国家的规模主要由北半球国家垄断的创新技术品种数所决定，该模型对稳态的南、北半球国家技术缺口与各国 R&D 投资的关系进行摸索，为国际贸易与全球技术转移作出新视角的理论解释。

自从技术创新扩散的外部性效应被发现以后，许多博弈论学者运用不同方法从多个视角来分析溢出效应。Wang 和 Blomstrom 认为 MNC 给内资企业带来竞争性技术溢出，于是构建内外资企业策略博弈模型，假定双方都知晓溢出的客观存在；且都有能力作出投资决策而改变溢出强度，MNC 的研发投资与其溢出正相关，内资企业对学习能力的投资与其获取溢出的能力正相关；MNC 为了保持其技术优势，在技术创新和技术扩散之间存在正反馈，同样地，内资企业的学习与吸收溢出之间也有正反馈机制。Klibanoff 和 Morduch[184]运用三阶段博弈分析企业间技术创新扩散外溢、FDI 及生产率的关系，揭示内外资企业不同竞合策略选择的溢出条件，考虑企业间生产竞争时，外部性抑制了扩散源企业的生产效率，低效通常与外部性有关；当外部性不明显时，双方不合作是最优决策，反之，技术溢出较大时，唯有合作是最佳选择，能促进经济增长。Ziss[185]研究了有技术扩散外部性的研发两寡头重复博弈，研究 FDI 溢出效应对内外资合作性、合作方式及得益的影响，对比不合作及研发投资勾结、定价或产出勾结、并购等三种协作方式，测度不同协作方式下的收益，给出各种协作方式增进寡头企业得益的条件：当技术扩散外部性足够强时，各种协作方式都有利于增加收益，并购最可能发生，定价勾结对收益增量的贡献性可能不如研发投资勾结。Kapur[186]等研究基于社会学习能力建构的技术扩散博弈，揭示社会性学习对技术扩散的影响机理。邝国良和张永昌[187]建立产业集群环境下技术扩散博弈研究框架，分析成员企业行为选择及局中人策略的动态调整过程，提出科学合理的集群技术扩散机制建设路径及政策举措。邝国良构建了技术扩散动态博弈模型，对各主体行为进行分析，从而设计了合理的技术扩散机制。李平和随洪光[188]考虑扩散源企业及创新技术吸收企业的关键行为时机分歧，也注意到扩散方对核心技术的严格保密性和吸收方对战略性技术的刚性需求存在直接冲突，基于此巧妙设计对应的序贯博弈机理，提供技术吸收方应对抢夺市场型 FDI 的竞合策略组合，提炼出有利于技术落后国的利益博弈政策选择准则，以图实现 MNC 和我国内资企业共赢，同时为内资方争取到最大限度的技术外溢效应，破解 FDI 的战略性技术封锁难题。彭纪生等构建复制动态演化模型，分析外资技术扩散或保密的混合策略均衡条件，发现外资技术扩散概率与内资企业的学习吸收能力有很强的相关性。王飞[189]对技术创新扩散进行空间竞争分析，重点解析了双寡头或多寡头的技术扩散博弈，揭示出截然不同于等级或邻近效应的空间竞争条件下的技术扩散规律。李书全等认为战略网络环境是影响技术扩散效应的重要因素，借助技术扩散博弈模型系统分析三种典型战略网络条件下技术供需各方的均衡战略，并通过安卓系统案例进行比较，认为技术合作而非技术保护方能增强战略网络下的技术扩散效应。

3. 国内技术创新扩散理论及实证研究发展述评

20 世纪 80 年代后期，国内的技术扩散研究开始大量出现。朱李鸣[190]较早地分析了技术创新扩散的导引机制，将其细分为动力机制、激励机制以及沟通机制。傅家骥在 90 年代对技术扩散过程做了剖析，认为由供给、采纳及沟通活动组成，结合中国国情，从国民经济结构及宏观体制、微观组织入手辨析影响国内技术创新扩散的系统因素。王春法认为外资在华技术扩散表现出三个新特征：R&D 国际化越发明显、MNC 极其热衷于构建技术联盟、跨国技术贸易几乎被欧盟和美日瓜分垄断并集中控制。陈国宏和王吓忠[191]吸收学习论的观点，认为技术创新扩散具有传播性，其实质是低技术势组织借助各种途径向高技术势组织学习并吸收先进技术，技术势差是技术创新扩散发生的重要动因。武春友[192]从效应、动力、过程、决定因素、模式、模型、环境、测度、评判等角度对我国的技术创新扩散作出全面研究。李平以技术扩散外溢为研究主题，分别置于完全竞争市场、不完全竞争市场及跨产业环境进行考察，并重点对我国内地、香港地区及日本进行技术创新扩散的实证分析。进入 21 世纪，我国学者也纷纷引入国外更新的扩散模型或更为复杂、前沿的理论，对技术扩散进行深度研究，夏万军和纪宏[193]从技术进步理论出发，用扩散系统中主体间相似度函数来表征技术扩散外部性，推导出新古典增长模型的扩展形式及其收敛方程，发现技术创新扩散对经济收敛进程具有双重影响；若技术进步来源于外部创新，那么扩散的水平效应得以证实；若技术进步来源于国内部门之间，就能解释其经济增长率的差别性。何予平[194]深入探讨了全球经济一体化的技术垄断及扩散，运用全球技术扩散模型来研究其传导机理，总结了发达国家的技术垄断及跨国技术创新扩散的方式及特征，为我国企业打破国际技术垄断，获取先进技术提供了对策指引。张东辉和臧成伟[195]从技术扩散的部门异质性入手，应用 Coe 等的技术扩散建模方法，研究技术扩散和结构调整及发展中国家经济增长的关系，论证了部门异质性导致生产率差异和结构调整效应，进而影响技术扩散效应及技术赶超预期的链式传导机理，还发现部门间替代弹性对扩散吸收量与部门扩张关系的调节作用，因此会促进或抑制技术后进国的创新发展、技术追赶及经济增长，后种情形下南、北半球国家经济收敛将不能实现，这对于我国当前正确审视扩散导向型增长的作用具有极其重要的现实意义，也意味着当扩散红利逐渐逝去，牢固确立自主技术创新战略及全面实施壮大人力资本政策已是必由之路。王明成[196]梳理了FDI及贸易作为主要的国际技术扩散路径对TFP增长的抑制机理研究，以创新技术的开发、吸收及使用为着眼点，发现国际技术扩散借由外部知识流入与自主创新的交互影响而作用于TFP增长，我国代工企业的国际分工地位较低引致内资方获取的进出口贸易及FDI技术外溢为负效应；技术扩散对本土创新会产生强势挤占，且国外创新技术凭借先发优势得到自增强，其持续演进时出现的路径依赖造成了对本土创新的恶性锁定，这种挤占及锁定都极大地消减了自主创新对TFP增长的促进作用；国际技术扩散同时调解着技术缺口对TFP的作用，而自主创新能力总与技术缺口的影响正相关。王展昭等[197]通过对技术扩散体系进行结构分析，选取了恰当的系统动力学建模方法研究技术扩散因果链条关系，描述关键回路并辨析极性特点，基于此获取技术扩散系统因果流向总图，发现三阶段扩散比两阶段有滞后性，降低了扩散速度；而且，相关参数对扩散效应会产生非线性的复杂影响，扩散系统演化的反直观性也较为显著，该研究极大丰富了技术扩散理论及研究方法论，并对于我国政府促进在华国际技术扩散系统功效提供了有力的证据支撑和重要的决策参考。吴建南和张攀[198]研究发现在计算机与ICT技术环境下较容易扩散的创新通常包括如下特征：创意简单、操作方便、短期效益显著、以低成本采纳及吸收、受益广泛且阻力小。苏屹等[199]基于系统论视角梳理了技术扩散的影响因素，基于传染病模型分析技术扩散系统的宏观性质，运用动力学的稳态平衡分析方法，揭示扩散系统在宏观上的分岔表现，为扩散系统建设和扩散环境规制安排提供建议。冯磊东和顾孟迪[200]构建概率模型用于分析创新技术采纳决策的关键影响因素，再次验证了Davies的“刺激-反应”机制及潜在采纳者的刺激阈值，独创性地提出技术相似度与创新扩散概率具有强关联性，潜在吸收者的采纳效用也受到高度利益相关者的技术采纳行为的促进影响，并给出创新采纳时机选择以及加快技术创新扩散的对策建议。

针对我国东中西部技术发展的层次性和经济水平不均衡，我国学者近年来在西方学者提出的技术创新空间扩散理论基础上，取材中国区域间、区域内创新扩散现实，从独具我国国情的区域性或省际省内空间扩散视角，对技术创新扩散展开了不少探索性实证研究及理论范式摸索，从区域空间差异性及地缘关系的现实视域出发，揭示先进技术在发展中国家的扩散过程、效应及规律，为国内不同地域全方位、高效且有针对性地采纳吸收外部空间高级新型先进技术扩散提供适应性强的理论基础和有价值的决策依据。康凯[201]从复杂系统演化视角分析技术扩散问题，发展了非线性、非均衡的技术扩散系统演化思想，设计了从微观到宏观且宏微观尺度相统一的研究思路；运用系统动力学揭示技术创新扩散的时空演化机制，建立了较为可行的理论模型。曾刚[202]探讨空间尺度作用下高新技术扩散区位选择，基于张江高科技产业园区的实证研究，发现技术势能、合作成员间距离、扩散路径对宏微观技术扩散会产生不同的影响。刘强和范爱军[203]考虑区域间的技术创新空间异质性，设计了技术创新空间扩散的评价体系，从空间分布特性、空间扩散强度、空间关联度指数三个维度提取出空间扩散的要因及本质规律性。张秀武和林春鸿[204]认为技术创新的最大价值在于扩散和传播所引发的辐射效应，产业集群的创新扩散表现出独特的过程优势，总结了技术空间扩散模式及动态过程，基于牛顿位势思想构建集群式创新空间扩散模型，给出空间扩散发生条件，识别空间扩散的关键要因，研究结论对于已经或即将加入高技术集群的企业，获悉创新高供给的上游企业数量并且降低技术创新扩散信息累积门槛值，具有重要的现实指导意义。

我国学者还立足中国企业积极学习国外先进技术的现实，对学习论中的“干中学”展开了卓有成效的本土化研究，相关结论更能体现出当代中国特色，发挥技术创新政策规划的决策支持作用，有利于我国内资企业或本国行业快速建构对国外先进技术高效学习的可操作模式，因此对于本国技术进步的实现具有极为重要的参考价值。盛亚[205]从技术创新扩散的“学习论”研究视角，利用 Bass 模型族来分析新产品销售问题，为市场竞争或垄断格局下新产品定价、促销、质量和渠道策略组合提供理论指引和启发。贺俊和刘亮亮[206]将技术扩散作为内生变量，基于最优消费决策和“干中学”框架构建内生增长模型，考察技术创新扩散对人均 GDP 增长的动态影响，通过求解竞争性均衡，评判扩散源地区和欠发达的新技术吸收地区的双向技术扩散效应，测度区域间技术扩散弹性、外溢程度及时滞性，这为我国区域创新体系建设提供了政策依据。杜宾[207]分析社会网络环境下异质客户在信息扩散中的学习效应，通过不同的学习模型，探索多层次复杂网络环境下的创新扩散规律，发现客户学习效应对网络型产业的创新扩散具有重要影响，模型显示出产品面对社会网络拓扑结构的扩散差异性，以及不同产品客户群体吸收创新的学习受早期采纳者的影响存在显著差异性，互联网环境下创新学习强度完全有别于传统学习，研究结论对于创新企业利用社会网络中的创新扩散规律、做出动态理性的扩散或吸收采纳策略选择及提升网络化学习效应是极为有益的。

4. 国内外技术扩散研究简评

总的来看，20 世纪 60～80 年代技术扩散研究的主流观点是：内资企业的模仿和竞争行为促使外资技术外溢；国际技术扩散程度主要受到 MNC 与内资企业的技术差距和 FDI 流入量的影响；内外资企业的策略行为对技术扩散效应有重要影响，MNC 的新技术开发与技术扩散之间、内资方的学习模仿行为与技术吸收能力之间同时有正反馈机制发生作用。

有关技术创新扩散对发展中国家经济增长的研究于 20 世纪 80 年代后期快速兴起，同时提出了各种不同观点的有益于创新扩散的政策建议。总览国内外学者对技术创新扩散路径、机理、尺度的研究，发现国外学者大多从技术创新扩散发生的动因、根源或条件方面来探究生成机制，而近年来国内学者对各种产业的技术创新扩散机制从多视角展开了颇多的实证研究；国外学者对技术创新扩散路径的分析基本上围绕着 FDI 或贸易而作出阐释，但专利技术扩散的研究还较为缺乏，这可能与专利技术本身的知识性及其对技术创新扩散产生的隐性作用相关，国内学者在技术扩散路径方面的研究是个明显的短板，仅仅做到了沿袭或继承国外 20 世纪六七十年代的国际技术创新扩散路径相关学说来进行本土化应用而已。对于技术创新扩散尺度的研究，国内外学者从宏观层面上重点考察技术创新扩散与赶超现象，研究视角以贸易、FDI、外资研发中心为主。

20 世纪 90 年代的跨国技术溢出研究在视角选择、方法设计和基本内容等方面都有明显创新。研究视角方面，既改变了研究对象局限于 MNC 的状况，还从理论层面探讨策略联盟的技术扩散问题；研究内容方面，不但关注工业部门技术外溢效应，而且还分析服务型企业的技术扩散效应；研究方法上，厂商理论得到延伸拓展，还有不少学者将策略博弈思想应用到技术外溢的理论分析，极大地丰富了技术扩散理论分析的工具库。

从理论层面上来看，前人及当代的技术创新扩散研究大多忽视了扩散信息的搜集成本，未来学者们有可能会聚焦于技术扩散信息供给及捕捉研究[208]。随着引入信息不充分和技术风险，未来的研究更有必要在信息经济学视角下探寻技术创新扩散市场的属性、行为及其信息资源配置效率等。

关于技术创新扩散模型的国外文献，通常基于计量或数理模型展开规范性研究，研究目的侧重于辨析技术创新扩散的影响要因，而国内文献主要是跟随国外的主流模型或者作出简单的修正来解决中国企业面临的现实技术扩散问题。从技术创新扩散模型构建层面上来看，过去的国内外技术创新扩散研究偏好于采集多个样本源的数据，采用实证手段反复评估某个单一的扩散模型，今后更需要对比多种模型的实际应用效果并作出适用性评判，把同一套数据用于多个模型的横向比较试验更能对技术扩散作出客观而准确的评判[208]。而且，基于博弈论模型探究扩散过程中企业的创新采纳决策最优化，也应该是技术创新扩散模型的发展方向和重点应用。混沌论、突变论、分形模型和复杂适应性系统也会成为新的扩散研究方法论[209]。

我国加入世界贸易组织（WTO）将近 16 年，内资企业参与国际技术合作也变得非常频繁，技术创新扩散实证分析的样本数据量不断丰富，现阶段更应该在技术创新扩散模型拓展方面做更多研究，从而多维度、多视角地探析进出口贸易对东道国的技术创新扩散的影响，也可以将南北国家双边或多边贸易对落后国家的技术创新扩散进程的影响作为另一个重点加以深入研究。而且，MNC 驻华子公司与我国内资方的技术合作条件下技术创新扩散机理及规律也需要探索，并在此基础上反映出外国资本对技术创新扩散速率及外溢性的多重动态影响。

虽然中外学者对诸多技术扩散问题的认识未能统一，但通过文献归纳整理，不能得到几个被普遍认同的重要结论：①国际技术创新扩散对各国经济增长都能产生巨大的推动作用，特别是对于技术欠发达的国家。②国际技术创新扩散的路径以国际贸易、FDI、人员交流、研发本土化、申请他国专利、专利引证为主，国际贸易作为技术创新扩散的路径已基本得到共识，在各种情境下，或在多国的贸易调研中，都有充足的证据支持；但就 FDI 来说，结论尚不清晰，有促进论与抑制论之分，不少学者认为 FDI 对发达国家的外溢效应优于发展中国家，因为他们强调技术吸收能力对于 FDI 引致的技术外部性起着决定性作用。③技术创新扩散并非一定有益于吸收国的技术进步，而是受到一系列因素的限制或调节，包括吸收能力。因此我国内资方只有提高自身的技术吸收能力，并获得政府促进技术创新扩散的有力匹配政策，方能从外资技术扩散中获取更多的正向效应并加以吸收。

国内外学者从产业应用方面对技术创新扩散的研究成果并不丰富，侧重于传统制造业和高新技术产业，而针对具有战略性的装备制造业的研究显得不足；从产业层面上来看，当前中国学者只是针对产业集群、产业政策展开技术创新扩散分析，数据来源也局限于改革开放直至中国加入 WTO 的 20 多年的国内产业面板数据，这些文献并未对中国加入 WTO 后更为开放的技术市场及部分产业有限保护情形下国内产业怎样面对、融入及处置国际技术创新扩散给出清晰的研究结论和导引，因此技术扩散的科学研究有落后于中国现实之嫌，难以满足我国重要产业在当今时代的技术进步要求。

而且，现有的东道国产业技术创新扩散研究还很缺乏量化分析，相关实证分析中表现得更为明显，无论是产业层面的技术创新扩散效应研究，还是效应评价方法的比较研究，或评价指标体系的构建研究，其量化程度还有很大不足，因此关于技术创新扩散的各种影响因素如何作用于国内某个产业整体的技术进步与转型升级仍然很缺乏说服力。

现阶段的技术创新扩散政策启示研究才刚起步，未来的发展机遇还很多，包括面向东道国经济福利的外资技术扩散路径建模分析，技术创新扩散规制政策体系研究等；再者，技术创新扩散政策也迫切需要实证研究，用于测度外资在华技术创新扩散、本国创新政策及外资政策环境和知识产权体制的复杂传导关系[210]。

综上所述，随着技术扩散相关理论的日趋成熟，新的数理模型与计量方法不断被尝试应用，技术扩散研究领域的未知挑战或新机遇将同时到来，无论理论探求或实践应用都有待于中外学者对技术创新扩散展开更深入、系统且精细的研究。

2.2 基于跨国交易合作的技术创新扩散动力机制

2.2.1 相关研究述评

古典经济学可谓是最先探究了技术创新动力源，Rosenberg、Morville 和 Freeman 等开创性地提出了决定创新的技术推动力与需求拉动力的整合模式。大量实例研究证明，技术的成功扩散不仅依赖其创新程度，更取决于有效的扩散动力，美国的 Mansfield 对技术扩散动力方面的研究最具影响力，他提出影响技术扩散动力的三个要因，分别是：①模仿比率，即经过一段时间的扩散后，采纳新技术者占总数的比率。模仿比率越大，新技术的采纳及应用的风险就会越小，技术创新扩散的推动力也就随之增大。②采纳新技术者的潜在利润率。潜在利润率越高，更多企业越会选择吸收新技术，技术扩散获得的推力越大。③投资额。采纳新技术需要投资额越高，在有限的筹资渠道条件下，技术扩散动力就会越弱，因而不利于新技术快速转移或传播。

我国学者苏敬勤及武春友最早研究了技术扩散动力机制，基于多实例分析，从创新源、创新采纳者、中间体三个方面对扩散动力机制作出剖析，给出机制模型。李同升等分析农业技术扩散中创新源-中介-吸收体的三边关系，构建了园区环境下扩散的特有动力机制，总结出杨凌示范区的成功扩散范式。赵黎明研究了技术扩散动力的两方面成因，即早期的创新采纳者获取更高利润而产生的竞争压力以及基于利润最大化的后续采纳者行为目标，但是缺乏对技术扩散动力机制实际运行的详尽而系统的描述。冯鹏志还利用社会学理论对技术创新扩散系统内外部动力作出独特的分析。

作为技术扩散理论的组成部分，技术扩散动力在技术扩散的相关文献中曾有论述，但通过文献查新，发现针对技术扩散动力的研究较少，篇幅都不大，大多立足于产业集群的竞合环境而展开，或着眼于技术扩散动力的影响因素间相关性，通常认为技术扩散动力从技术创新阶段就能产生作用，并决定着扩散进程及效果。技术扩散的动力能够提升集群成员企业的技术能力、竞争力及经营效益。段存广和赖小东[211]通过改进 Bass 模型来阐释技术扩散动力机理。王帮俊[212]则对技术扩散动力机制的各类研究作出了系统性总结，基于结构主义理论和流程观，构建了从点到面、内外兼顾的技术扩散动力机制研究框架，给出了可行的分析工具，很好地解决了动力机制构筑、建设及扩散动力强化的一系列问题。明宇和司虎克[213]从不同的技术生命周期系数入手，揭示技术扩散动力机制在技术生命周期各阶段的差异性表现。

技术扩散过程中技术与经济紧密结合，具有系统特性，因此基于系统论研究技术扩散动力较为适宜，需要总体分析技术创新者、吸收采纳者及外部环境之间的复杂关系。徐璐和段茂盛从系统论视角出发，技术扩散动力通常是由来自创新者的推动力和来自采纳者的拉动力构成。技术创新者起到扩散源的作用，持续不断地向其他的吸收采纳者扩散其创新技术，这样就形成一个技术的向外辐射区域。技术扩散所需的推力和拉力的合成并非简单相加，技术扩散源采用创新技术得到了超额利润，在超额利润的诱导下竞争压力骤增，表现为推动技术扩散的力量。新技术吸收采纳者受到技术创新者的竞争优势的影响，着手评价这一创新技术，根据自身条件和利润最大化目标，作出新技术是否引进的决策。因此，技术采纳者追求超额利润的企图就构成了技术扩散的拉动力。推力和拉力共同作用下，创新技术不断扩散开来，也就合成了技术扩散的总动力。

综上所述，国内外对技术扩散动力机制的相关研究存在如下问题：①针对技术创新动力的有关研究大量出现，而技术扩散动力机制方面的研究仍然很薄弱，未发展为成熟体系；②有些学者将扩散动力分解为推力和拉力的综合作用，但只考虑来自技术创新扩散方的动力，而忽略采纳接受方对扩散动力的贡献，也就不能从分别处于上下游的技术授受方出发，考虑双方的交易关系或合作关系所引致的技术扩散动力机制；③现有研究仅分析企业个体，没有将技术扩散中不同角色的企业进行系统分析，缺乏考虑技术扩散所处的环境因素对扩散动力所带来的改变，尤其是扩散方及采纳方企业间交易合作的微观环境因素更有必要被重点纳入到动力机制相关研究中。

进一步地对技术扩散动力的推拉整合模式加以分析，发现其推力和拉力与企业间交易合作密切相关，作为本研究对象的创新主体间交易合作既是推动技术扩散的一股重要力量，也是拉动新技术不断扩散的重要动力。本研究拟从这两个视角系统地分析来自交易合作的技术扩散发展动力，而前人的相关研究成果确实能为下文的动力机制理论分析、模型设计、概念阐释、分析思路及方法选择等提出有价值的借鉴和启示。

2.2.2 从推动力角度的分析

在技术扩散的开始阶段，技术创新者享有的超额利润，通常不希望对新技术主动传播或转移。但是，刘芹等[214]研究发现：如果将新技术扩散给更多的采纳方企业，借由新技术授受方之间的技术交易就将给供给新技术的技术创新者带来额外的可观回报，加上其实施完全垄断所要承受的高风险性，技术创新者就会不得不选择技术扩散而不是封锁新技术，它作为扩散源就有足够的动力将其新技术更快更广地扩散出去，这也就形成了技术创新扩散的主要推动力之一。

1. 技术扩散源在交易中获取的有偿回报

技术扩散的最大推动力来自技术扩散源的利益诉求，体现为扩散源期望获取超常收益、提升市场份额、夺取关键资源或廉价要素，这些需求共同构成利益推动下的技术扩散动力。在市场经济环境下，技术实质上就是可供买卖双方交易的标的物，其供求关系受到相关经济规律的制约和调节，扩散源企图通过售出新技术而获取高额利润。技术作为商品，自然地，技术扩散会受到市场交易规律的作用。王江认为扩散源在技术扩散中占有主导地位，对技术市场的影响可谓举足轻重，其行为也同样应该遵循商业规则。

王开明等从技术需求方的视角来看，技术扩散过程的实质就是潜在吸收采纳者不断增加的过程。这些潜在者的吸收采纳动因无非是受到新技术所蕴含的超额利润的吸引。在新技术未广泛扩散时，已引进新技术的企业会在垄断竞争市场中形成均衡局面，由于均衡状态下价格高于成本，因此这些企业就能获得丰厚的超额利润。实际上，超额收益会持续不断地吸引更多新的潜在采纳者进入。陈建科等在新技术逐渐扩散的进程中，扩散源的垄断势力将趋于消失殆尽，超额利润也会越发变薄甚至最终消失。于是，创新者会构筑多种多样的壁垒来抑制技术扩散，为了克服这些阻碍技术扩散的壁垒，潜在吸收者不得不通过技术引进合约或技术使用许可等方式获取创新技术，技术授受方之间这些不同类型的技术交易活动也就会对扩散源企业给予足够的利益回报作为补偿，以抵减其在技术扩散过程中的超额利润损失，从而激励创新者持续不间断地进行技术扩散。

2. 扩散源垄断的高风险性及其面临的竞争威胁

在市场经济条件下，技术扩散源的垄断势力通常难以维系，这源于一系列外部风险以及来自潜在吸收采纳者或各种对手的竞争威胁，因此就迫使扩散源只能致力于新技术扩散活动。

张汉威等发现，若技术创新者对其开发的新技术实施垄断，也就意味着要承担相当高的风险，包括收益风险、市场风险、投资风险、法律风险、政策风险等，还有一个更严重的风险，即垄断势力有可能被彻底颠覆或打破。在扩散开始阶段，创新者几乎独享超额利润，潜在吸收采纳者具有强烈的技术引进动力，必定会考虑多种途径克服创新者故意设置的扩散壁垒，如借助逆向工程来模仿创新者。若潜在吸收采纳者模仿成功，那么创新者的垄断地位就会被打破，这种风险会使创新者既不能从技术交易中获取合理的补偿，又会大幅度丧失市场份额。因此，技术扩散源的垄断风险也就从反面促进了新技术扩散。

扩散源面临的竞争威胁不仅来自潜在吸收采纳者，还可能是不以主观意志为转移的科技长足发展的客观要求使然，具体而言就是新技术替代的威胁。从技术寿命周期理论可知，新技术替代性威胁源于技术从研发到产品制造再到被淘汰的往复循环过程。不变的法则是，更新更优的技术一定会代替原来的技术。倪外等[215]发现，在当今知识经济及科技高速发展的背景下，新技术持续涌现，使得技术寿命周期不断缩短，技术扩散也就表现为不同层面的技术同时被扩散。

新技术替代威胁对于技术扩散的促进作用可以体现为：①周期性替代。科技快速发展迫使技术创新者以最快的速度将新技术成果进行扩散，以避免新技术的搁浅或无形贬值。②资源动态配置。技术寿命周期的缩短也会传导到产品端，使得技术性产品的更新换代日益频繁，企业需要将有限的资源动态配置，使其与开发的最新技术产品相匹配。

3. 技术寿命周期压力

技术寿命被划分为4个阶段：新技术被垄断——竞相模仿——市场中激烈竞争——技术逐渐退出。当新技术被垄断时，扩散源具有绝对掌控力。此时新技术还不完善，难以推广，扩散源依赖垄断地位获取超额利润的常用途径是新技术在扩散过程中的转让交易。当新技术被扩散的范围不断加大时，势必会被竞相模仿，模仿者逐步将新技术运用于新产品研发中并实施批量化生产，使新技术进入到产业化应用时期。随着新技术越发标准化和成熟化，大量模仿者都有能力吸收采纳新技术，并同时供给同质化新产品，产品竞争越发激烈。该技术成熟之后将逐渐失去原有的新颖性优势，扩散源的优势逐渐丧失，直至新技术及其衍生出来的新产品最终都被市场淘汰，下一代更新更优的技术将其取而代之。

可见，创新技术从出现、改进、成熟到衰退的过程中，其使用价值和影响范围也在日益扩大，采纳速度越来越快。换言之，第三阶段往往是关键，若新技术不能被充分地产业化应用，则在衰退期其商业价值必定会快速下降，这就启示扩散源企业务必要提前在垄断阶段或者被模仿阶段加快向外传播或转移该新技术，主动且频繁地参与到与潜在吸收采纳者的新技术转让交易中去，以谋求效益最大化。

4. 技术创新者投资回收的需要

扩散源还期望利用技术优势占据更大市场份额以达到技术创新投资的目的。当今技术日益频繁地更新换代，新技术若不能迅速转化为生产力，就难免受到“限制”或价值缩水，甚至被市场提前淘汰出局。因此，创新者与其将多项新技术保留并闲置，不如寻求潜在吸收采纳者与之进行交易，尽快转让新技术，换取更为现实的交易收益作为创新报酬，缩短研制投资回收期，以利于创新者加快实施更新一代的技术研发，缩短新产品研发周期，进入“技术创新—扩散—再创新”的长期良性循环之中。

2.2.3 从拉动力角度的分析

扩散源起着推动技术创新的作用，对于技术扩散是先决条件，而潜在吸收采纳者一端则为技术扩散的现实发生及发展提供必不可少的内部拉动力。

1. 潜在吸收采纳者的获利拉动力

其实，潜在吸收采纳者引进新技术的动因与技术扩散源先期传播或转移新技术如出一辙，都是追求超额利润。若新技术的潜在吸收采纳者意识到新技术采纳有助于强化企业的盈利能力，能给潜在吸收采纳者提供获取超额商业利益的机会，这些新企业就会着手获取并运用该新技术，这也正是新技术不断向外围或边缘的潜在吸收采纳者扩散开来的内在拉动力，这对于技术扩散同样是一股很强大的力量。

潜在吸收采纳者获得新技术的前提可以表述为：技术扩散源在潜在吸收采纳者集合 $M=\{S_i, i=1,2,\cdots,m\}$ 中实施扩散，此处 S_i 代表 M 中的第 i 个吸收采纳者，m 为技术扩散过程中所有的吸收采纳者数量。M 也就是技术扩散源的技术扩散空间，它处于一个空间异质性且更为广泛的扩散环境中。潜在吸收采纳者从环境中获取扩散源的相关动态信息。扩散环境也随着扩散的不断进行而发生动态变化。

通常地，吸收采纳者若要作出技术引进决策，必须先对拟吸收的新技术进行全面评估，只有达到采纳标准，这些企业才会采纳被扩散的新技术。按常理，可假设潜在吸收采纳者的决策准则是采纳新技术的预期效用较高，且技术扩散源给出的技术转移交易价格较低，即潜在吸收采纳者的交易成本较低，否则潜在者可能会选择引进其他与该扩散源具有竞争关系的其他扩散源提供的可替代性新技术。

潜在吸收采纳者是否引进新技术，往往取决于新技术的盈利性预期可否转变为再创新驱动力。具体而言，这种转化的主要影响因素有两个：①注重短期盈利还是长期盈利。若是前者，企业将致力于削减经营成本，动用营销策略组合，挖掘市场潜力，以提升市场份额为首要目标，暂不重视新技术的长期价值；若是后者，企业会利用新技术来优化工艺，降低制造成本，追求长期收益最大化。②企业决策群体。企业内部的利益群体包括员工、经营管理者和所有者，他们的目标各不相同。员工直接承担生产任务，对报酬非常敏感，加之人力资源流动性较高，因此主要关注短期目标；企业所有者以拥有各类生产资料而获利，他们追求资产增值和公司价值最大化，因此主要关注长期目标；经营管理者作决策不但考虑自身利益，还要兼顾员工群体和所有者群体中占优一方的利益。可见，三个群体的利益目标难免有冲突。那么，哪个群体更强势，才会对企业创新决策有决定性的影响，也就决定着接受技术的企业是否引进新技术，以及引进行为对技术扩散的拉动力大小。

在扩散过程中，潜在吸收采纳体对新技术的准确评价离不开其从外部环境中得到该新技术被其他企业采纳情况的参考性信息，例如较早吸收采纳者的效益增量、同期新增的吸收采纳者数量、由技术扩散源所确定的被扩散新技术转让交易价格等[216]。Radomes 和 Arango[217]还发现公众态度也关系到新技术评价结果及吸收采纳决策，他们考虑到哥伦比亚拥有很高的平均年日照量，在引入太阳能光伏发电（PV）技术方面有巨大的潜能，因此运用经典的 Bass 扩散理论研究了哥伦比亚的 PV 技术扩散动因，发现新的 PV 技术采纳率受到可再生能源意识普及运动和社会互动性程度的影响，政府补贴和再生能源回购费率政策能促进该新技术快速扩散，激励更多潜在企业吸收采纳 PV 技术，50%的投资补贴加上每千瓦时 0.3 美元的回购费率能实现最高的边际扩散率，从而对该国当前电力结构中占主导且低成本的水电供应会产生明显的挑战性。

许慧敏等研究发现：在技术扩散进程中，新增的技术吸收采纳者信息将不断用于修正上期的技术采纳效用分布，以确定被扩散新技术的本期预期采纳效用分布。新增的新技术吸收采纳者数量越大，本期技术采纳的预期效用的方差越小，意味着新技术被采纳的风险性和不确定性越小，本期采纳新技术的企业与扩散源的关系越密切。例如，与扩散源存在地理接近性，或与扩散源不仅有技术转让交易关系，还能发展为技术创新协同关系等，都可能对上期效用分布的修正影响越大。

2. 潜在吸收采纳者的市场竞争压力

新技术的出现，往往显示出明显的优势，可能创造出新的需求，有可能更好地满足现有客户需求，还可能大幅度提高生产经营效率，要么通过减耗而显著节省社会资本或自然资源。这些优势无论对于扩散源，或者是早期采纳者都是极佳的选择，能为他们产生超乎寻常的利润，使其综合竞争力得到增强。这会反过来削弱未引进新技术的其他同行从业者的竞争力，或使对手的产品马上处于劣势和被动局面。若这些潜在吸收采纳者还不作出新技术引进决策，则要面临失败的结果，这对于他们是一股强大的竞争压力。这种压力影响后进者不断地引进新技术。为了确保市场竞争真正能激励更多企业吸收新技术，使技术扩散平稳开展，市场竞争的规范性和合理强度显得极为必要。否则，不正当竞争会侵害技术扩散效用，个别企业若滥用特权和制度等级，通过不规范行为夺取市场份额，谋求暴利，就会损害其他吸收采纳者的正当利益，也会缩小所有吸收采纳者的发展空间，并导致全体引进方对外部技术创新的预期收益突降；过于温和的竞争不足以拉动技术扩散向前发展，而过于激烈的竞争则有损于吸收采纳者的合理收益，打压后进企业引进新技术的资源投入力度。因此，适当强度的竞争是技术扩散拉动力产生的重要条件之一。

政府会为信息技术扩散提供特殊的拉动力，但它在新媒体时代不得不面对来自公众的巨大的政务信息公开压力，这也是公共服务市场化环境施加给政府的一种竞争压力，影响着政府部门的信息技术吸收采纳决策，促使公务人员不断地引进信息公开领域的新技术，Liang[218]分析了网络作为扩散系统中渠道中介或路径的作用，认为政府和社会公众之间有目的的信息交易和知识转移活动促进了电子政务技术和公共信息的良性扩散。

总之，扩散源的供应推动力和吸收采纳者的需求拉动力共同构成技术扩散的动力机制。技术扩散源根据实际需求而开展适用性强的技术创新，接着发起技术扩散，通过技术交易的方式获取有偿的创新回报及加快回收创新投资，即赚取高额收益是扩散源的内在动力，技术竞争威胁及寿命周期压力是来自外部的强制性推动力，内外结合形成了扩散推动力。而潜在吸收采纳者为了更好地满足客户需求而引进新技术，用于制造新产品，以追求更大程度的盈利，即吸收采纳新技术并获取更大收益以及外部同行的竞争压力一起组成了扩散拉动力。技术扩散受到上述“推拉合力”机制的作用而逐步得到发展。其实，技术供需方都是在利益驱使下反复地从事着创新、扩散、交易及吸收采纳活动，直到该新技术所蕴含的所有超额利润在双方有限次技术交易中被分割殆尽，本轮技术扩散才算告终，围绕着下一代更加新的技术的新一轮创新扩散进程也将再次启动，长期来看，这一创新扩散过程会循环不止的。

2.3 外资技术扩散与内资研发投入交互影响研究评述——跨国交易合作视角

外资技术扩散过程中内外资企业间交易及合作在现实中表现为：FDI、进出口贸易（即专利技术或核心零部件的相关交易）等，而 FDI、进出口贸易和国际技术扩散一直都是经济管理领域多年来的研究重点，相关文献举不胜举。结合本研究的研究目标和技术路线，内外资企业间交易合作研究综述将分为以下 5 个部分对国内外相关文献展开述评，首先综述内外资企业间交易促进技术扩散的相关研究现状，其次介绍内外资企业间交易推动跨国合作创新的相关研究进展，再次梳理内外资企业间合作创新增强技术扩散的国内外相关研究成果，最后尝试对上述相关重要文献作出分析和简评，基于此确立本研究的价值，给出本研究的可能创新点。

2.3.1 内外资企业间交易促进外资技术扩散的相关研究

1. 国际贸易促进外资技术扩散的相关研究

本节集中于国际贸易促进技术扩散的相关研究综述，主要考虑进出口贸易对外资技术扩散的促进作用，以及内资方吸收能力的“门槛”效应。

国际贸易是跨国技术扩散的重要路径之一，对这一路径的研究源于 Grossman 和 Helpman，他们提出国际贸易通过生产或技术信息来促进技术扩散。首先，基于生产方式的商品贸易包含了中间品和设备（即资本品），贸易的动因无非是进出口国在国际生产中的资源或能力互补性，或者是两国在水平型和垂直型国际分工上有明显差异，进口国可以对进口货物实施反向工程而破解外资方的先进技术，或者通过“干中学”方式提高本国内资企业的生产效率和技术水平；而借助技术信息传递来加强外资技术扩散的方式其实就是跨国技术贸易，包括产品协同制造、技术开发、组织管理技术服务和市场信息服务等，进口方直接引进外资企业输出的优良技术，实现高效利用东道国资源，提高内资企业的生产效率，具体方式有许可证贸易、技术外包服务、咨询、联合生产等。

学者们又根据生产率改进方式的不同将跨国技术扩散划分为两类：物化技术扩散、非物化技术扩散。Keller 解释前者是技术密集型产品或中间品的扩散，即技术嵌入在产品、中间品或资本品中，经由商品、中间品或资本品贸易而实现技术扩散；后者是借由无形的纯信息交流和传播来完成技术扩散。在外资技术扩散的几条重要路径中，物化技术扩散依赖商品或中间品进出口贸易和以资金为标的物的内外资企业间交易（即 FDI），非物化技术扩散要靠跨国技术贸易来产生技术外溢效应。

下面以国际贸易为综述重点，并以商品、中间品或技术信息的不同流向，而分别综述进口及出口促进外资技术扩散的研究现状。

1）对进口贸易促进外资技术扩散的相关研究综述

进口贸易是促进物化技术扩散的最主要路径。因为进口能够使内资方通过交易直接洞悉发达国家的 R&D 投入情况，所以极为有利于内资方从外资方那里获取较高的物化技术外溢，对进口促进物化技术扩散的国内外相关研究也非常广泛。

（1）对进口总量的相关研究。

① 国外相关研究。

Coe 和 Helpman 开创性地设计了基于进口贸易的技术外溢模型，后来将其通称为 CH 模型，他们以进口额在该国进口总额中的比例为权重，探究他国的 R&D 投资对进口国全要素生产率（TFP）的影响。选用 22 个 OECD 国家在 1971～1990 年的面板数据，实证表明：贸易关系国的 R&D 投资与本国 TFP 正相关，且这种影响随进口国的贸易开放程度的加大而越发显著。对于 15 个小国，贸易关系国的 R&D 的作用明显大于本国 R&D 的作用。对于 OECD 大国，则恰恰相反。接着，Coe，Helpman & Hoffmaister 在原模型中增加人力资本变量，开发出 CHH 模型，仍然研究 1971～1990 年 22 个发达国家对 77 个发展中国家的技术扩散效应，发现不发达国的 TFP 受到发达的贸易国的 R&D 投资以及从这些国家进口工业设备的正向影响，这支持了“南北贸易”促进技术扩散的重要结论。同时，Lichtenberg 等修正了 CH 模型，认为贸易国的 R&D 投资权重的计算方法产生了合并偏差，改用进口额在国民产出总量中的比重为权重，测算他国的 R&D 投资对进口国的技术溢出效应，实证分析仍然支持 Coe 等的结论，即进口促进外资技术扩散，后来该模型被学术界称为 LP 模型。

值得一提的是，Keller、Acharya & Keller 怀疑 CH 的研究结果，因此给出随机性比例值来取代真实的进口贸易比例，主观地营造违背事实的外国知识资本存量，也得到了与 CH 近乎相同的研究结果，这足以证明进口比例对 CH 的研究结论不是必要的，CH 结论的可信性大大降低了。作为回应，Coe，Helpman & Hoffmaister 运用更前沿的面板协整估计及动态 OLS 模型，再次验证了 CH 结论的正确性和稳健性。

其后的中外学者们对进口促进技术扩散的研究大都采纳了 CH、CHH 和 LP 这三个经典的贸易模型。

对发达国家之间贸易对技术扩散的促进研究也很广泛。Cameron 等选取英国工业中 14 个门类的面板数据分析进口对国际技术扩散及本国生产率的影响，发现进口贸易能加速技术扩散，有利于提高内资企业的生产率。

还有学者建立了不同的模型或通过新的视角展开贸易外溢研究，Eaton 和 Kortum 发展了 Dornbusch 的比较优势理论模型，考虑扩散结构，引入距离变量，抽取 1990 年 19 个 OECD 国家间产品贸易数据，回归分析证实了贸易能够使进口国获益于外国先进技术。Schiff 和 Wang 对区域一体化协议国与非协议国进行比较试验，分析自贸区对促进技术扩散的作用，发现墨西哥从北美自贸区成员国（美国和加拿大为主）的进口量对该国 TFP 具有可信且显著的正向影响，而从其他非自贸区的国家的进口贸易却几乎不能促进墨西哥技术进步和提高其生产率，这又一次证实了 CH 模型得出的论断，即进口国贸易开放度正向调节贸易国研发投资与进口国生产率的正相关性。

也有不少学者尝试对不发达的发展中国家从进口贸易中获取技术扩散效应进行研讨。Jaumotte 与 Sjöholm 取得了近乎一致的研究结论：南北贸易总量与落后进口国的技术追赶速度正相关。Evenson 等基于 1970～1993 年不发达的亚洲 11 国的面板数据，开展经验研究，发现进口贸易引致的国外研发扩散增强了进口国生产力。Hakuar 等又分别研究产业间进口贸易和产业内进口贸易对外资技术扩散的促进效果，发现对于不发达进口国，前者对技术扩散的促进作用胜于后者，而且发展中的制造大国，更愿意吸收外国先进技术，技术贸易促进技术扩散溢出的效果更显著。Krammer[219]探究了国外 R&D 资本借助三种主要的物化和非物化技术溢出渠道对东道国生产率和技术效率的影响，即贸易、FDI、专利申请和外国技术直接许可，而且，他实证比较了 47 个发展中国家 1990～2009 年的技术外溢效果；总的来说，他发现贸易仍然是推动生产率增长和技术进步的主导因素，外国专利申请的外溢效应对于发达国家而言更显著，然而进口、内向型 FDI 和外国技术许可证贸易则是转型国家获取国外技术诀窍的重要来源；后者从国际技术扩散中能获取更大的累积收益，因此该研究也就证实了进口、内向型 FDI 和外国技术许可证贸易对于后进国家经济发展和技术追赶中的重要性。

修改 CH 模型当然也不失为一个有价值的发展方向，特别是增加与进口和技术扩散相关的变量，再次审视两者的关系变化。Benhabib、Spiegel 和 Crespo 等根据进口总量在本国经济总量中的比重对进口国得到的物化溢出量具有正向影响，在原 CH 模型中增设进口渗透率，即进口总量占进口国 GDP 的比重，对 OECD 国家的实证研究显示：新模型中进口对技术扩散的促进作用更大。还有 Falvey 等区分了公共技术和私有技术，对贸易国的 R&D 存量赋予新权重，研究发现技术的所有权属性对贸易国不重要，而对于落后的进口国，只有公共技术进口才能促进技术扩散。Lumenga-Neso 等提出间接研发和直接研发，间接研发是指没有直接进口关系、但与贸易国有贸易往来的第三国的研发存量，而直接研发就是进口国获取直接贸易国的研发存量，将两者加入 CH 模型，发现它们对技术扩散的贡献同样重要，这也说明贸易量而非模式才是促进技术扩散的源泉。同时，Madsen 提出人均进口量比进口总量更具解释力，基于此，对 13 个 OECD 国家在 1883～2002 年的数据作出实证分析，发现进口促进技术扩散，进而使进口国的 TFP 得到 200%的明显增长。

虽然许多国外研究者都支持进口有力促进技术扩散的结论，但是少数学者仍然持有反对的观点，如 Keller、Eaton & Kortum、Lumenga-Neso 等、Griffith 等都认为进口对外资技术扩散的影响微弱，因其影响力有限，故而此处不再赘述。

② 国内相关研究。

国内众多学者也热衷于进口促进技术扩散的研究，但观点上有分歧，促进论的学者偏多。黄先海等研究了国别差异对进口条件下我国技术扩散效应的影响，发现全球发达工业国的溢出效应明显优于亚洲发展中国家。方希桦等沿袭 Crespo 等的 CH 模型修正方法，以美、日、德、法、英、意、加为我国的贸易伙伴国，实证研究表明发达国家的研发存量对中国的 TFP 有明显的促进作用。类似的继承性研究还有仇怡等、黄先海等，也发现了类似的效果。符宁及佟家栋等也得到进口促进我国技术扩散及生产率的证据，数据来源分别为 1987～2005 年及 1981～2005 年。

在数据的来源上，有些研究者具体到省域或行业，如陈刚等选取国内省际面板数据；李小平等采用制造业数据研究进口对我国技术进步的贡献，在比较国际贸易与跨国研发溢出对中国技术进步的促进作用的不同测算方法时，归纳出基于进出口渠道的 G7 等较发达贸易伙伴国的研发溢出加快了我国制造业技术进步、促进了内资工业部门的技术效率及 TFP 增长的可信结论；李平等还发现进口对我国中部区域的技术扩散促进作用最强，西部次之，东部最弱。

还有学者考虑时间因素。喻美辞等发现进口的外溢效应呈现时滞性。李永通过修正误差模型，比较了短期和长期技术扩散效应，发现进口能长期促进一国技术扩散。孙顺成等考虑了研发的时滞性及知识的淘汰率，根据 G7 国家（美、日、德、法、意、英、加）的有效知识存量，测算这些贸易国对我国的技术扩散效应，确实显示出进口溢出效应存在，但国别差距较为明显。接着，蔡虹等分别采用 CH 和 LP 模型再次测算，还是得到同样的结论。

最新研究考虑了技术异质性。张全红质疑 LP 模型假设单位进口品含有等同的技术含量，于是增设进口技术系数给予改进，以反映进口品在实际中不同的技术含量；对广东省的研究证实进口和人力资本的有机结合，才能真正促进技术扩散和 TFP。刘鹃等也设定了技术异质性因素。

也有少数国内学者不支持进口促进技术扩散效应，如李小平、胡兵等的研究发现进口与技术溢出没有可信的因果关系，何元庆更是认为进口阻碍了内资企业技术效率增长。但是他们研究的影响力不大，故不再赘述。

（2）对进口促进技术扩散途径的相关研究现状。

随着技术扩散理论日渐成熟，更多学者选择更细的数据或针对更典型的对象展开研究，研究目的从揭示进口对技术扩散的促进作用细化到促进技术扩散的途径。对途径的研究具体分化为中间品、资本品和技术贸易。中间品是生产产品过程中投入的零部件，资本品是生产过程中需要的机器设备等固定资产，或技术密集型投入品。

① 中间品进口。

中间品进口能带来蕴含其中的外国先进技术，是技术物化的一类，因此中间品进口能促进物化技术扩散。

Grossman 和 Helpman 最早指出进口新的或更优的中间品能节省制造成本，提高生产率；而且他们认为专业化生产中间品会促使进口国企业学习，仿制出同质化产品，加快进口国技术进步，推动其经济增长。

Eaton 和 Kortum 构造了包含中间品质量和数量的生产函数，通过一般均衡模型分析生产和新技术的扩散过程，基于技术存量和中间品质量的关系，将中间品进口和技术扩散发生关联，利用美、日、德、英、法 5 国的数据，拟合分析发现中间品进口对技术进步的促进率达到 50%～67%。Keller 也有同样的发现，但是他采用局部均衡模型，样本为 1970～1991 年 8 个欧美发达国家的 13 个工业部门，其总产出占全球制造业的 65%，实证发现基于进口的技术扩散效应很显著；他还将生产力增长的研发投资存量来源细分为：进口国本产业、进口国其他产业、贸易国本产业、贸易国其他产业，测算出贡献率依次为 50%、30%、20%、0，因此中间品进口显然能促进技术扩散。

国内个别学者对中间品进口促进技术扩散也有研究。叶灵莉等采集我国 1980～2006 年相关数据，实证发现进口中间品比设备对技术扩散的促进更明显。进而，叶灵莉等的新研究又分别应用 1980～2006 年和 1990～2006 年样本数据，实证显示后一时期的中间品进口对技术扩散的促进作用更大。

虽然中间品进口的技术外溢效应普遍被学者认同，但也有学者指出这种促进作用可能受限：第一，Bresman 等认为能促进进口国技术进步的技术知识仅部分物化于中间品之中，Cohen 等也认为仅仅靠细察中间品、现场使用、仿制或逆向工程，很难获取关键技术，通常，获取关键技术需要长期经验累积或直接学习技术。第二，为了保有垄断利润或保护知识产权，出口国研发者和技术所有者会竭力限制关键技术知识被扩散。第三，对于进口国企业而言，中间品进口的最大动机是降低成本或提高质量，并非一定要获取先进技术，故而没有很强的技术学习意愿，这也就大大弱化了中间品进口的技术扩散效应。

② 资本品进口。

一部分研究者认为生产或运输设备等资本品含有丰富的技术成果和前沿知识，通过贸易途径实现了技术传播和知识流动，对进口国技术水平提高非常重要，理应能有效促进技术扩散。

Rivera-Batiz 等、Grossman 等对资本品进口促进技术扩散作出了开拓性的理论研究，他们吸收了 Romer 构建的创新主导型增长模型，设计了一个包括各种资本品的总量生产函数，最早发现资本品进口是促进技术扩散的一个重要因素。不久，Coe 等研究发现基于资本品进口额计量的技术外溢效应比进口总量计量下的技术外溢效应更显著；Xu 和 Wang 也作出了与 Coe 等几乎同样的研究结论。而且，Eaton 等也认同全球大多数资本品是被少数技术密集型或研发资本密集型国家制造的，其他国家往往通过进口资本品而引进先进技术。

实证研究方面，已有文献大多用机械装备或物流运输设备来代表资本品。Xu 和 Wang 截取 21 个 OECD 国家 1983～1990 年机械和交通运输装备的进口数据，剥除非物化技术扩散，实证显示 G7 国家的研发投资近 50%被外溢到其余 14 个 OECD 国，这直接证实资本品进口能促进国际技术扩散。同年，Xu 等又进一步分析机械工业产品进口，同样发现选择研发投资存量较大的国家作为贸易伙伴国，会明显提高进口国的生产率。Mayer 也完成了同类研究，实证表明机械产品进口所引致的国际技术扩散强度达到了基于进口总量的 2 倍。Savvies 等还将 32 个不发达国家作为研究对象，也证实资本品进口能够显著拉动这些国家的 TFP 及工业经济增长。

还要指出的是，部分研究者将资本品细化为一些特定的固定资产。Caselli 等以计算机来代表资本，抽取 155 个计算机进口国 1970～1990 年的面板数据，实证研究发现这些国家的计算机及ICT技术普及率受其对外贸易依存度影响。接着，Caselli等借鉴Wilson估算几种主要的研发密集型资本品的方法，分析具体的9类资本品进口情况，发现资本品进口贸易是影响TFP国别差异的关键因素，这也成为资本品区别于其他生产要素的显著特性。仍然是在21世纪初，Eaton和Kortum专门分析1985年34个国家7种专用资本品的进口情况，发现资本品进口会导致约1/4的生产力跨国差异程度。Barba等、Comin也给出同样的结论，不同的是，前者研究3个中东欧国家（波兰、保加利亚、匈牙利）和3个亚非国家（土耳其、以色列、埃及）的13类资本品进口，后者则面向23个发达工业国的25种物化技术贸易进行分析。

③ 对国际技术贸易促进外资技术扩散的相关研究综述。

国际技术贸易，即纯技术进口，既属于国际贸易，又是跨国技术转让的一种常见形式，也是知识跨国流动的重要途径，其具体表现为许可证贸易、技术服务、技术咨询和协同制造等。技术进口是技术信息和知识资本跨国转移和传播的最直接的一种形式，其形成的国际技术扩散效应对技术进口国的创新体系建设具有重要的促进作用，它不但对技术进口国的研发存量产生积极影响，而且基于进口国的需求水平、人力资本存量、硬件设备等与发达的出口国存在明显差距，技术进口就会进一步刺激进口国的再开发或本土化创新活动。尤其是不发达的发展中国家，选择技术进口对该进口国的技术能力增强和技术创新行为诱导机理构建具有重大的现实意义，最终会显著提升这些后进国的自主创新能力和整体技术创新水平。

当代中外学者也开始研究专利技术跨国交易对技术扩散的影响，主要从专利技术流动怎样以及如何影响进口国生产率及该国R&D产出成果的视角来度量。这种研究思路是合理且可行的，因为早期学者关于专利技术转移是否真正促进了国际技术扩散是有相当大的争议的。

Scherer、Evenson等较早采用专利转让来表征技术流动，并测算其与接受转让国TFP的关系。Eaton等提取19个OECD国家间专利技术流动的面板数据，实证研究发现，对于这些国家中的多数，TFP都在专利技术贸易的正向推动下大幅提高，而增幅却与该国的GDP负相关，技术水平越落后者，国外专利技术进口对其TFP的拉动作用越明显，除美国之外的18个OECD国家的TFP增幅都超过50%，这显然得益于进口了其他发达国的专利技术。在同一时期，Sjöholm分析专利技术跨国转移交易量对技术外溢的影响，对瑞士的实证研究表明进口国技术进步与该国专利技术进口量呈现正相关性。近年来，有些学者也以发展中国家作为国际技术贸易外溢性的实证研究对象，如孙玉涛和刘凤朝[220]就支持软件技术跨国转移在东道国的正向溢出，张德茗和白秀艳[221]也发现在技术水平较低的地区，技术跨国贸易促进我国区域技术外溢和经济增长的作用胜过国内技术转移。

2）对出口贸易促进外资技术扩散的相关研究综述

出口是国际贸易的另外一面，是不是也有基于出口的学习，因出口带来的技术扩散效应是否显著，中外学者们对该问题的研究存在明显分歧。

相当一部分持反对意见的学者认为出口不能促进国际技术扩散，也就无益于TFP

增长。Bernard 等选择美国 1976～1987 年工业作为研究对象，检验出口的溢出效应，未发现该行业在出口贸易中获取技术溢出。李小平于 2007 年 1 月研究 1978～2003 年进出口贸易对中国技术进步（以 TFP 表示）的影响，发现短期内虽然出口有利于内资企业技术进步，而长期的话，进出口的正向促进作用都不能得到验证，这说明内资企业“引进、吸收、再开发”的自主创新模式还不成熟或未落地发挥作用。2007 年 7 月，李小平的另一项研究是根据内生增长理论来考察自主研发、技术贸易对 TFP 的促进性，他通过 DEA 方法测算我国 1996～2003 年 32 个工业门类的大中型制造型企业 TFP 增长率，实证发现纯技术进口不能直接增加内资企业产出，且不利于 TFP 增长和技术效率提高，但有利于内资企业技术进步；出口既不能推动 TFP 增长，也不能对技术进步和技术效率提高作出显著贡献，尤其对于研发资本密集型内资工业企业，出口甚至明显地阻碍技术进步和降低技术效率；只有技术产品进口能促进我国研发资本密集型工业组织的 TFP，但是也没有明显促进国内工业整体技术进步，也很不利于全部样本企业的技术效率优化。这不难从比较优势理论中得到解释：长期以来，我国形成了进口技术密集型产品及出口劳动密集型产品的畸形贸易结构，技术含量低的加工贸易占我国出口总量的比例很大，致使出口无法帮助内资工业企业提高效率和 TFP；反之，资本品进口因为引入了国外技术密集型装备和先进技术产品，无疑是助推内资工业技术进步的一条捷径。

相反，更多研究者提出出口企业的生产效率高于非出口企业，出口市场进入行为是受到自我选择机制的作用。展开实证研究支持该假说的早期代表性学者有 Handoussa 等、Chen & Tang、Haddad、Aw & Hwang、Tybout 等。Clerides 等在 Dixit、Baldwin、Krugman 的基础上，丰富了出口贸易的沉淀成本模型，推断出口具有促进技术外溢，从而降低出口企业的制造成本的可能；基于这一修正模型，他们进而实证研究 20 世纪 80 年代摩洛哥、墨西哥、哥伦比亚的工业产品出口，然而却未发现支持出口对成本降低有贡献的证据，出口和非出口企业间的劳动生产率差别与出口无关，因此不能推断出口引致了厂商的学习效应。更新的研究视角已经调整为出口企业和潜在出口企业或新的出口企业之间的生产率比较研究。Hallward-Driemeier 等研究东亚 5 国（韩国、印度尼西亚、泰国、菲律宾、马来西亚）的出口企业面板数据，证实潜在出口企业比单纯经营国内市场的企业更注重提高生产率及改进产品质量。Bernard & Jensen、Baldwin & Gu、Delgado & Farinas 等分别对美国、加拿大、西班牙的实证研究也支持出口促进论，新进入出口市场的企业生产率得到显著提高，但是在位的出口企业却没有明显变化，这不但印证了出口溢出效应，而且也说明出口市场确实存在自我选择机制。

有些国外学者认为出口不但与进口相仿，也能促进技术扩散效应；而且相比进口，出口所引发的“干中学”强度更大，出口产业的知识累积将加速其技术进步，并且会进一步推动诸多相关产业的技术创新，从而使出口国整个产业实现技术升级。理论层面上，Westphal 等论证了出口学习效应的存在性，并以韩国为例进行分析，发现贸易国通常在韩国有分支机构，给韩国工程师学习模仿国外先进技术提供了很大便利，当地工人甚至能学习来自贸易国的先进工艺技术，这直接提升了韩国出口企业的生产率。Evenson 等也有同样的见解。而且，世界银行发布的《世界发展报告》也提到，国外客户对出口产品质量及其技术水平的需求更为严苛，往往高于国内客户，为了获得优质且廉价的产品，出口国供应商通常会得到国外客户主动提供的产品开发知识、先进的技术模型和相关工艺支持等，如来样加工就是极好的佐证，从事出口使得出口企业频繁接触国外客户以及这些客户友情提供的国际先进技术，出口厂商利用先进的国外专业技术知识而快速增强了自主创新能力及学习吸收能力，出口者的自身技术水平和生产率也得到同步提高，因而出现了出口所引致的技术扩散效应。

不少学者致力于出口外溢效应的实证研究，Feder 构建包括两个部门的贸易模型，最早地检验了出口对技术外溢效应的促进作用，他设计了 19 个和 31 个国家的两个独立样本，分别作实证分析，揭示了出口正向影响 TFP 的两种途径或动因：①外部性，未参与出口部门因学习出口部门的先进管理技术和制造技术、高效的营销战略而获益，还能直接利用出口国政府为出口部门建设的基础设施，“搭便车”使这些部门的 TFP 显著提高；②要素生产率异质性，出口企业的边际生产率比未出口企业更高，这成为生产要素从低效的未参与出口企业向更加高效的出口企业转移的动因，生产资源的配置得到优化，出口国的整体 TFP 获得提高。Levin 和 Raut 在论文中独创性将人力资本作为核心变量引入技术进步内生化的增长模型，根据 30 个半工业化的不发达国家 1965～1984 年的面板数据，实证发现基于出口传导机理的技术外溢效应在工业制成品出口贸易中较为显著，而初级产品出口对技术扩散的贡献很弱。Bernard 和 Jensen 对美国出口企业的研究也证实了出口对技术扩散效应的贡献，但是并不显著，出口企业的生产率增长只比非出口企业高出 0.8%。不久，Keller 指出 Bernard 等低估了美国出口企业的学习效应，源于其忽略了“非出口企业存活率”指标，故而他再次进行测算，发现部分非出口企业的生产率增长过于缓慢导致其退出市场，出口企业的存活率比非出口企业要高 10%，最后算得出口外溢效应远不止 0.8%。

国内部分学者对出口与技术扩散关系及其促进机制的研究以国外学者构建的两种模型为基础。一个是 Feder 的贸易模型，最早地，杨全发利用固定资产投资增长率替换投入产出比，改进了 Balassa 和 Feder 的出口增长模型，选取我国跨省市数据进行回归分析，发现出口贸易的确能拉动区域经济增长，然而并不能证明出口促进经济增长是靠技术扩散效应实现的；杨全发等的研究也给出同样的结论。而许和连等通过对 Feder 的模型进行拓展，却有着截然不同的研究发现，他们的出口外溢模型包括三个主体：未参与出口企业、原始产品出口企业、最终产品出口企业，取材两个样本分别是我国制造业 1991～1995 年和 1996～2000 年出口数据，实证表明，我国工业品出口对技术扩散的促进效应很显著，表现在未参与出口的工业企业 TFP 有明显增长，但仅局限在最终产品出口领域。

另一个是 Levin 和 Raut 的内生增长模型。包群等完全吸收了该模型，研究了我国出口与 TFP 的关系，发现出口促进了我国 TFP 提高，途径是非出口企业获取了明显的技术外溢效应，而出口企业的生产率优势不甚明显。倪海青等将出口对技术进步的贡献细分为直接作用和间接作用两类，前者是由于出口企业生产效率提高而推动技术进步，后者是由于出口企业获取了贸易伙伴国先进技术，接着扩散到非出口企业，从而提高了出口国的整体技术水平；他们修正了 Levin 和 Raut 从内生性技术进步视角创立的基于研发的出口增长模型，运用 DEA 方法，选取中国及 22 个 OECD 国家为实证样本，研究发现出口推动我国技术进步的途径主要是间接性的，即出口促进了向非出口企业的技术扩散，这与包群等的研究结论大体一致。

从以上研究综述来看，国内外大多数学者对国际贸易促进技术扩散的研究结论是趋同的，即进出口贸易能促进东道国的外资技术扩散。但是，FDI 对外资技术扩散的影响研究却没有得到一致性的结论，这从下文对 FDI 促进外资技术扩散的国内外文献梳理和评述上即可看出。结合本研究特定主题，拟集中回顾 FDI 促进外资技术扩散的机理和作用衡量的相关理论和实证研究文献。

2. 国内外 FDI 对外资技术扩散的促进研究述评

在经济全球化进程日益深入的今天，基于国际分工的资本国际化及生产国际化并行发展，外国生产资本的稀缺性也逐渐凸显，成为众多东道国激烈角逐的高地和争夺的对象，各国政府决策者不得不动用一切可能的力量以及出台各式各样的激励政策吸引 FDI，以图促进本国企业技术进步和区域经济增长。UNCTAD 的数据显示，全球各国在 1999～2002 年的政策调整中，95%强是吸引 FDI 流入的，只有少于 5%者不利于 FDI 发展；103 个国家中没有发布任何引资政策的只有 4 个。FDI 技术溢出效应是促使东道国大力支持外资流入的理论基础，这种效应是外在性的常见表现，具体是指嵌入 FDI 之中的研发资本、人力资本、管理方法、技术经验、前沿知识等无形资产借助各种形式的渠道而在内资企业中发生自愿性转移或非自愿性传播。技术溢出效应被证实是能促进内资企业经济增长，而外资企业无法全部收回其增量利益的一种独特的全球经济现象。

1）FDI 促进外资技术扩散的机制研究

主张外资技术扩散对东道国内资企业产生正面促进作用的学者们认为，FDI 必然引发在东道国的外国先进技术扩散，从而带动内资企业的技术进步，增强内资企业的技术能力、产品开发能力和总体竞争力，并使其与外资企业展开更高水平的竞争。

Caves 分析了东道国外资技术溢出效应的几种表现形式：第一，外资企业以更高的资源配置效率来促进内资企业的 TFP，从而发生技术溢出；第二，内资方在外资方的强大竞争压力和示范效应的共同作用下，必须提高自身技术能力和工艺水平；第三，外资方进入会推动东道国产业内部技术转移和传播，使其以更低成本进行。Swang 发现 MNC 对内资企业的示范效应呈现国际化发展趋势。Findlay 认为 FDI 来源国与流入国的技术差距与技术扩散强度正相关，FDI 规模或外资方在东道国合资企业中的股权份额与其技术扩散速度正相关，因此外资的股权份额或内外资企业间技术差距是影响内资企业技术引进决策的重要变量。吴晓波等也发现技术差距是影响内资企业吸收外资技术扩散效应及实现向发达外资企业技术追赶的重要变量，但并不存在简单的正相关性或负相关性。Koizumi 和 Kopecky 构建了发达国家对发展中国家进行直接投资和技术扩散的动态模型，深入分析了影响技术扩散的各种因素。可见，相关理论研究以多类型的技术溢出为基础，采用局部均衡模型来发掘与 FDI 流入国相关的影响因素和技术扩散效应。

进入20世纪90年代以后，FDI促进外资技术扩散的机制研究日益丰富，Blomström等总结了以往相关文献，发现大量的实证研究显示FDI的技术外溢可能会给MNC所在东道国带来重要收益，具体是指，随着外资企业进入东道国市场、展示新技术、对本土供应商和顾客提供技术援助、培训工人和管理者（这些人可能今后会被本土企业雇佣），内资企业的技术和生产率有可能得到提升。MNC 在东道国的子公司所施加的竞争压力可能迫使内资企业提高运营效率，更早地引入新技术（相比没有外来竞争的情形而言）。Kokko认为FDI在东道国的外在性表现为：外资方技术示范及内资方学习模仿、本土市场竞争强化、人力资本流动、对内资企业提供技术帮助；内资方不仅能通过“干中学”加快自身技术进步，而且MNC对本土创新项目的投资也能直接激励内资企业的自主创新，有助于提升内资方的自主创新能力。Rodriguez-Clare针对FDI假定TFP与中间品多样性正相关，并且考虑物流成本及规模经济性，探讨了 FDI 的联系效应影响内资企业TFP的机制：如果外资方在东道国生产过程中需要较多种类的中间品，外资方从母公司获取信息的成本较高，外资方的母公司和内资方的中间品同质化程度很高或可替代性很强，那么内外资企业间的联系效应就会很显著，内资企业也会获益于FDI技术外溢。反之，FDI会对内资经济产生负向影响。Kokko又阐释了FDI作为技术转移及产业内部技术扩散的关键路径，对于不发达国家经济增长的重要作用。Kinoshita完整地总结了之前相关研究成果，归纳出FDI对内资企业的TFP所产生的4种效应。①传播及示范效应。鉴于内外资企业间的技术能力差异，内资企业有机会观察模仿技术密集型外资企业的产品研制过程，从而获得技术外溢。②竞争效应。FDI流入东道国，导致国内市场竞争强度加大，内资企业必须提高自身技术水平和资源配置效率来应对外来竞争。外资竞争还能打破东道国原有寡头垄断势力和增进东道国经济福利。③联系效应。如果外资方与内资供应商或东道国客户发生交易时，为了确保内资供应商的本土中间品质量，外资方将向内资方提供技术援助和管理培训；同时，内资方为了达到外资方对中间品的技术和质量要求，也会努力提升技术、优化效率，这分别是促成技术溢出的前向联系和后向联系手段。④培训效应。一是外资方的技术和管理培训有助于内资方累积其人力资本；二是内资方迫于外资方竞争压力，期望提高本土产品的性能和质量，也会加强内部员工培训。

Fosfuri等构建了基于人力资本流动的FDI外溢模型，假定外资方的人才流入内资企业，从而促成外资技术传播；即使没有人才流动，但因为外资方需提供较高的薪酬吸引并留住人才，也会出现租金溢出，内资方福利因这种知识溢出现象而增强；当外资技术扩散和知识外溢的成本过高，外资方会选择出口，不得不放弃FDI。Drlffield认为FDI的动机会影响东道国的全要素生产率，技术利用型的外资具有正的外溢效应，而技术寻求型的外资具有负的外溢效应。

2）FDI对外资技术扩散促进作用的证据

验证FDI路径下技术扩散效应的研究最早集中于FDI技术外溢性的实证研究，这类文献数量并不少，然而研究结论却大相径庭，下面只评述国内外有代表性的相关文献。

（1）国外学者的相关研究。

Katz最早发现，外资企业在阿根廷往往强迫其本土供应商吸收它们母公司的先进制造技术，这就直接促进了东道国生产技术的进步。换言之，当 MNC 的 FDI 大量流入以阿根廷为代表的南美洲国家时，外资方必定会对内资企业提出更高的技术要求，从而提高了内资企业的技术能力和生产力水平。接着就不断出现国别性实证研究，且研究范围日益广泛，不但包括发展中国家的 FDI 溢出，也有涉及流入发达国家的 FDI 溢出。Caves 首先系统性地对技术扩散溢出效应进行归类研究，基于 1969 年相关数据的实证研究，他发现外资企业对澳大利亚内资部门 TFP 确实产生了正面的促进作用。后来，Riedel 研究了 20 世纪 60 年代外资企业对中国香港本地企业的技术扩散效应，发现来自外资方的示范效应极大地推动了当时中国香港最终产品出口贸易的快速发展。Blomström 等对墨西哥的实证研究验证了 FDI 的技术外溢效应，但是内资部门中 TFP 最差者除外；Kokko 对印度尼西亚、乌拉圭和墨西哥的研究也发现 FDI 技术溢出；Kokko 等对乌拉圭的研究也同样发现 FDI 的正向扩散效应；Sjöholm、Blomström 等运用来自印度尼西亚的微观数据，也证实了内资部门受益于 MNC 子公司的 FDI 溢出，但是溢出程度与合资公司的外资方所有权程度无关；Globerman 对加拿大、Haddad 等对摩洛哥、Imbriani 等对欧洲一些国家的研究也是极好的实证范例，他们都发现外资的存在对于本土公司生产率和技术开发或改进更新有积极影响，因此得出结论：FDI 技术溢出对于东道国内资企业技术升级换代和经济福利是特别重要的。Pottel 对美国、日本及欧洲 11 个发达国的输入型 FDI 进行研究，也发现东道国获取到积极的技术溢出。Xu 等研究 1983～1990 年流入 13 个 OECD 国的 FDI 对本土技术扩散的促进作用，也有类似结论。接着，Tong 根据 1993 年世界银行对中国 8 个城市的 500 家内资企业的抽样数据，分析 MNC 对中国内资企业的知识外溢程度，发现 MNC 的知识溢出与内资企业的经营业绩呈现出非常突出的正相关性。Girma 等及 Haskel 等对英国、Buckley 和 Castro 及 Taggart 等对葡萄牙、Smarzynska 对立陶宛、Batra 等对马来西亚的相关研究也显示 FDI 具有正向技术扩散效应。Alverez 也实证发现 FDI 的技术扩散效应是客观存在的。Blalock 还通过实证研究，发现来自 FDI 的外资先进技术通过供应链进行战略转移。Campos 和 Kinoshita 以转型国家为例，指出 FDI 在技术转移方面起到一种引擎的作用。Smarzynska 从后向联系方面提出 FDI 积极溢出效应的证据。Javorcik 重点研究流入转型经济体的 FDI 对技术扩散的促进作用，利用东欧和俄罗斯的公司层面数据，实证发现较强的知识产权保护有助于技术密集型内资部门获取 FDI 溢出，而较弱的知识产权保护有利于国外先进技术在更大范围分布式扩散，而不仅仅局限于某个地区。Savvides 分析了 32 个发展中经济体，发现 FDI 对国内 TFP 增长存在正向溢出效应。日本专家 Mei 考察来自 G7 集团的 FDI 及进口溢出的外国 R&D 资本对中国技术进步的作用，发现这两类外资技术扩散渠道都能给中国内资企业带来显著的技术溢出效应，而且 FDI 溢出比进口溢出更显著。Hamida 和 Gugler[222]对瑞士工业、建筑业及服务业的数据作实证研究，发现 FDI 外溢性方面，示范效应很明显。Blalock 和 Gertler[223]利用印度尼西亚工业的面板数据，也发现了 FDI 具有很强的外溢性，表现在为外资企业供货的内资企业的生产率提高、竞争更加激烈、产品价格下降。总之，随着计量工具的丰富、工具变量的采纳、微观企业数据量的增多，不断出现的实证研究都认可 FDI 对外资技术扩散的促进作用。

相比FDI的横向溢出，支持纵向溢出的研究者更多，后者发生的条件包括：①MNC对内资供应商直接转移先进技术；②MNC对本土供应商设置更严格的质量和交货期要求，迫使内资企业提高技术能力和管理水平；③基于MNC对本土中间品的订货量，内资供应商获取可观的规模经济性。Schoors和Tol对匈牙利、Blalock和Gertler对印度尼西亚、Javorcik对立陶宛的实证研究，都得出FDI促进MNC在转型经济体的垂直技术溢出的结论。

上述都是基于FDI的技术扩散正效应，其实，国外学者们也有的没发现这种效应，或者不支持这种效应的普遍存在性，或者发现存在有FDI的负向示范、竞争、联系或培训效应，从而导致对内资企业的负向技术外溢，如Cantwell研究发现，没有明显的证据显示：在各类欧洲国家，FDI技术溢出大规模地发生；Haddad等同样测算了1985～1989年墨西哥工业部门的FDI外溢强度，却不支持外部性假说，也就否认了之前Blomström等于1983年及Blomström于1986年的正向溢出研究结论；Goldar及Haksar对印度工业部门的研究结果却未发现FDI溢出性；Haddad等取材摩洛哥1985～1989年工业数据，实证显示FDI溢出不存在；Aitken等检验了1976～1989年FDI对4000余家委内瑞拉内资制造型企业TFP的外溢效应，发现外资企业参股比例对于内资企业的TFP有正向影响，而FDI流入却降低了内资企业的TFP，他们将其解释为外资企业的短期竞争效应具有较强的负向作用，甚至胜过了正向的扩散效应，因此不能武断地认可FDI外溢的客观存在。还有，Aslanoglu对土耳其制造业的研究发现FDI没有正向溢出效应；Djankov等对捷克内资企业的实证研究发现了抑制性的FDI溢出；Konings和Bulgaria根据波兰的证据，质疑FDI横向技术扩散是否存在；Lipsey提出FDI对内资的技术扩散效应具有不确定性，其依赖于本国产业发展水平、政策取向及环境因素；Keller等对美国本土企业的FDI外在性研究显示，工业TFP增长的11%是基于FDI技术扩散效应的。Javorcik特别关注了东道国引资策略选择，发现其往往取决于该国获取的FDI溢出效应大小，而且没有发现各国内资企业获益于FDI的明显证据，并因此告诫后来的研究者务必慎用相关证据，对FDI技术溢出的客观存在性莫轻易给出普适性结论。Erol等探究土耳其1983～2000年工业技术进步，未发现来自MNC的FDI在本土有技术扩散效应，反而MNC占有较高市场份额，其FDI的竞争效应对于该国工业呈现出负向影响。Hu等以中国大中型企业为样本，实证研究发展中经济体通过技术贸易、国内研发和FDI三种途径及其交互作用缩小与OECD国家之间技术缺口的效果，显示技术贸易与国内研发的交互项对TFP有影响，FDI并没有帮助内资企业采纳市场介质下转移的外国先进技术。

实证研究结论分歧较大可能有多种根源：除了实证模型的选择，样本质量异质性也是主要原因之一。而且，采用FDI流入量或存量来表征外资企业的技术经济活动，可能并非合理，由于现实中外资方对内资方的技术转移或传播大多依赖于人力资本流动，因此外资企业雇员数也许是个不错的影响内资经济增长的变量。Xu调查了1966～1994年美国驻40个国家的MNC所引致的国际技术扩散效应，通过分析技术转移数据而提出FDI具有双重作用，不仅对内资企业施行技术扩散，还增强了本土市场竞争程度，提升了本土市场效率和内资企业TFP。因此，不少研究者将FDI促进内资经济增长的重要作用归结为单纯的技术扩散效应是片面而错误的，需要将 FDI 的技术外溢性与 FDI 所能发挥的提高内资企业生产效率和本土市场运行效率的作用区别对待。Görg 和 Greenaway 则将实证研究结论的明显分歧归结为两方面：①许多实证分析针对部门或混合型对象，影响了技术外溢评估的精确性；②部分文献依据横截面数据而非面板数据来计量 FDI 溢出，清晰度不足。另外，数据的不完整性、缺乏代表性的小样本、基于过多假设的计量模型和计算方法也都不利于学者们得出高效度、高可信度、趋于集中收敛的研究结论。

（2）国内学者的相关研究。

国内研究 FDI 对外资技术扩散的促进性相对较晚，然而发展很快，2000 年以后，众多学者研究了 FDI 对中国内资企业的技术溢出效应，代表性学者包括南京大学的沈坤荣等、清华大学的王志鹏等、南开大学的马天毅等。

我国多数学者大都认可 FDI 是外资技术扩散的常见渠道，支持 FDI 促进论的正面观点。何洁吸收 Feder 的实证模型，回归分析发现基于 FDI 的外资技术外溢在我国内资工业企业中非常显著。

江小涓[224]通过对在华 127 家外企的问卷调研和深度访谈，发现在华外资企业使用了 MNC 的先进或较先进技术，大多数都能填补内资企业的技术空白；内外资企业间产业关联度从 20 世纪末至今显著提高，为国际名牌企业提供本土化配套的内资厂商已有相当大的规模，通过配套协作，外资方的技术能力会通过多种方式向内资企业转移；当技术水平更高的外企向内资企业采购零部件或中间品时，会对内资方的产品质量、性能和技术水平提出严格要求，或为本土企业提供必需的技术帮助、质量控制技术和标准化体系等，甚至还会对内资方投资入股或展开产品研发合作，以确保本土供应商的技术水平与中间品等级达到外资方的配套件要求；其中 74 家外企在华拥有本土配套厂商，另外 51 家外企以不同方式对本土配套厂商提出技术等级要求和提供技术援助，它们帮助内资配套厂商增强其技术能力、市场竞争力和产品质量的方式主要有：实施技术援助、提供更高的质量标准、管理培训、注资参股、合作创新、协同产品开发等。

潘文卿构建平行数据模型，实证分析 1995～2000 年流入中国制造业的 FDI 的技术外溢性，发现其效应确实存在，但并不显著。王志鹏等对在华 FDI 的研究也发现正向溢出效应。胡祖六认为流入我国的 FDI 对于促进内资制造型企业的 TFP 增长和技术效率提升起到了举足轻重的作用，是推动中国经济增长的关键成功变量。毛蕴诗等发现我国的外资企业虽然未采用先进技术，但 FDI 的技术扩散效应却越发明显；而且，在华外资企业不断重视本土化研发投入，视中国为全球研发战略重点，制定并实施以 R&D 能力强化为主导的创新战略来增强其定制产品竞争力，争取在东道国市场占有更大份额。王红领收集我国 37 个行业的 FDI 流入量、自主研发投入及 R&D 能力数据，考察发现 FDI 对内资工业部门的创新能力提升有强大的促进作用。张化尧和王赐玉[225]利用中国 1985～2007 年几种国际技术扩散渠道的面板数据作出实证分析，也发现自主研发和 FDI 都促进了内资企业技术进步，而跨国贸易溢出对 TFP 的促进作用有向自主研发转移的趋势，因此进出口贸易对外资技术扩散的促进性并不显著。

综上所述，对各种路径下外资技术扩散的效应分析，也正是各种技术扩散路径对在华外资技术扩散的促进作用分析，在技术扩散研究领域可谓是很快地创造出了最为丰硕的成果。然而，国内外这些研究非常主观地设定并使用某些测度外资技术扩散效应的指标变量，并未对他们各自采纳的测度指标选取作出专门的阐释性说明及逻辑性论证，即未给出令人信服的贸易外溢或FDI技术溢出效应的测度指标变量选择依据[210]。

刘青海[226]展开FDI国别性研究，首先验证了来自发达经济体的外资企业对韩国直接投资的联系效应。接着对比了印度和巴西的FDI对国际技术扩散的效果及其对东道国经济增长的影响，20世纪印度的FDI流入量一直很小，致使内资工业企业获取的技术溢出效应很弱，技术进步缓慢，在全球市场缺乏竞争力，未能实现规模效益和范围经济。即使从2005年起，印度实施贸易自由化并加强引资政策，但是高昂的交易费用和落后的基础设施仍然阻碍了外资活动对技术扩散的推动力，唯一的例外是印度软件业及ICT服务业，基础设施的约束性不明显，加上丰富的FDI，催生了该产业中显著的外资技术扩散外溢。巴西的FDI技术溢出性不彰，实在是个反例，虽然该国引资时间长，且20世纪80年代已是FDI流入量最大的第三世界国家，然而，流入巴西的外资通常都是资源获取型FDI，而技术密集度很低，致使其国内产业的技术水平和TFP停滞不前，尤其是高科技产业和重工业的技术效率低下。

然而，少数学者如董书礼，不支持在华FDI对外资技术扩散的促进性。王春法提出外资流入减缓了自主研发能力的提高，形成了技术依赖，技术扩散效应不彰显。张海洋和刘海云在《国际贸易问题》上发表的文章《外资溢出效应与竞争效应对中国工业部门的影响》以及张海洋的博士论文都指出外企凭借在技术、规模经济、研发能力等方面的优势，抢占市场，对内资部门造成冲击。他们的研究成果都促使我国政府及内资企业必须尽早客观看待“市场换技术”的政策效应并进行引资战略的冷思考。成力为等[227]通过动态面板数据模型来分析质量异质性FDI对我国高技术产业创新效率的不同作用，发现低技术含量的扩张性FDI，借由模仿或竞争路径对国内企业的长期TFP增长具有抑制性；而技术密集型FDI虽然基于人力资本流动及高R&D存量而发生外资技术扩散，但其对内资企业各期创新效率却不具有促进性，因此对于高技术产业而言，短期效益导向性或过程紧缩性引资动机会导致质量低劣的FDI流入本国部门。

江心英认为，早期的国内外学者在FDI外溢研究结论的明显分歧根源于FDI溢出效应的影响因素的多元化，基于FDI路径的技术扩散属于复杂系统，其效应并非取决于少数变量。因此，不考虑国别性、FDI主体性、行业异质性、MNC在本土市场的定位、外资方控股权等，而简单地将其抽象为一般数理模型或基于多种完美假设的经济计量模型，仅采取回归分析和计量方法的技术路线难免会有局限性，导致研究结论的片面性。她发现最新的FDI外溢研究都特别关注多变量模型及多维度分析，已经更加深入细化，其研究结论的科学性也有了显著改善。

3）在华FDI对外资技术扩散促进作用的区域异质性

国内学者的FDI技术外溢研究还有不少聚焦于在华FDI技术扩散对区域经济增长的促进效果。魏后凯利用中国1985～1999年数据，分析FDI区域外溢性，发现造成东西部GDP增速差异的九成原因在于FDI。武剑分析中国区域GDP、国内投资量及其效率、FDI流入量及其效率，发现FDI流入量的区域性差异不是导致区域GDP长期不均衡的原因，反而是国内投资量及其效率的区域性差异才是要因所在。王岐山等实证发现全国或省际层面上，技术能力和政策都是调节在华FDI与国内经济增长关联性的重要变量，在经济发达省份，FDI对经济增长的贡献更显著；企业竞争越充分，FDI对经济增长的促进作用越发彰显。张建华等考察20世纪90年代末广东省若干行业及城市的FDI技术外溢程度及其对区域经济增长的促进作用，证实了外企对本地工业的扩散效应；计量分析发现，示范和联系效应尤为突出，甚至呈现出聚集效应；内资行业中的FDI外溢性要强于广东各区域；各地的技术经济水平和技术政策最能影响FDI技术扩散效果，而非依赖于FDI流入量和粗放型引资政策。吴晓波等对比上海、江苏和浙江的FDI扩散效应、内资企业吸收能力、内外资企业间的技术缺口、内资方的技术追赶速度，发现驻沪外企的示范效应显著，使得上海内资企业增强了吸收能力，缩写了内外资企业间的技术缺口，加快了技术追赶速度；江苏省通过持续加大研发投资而提高了吸收能力，虽然内外资企业间的技术缺口较大，但是FDI溢出效应明显而使技术缺口快速缩小，技术追赶效果优于浙江；浙江研发投资不如江苏和上海，导致其吸收能力弱，技术追赶堪忧，加上FDI的负向竞争效应导致当地内外资企业间的技术缺口逐渐拉大。李平等于2006年利用LP模型，计量分析流入我国29个省级行政区的FDI和外资企业在华专利申请所引致的外资企业R&D外溢性，发现所有省份的FDI溢出效应表现明显，尤以东部最大，中部次之，西部最弱，原因之一在于东部相比中西部有更强的吸收能力，这取决于国内自主性R&D投资存量和人力资本存量的区域异质性；其次，从2003年以前我国输入性FDI规模来看，东部八成以上的比重远远高出中西部地区；李平等在2007年的研究也得出与李平等于2006年研究几乎一样的结果。王鹏和张剑波[228]以21世纪最初10年泛珠三角区域省际面板数据为实证对象，研究发现FDI明显促进了较强创新能力区域的创新产值，而较弱创新能力区域的创新产值及创新层级都能得到正向促进。

4）FDI对外资技术扩散促进作用的产业异质性

研发资本存量不仅在世界各国的差异很大，而且在各种行业之间也有相当大的差异。Eaton等发现，在OECD国家，工业的研发资本约有80%分布在4个门类：电子机械工业、化学医药品制造业、物流装备业、通信制造业。考虑到研发投资强度大的行业更易于吸收外资技术扩散，不少研究者注重研究高科技产业中的FDI技术扩散效应，或者针对各种行业的FDI技术溢出程度展开比较，如揭示中国台湾和乌拉圭FDI所引发技术溢出效应的产业异质性。Kinoshita发现捷克的技术密集型产业明显得益于FDI的横向技术外溢。

陈涛涛提出FDI流入我国的规模不断攀升，产生了巨大的技术扩散效应；利用经验研究解释了FDI在我国制造业内部发生技术扩散效应的深层机理，即有效竞争的强引导性，基于对众多四位码制造业的数据分析，发现技术竞争力差距越小的内资制造业，FDI溢出越显著。张海洋在《经济研究》和《管理世界》上发表的论文都继承了研发两面性的论断，首先测算了1999～2002年中国工业生产率、技术效率变化程度及技术进步指数，接着将自主研发作为控制变量，检验 FDI 对内资 TFP 的促进作用，发现该作用在研发资本密集度较低的传统工业领域并不明显，究其原因是内资产业的吸收能力较弱以至于抑制 TFP 增长；但同时发现外资活动对我国一般传统工业企业有显著的技术溢出效应，而在高技术产业却没有明显的技术溢出，甚至出现逆向技术外溢，这源于吸收能力的行业异质性，一般工业的吸收能力强于高科技制造业；而且，FDI 的竞争效应不利于内资工业技术效率提高；但是，自主研发和 FDI 都促进了内资工业的技术进步，这分别源于研发对自主创新能力的强化作用和 FDI 竞争效应的正向作用，并非 FDI 技术外溢。

5）FDI 对外资技术扩散促进作用的国际地理分布性

经济增长理论提出，影响国家（区域）区域人均收入收敛的一个主要因素就是技术扩散水平，随着外资技术扩散不断加强，经济和收入收敛的趋势越发明显，反之则会加剧发散。全球 FDI 技术扩散有没有表现出独特的地理分布特征呢？Jaffe 等、Eaton 等、Branstetter 分别给出国内技术扩散与外资技术扩散比较研究的结果，诸多证据支持 FDI 技术外溢具有国别性或区域异质性。更有学者将 FDI 溢出细分为垂直型和水平型来探求其国别性，Damijan 等通过系统 GMM 估计 1995～1999 年间 8000 个处于立陶宛、捷克、罗马尼亚等 10 个转型经济体的内资企业获取的 FDI 外溢效应、技术扩散路径及外资方对内资 TFP 增长的影响，比较发现 10 个国家中恰有一半呈现出显著的 FDI 溢出，而且垂直溢出效应胜过水平溢出效应，尤其罗马尼亚的横向溢出最显著，然而，捷克等 6 个转型经济体并未发现 FDI 横向外溢。

Javorcik 等 Saggi & Spatareanu 利用罗马尼亚的证据，研究表明 FDI 对外资技术扩散的促进性取决于其母国。①Rodriguez-Clare 提出 MNC 子公司在东道国的中间品采购额受母国总公司与本土供货工厂距离的影响。Hanson 等也认为，美国的 MNC 从其海外子公司购买中间品的交易成本较低。大规模本土采购要求 MNC 与上游的内资供应商企业有频繁接触。亚洲及美国的 MNC 子公司在罗马尼亚的垂直溢出相比欧洲的 MNC 更甚，因为前者的总部离东道国更远。②面向部分 FDI 母国而非所有国家的倾斜性贸易政策势必影响 MNC 的资源获取模式。欧盟与罗马尼亚曾达成贸易联盟，从欧盟进口货物的关税与美日截然不同。1999 年前者仅为 4.9%，而后者高达 15.8%。如此的差异性关税设计会阻碍在罗马尼亚的美国 MNC 从母国进口中间品。而且，在罗马尼亚的欧洲 MNC 从母国进口中间品可以适用原产地规则，然而亚洲和美国的 MNC 则无法享受这种待遇。所以，如果 MNC 定位为全球市场，那么日美的 FDI 相比欧洲更愿意采购罗马尼亚的本土中间品，这就等于为产生显著的技术外溢创造了贸易政策条件。③来自欧洲的 MNC 几乎不从罗马尼亚采购制造资源，对罗马尼亚的内资供应商发展极为不利。再者，流入罗马尼亚的欧盟 FDI 通过并购本土业绩优良的企业，会直接切断其与之前的本土上游供货厂商的链条关系，从而缩减对东道国中间品的订购量。外资方对罗马尼亚的本土中间品需求量萎缩导致当地上游的中间品制造企业的市场份额下降，固定成本摊销率增大，在缺乏规模经济的情形下，TFP 反而降低。来自罗马尼亚的汽车产业的证据也显示 FDI 的来源国影响外资企业对罗马尼亚本土资源的需求量。据 UNCTAD 对铃木在匈牙利的 FDI 研究，发现欧盟的货物原产地规则决定着 MNC 的国际生产区位决策、与内资企业的联系强度、本土企业附加值提升可能。

实际上，地理因素对技术扩散的作用方式，以及对技术扩散路径选择的影响都是明显的。根据 Sachs 和 Warner 的地理位置假说，气候及地理位置都会影响交通运输费用、贸易政策、农业产出，也直接影响着国际技术扩散，进一步决定经济增长方式。Gallup 等认为内陆国家从事贸易的运输费用高于沿海国家，热带国家受制于恶劣的气候，故而在这些国家的外国技术溢出速度较慢，溢出效应不显著，技术进步及经济增长更为缓慢。

还有学者通过提取技术发展滞后因子来剖析 FDI 和进口对外资技术扩散促进作用的国别性，别朝霞对比韩国与中国的外资技术扩散速度，发现韩国的外来新旧技术扩散速度都显著快于中国，前者近 50 年来一直是更快地拉近与发达国家的技术差距，技术滞后期可以提供合理解释，相对美国，韩国的技术滞后期不断下降，而中国却反而保持不变或有增无减。

6）FDI 对外资技术扩散促进作用的研究小结

总之，FDI 对外资技术扩散的促进性是极其复杂的问题，其扩散程度和路径不但具有国别性，还有明显的区域或行业异质性。

20 世纪 60～80 年代 FDI 促进技术扩散效应的研究，大多以其存在性为条件，通过局部均衡分析，评判 MNC 对 FDI 流入国行业垄断的改良效应、本土竞争效应、技术传播效应；有学者发现 FDI 的扩散强度受到 FDI 规模及内外资企业技术差距的影响；也有学者研究内资企业以及 MNC 的经营行为和技术策略对跨国技术溢出的影响。

20 世纪末，国内外经济学家运用策略博弈思想分析 FDI 溢出，既涉及 FDI 在工业的技术扩散，还研究金融等服务行业的外资技术扩散；有人计量寡头结构的技术扩散效应并揭示内资企业学习机理，也有人阐释“干中学”对技术外溢及当地经济增长的影响，甚或发现内资方的技术引进决策及 TFP 增长受制于有效的金融市场。

20 世纪 90 年代，FDI 介入转型经济体改革项目，对联合国会员国的 GDP 增长、技术升级作出重要贡献。21 世纪初，学者们对转型经济体 FDI 溢出的研究热度快速提升，着重探究影响 FDI 路径下技术扩散类型的因素、MNC 国别性与 FDI 外溢效应、外资企业参股比重对 FDI 外部性的影响，这些研究成果都是 FDI 外溢性理论的新突破和主要亮点。Javorcik、Saggi & Spatareanu 等诸多国外研究人员通过实证研究发现 FDI 的来源国、外资企业参股比重、MNC 的目标市场选择等对 FDI 溢出产生重要影响。

综上所述，考虑到我国 FDI 流入量不断攀升及 MNC 子公司独资化趋势不断加剧的形势，需要给出如下重要论断：①加入 WTO15 年之久，重新检验我国于 20 世纪 90 年代实施“市场换技术”的引资路线，今天就会面临极其严峻的拷问。通常，在华 FDI 对内资企业进行技术扩散的无非是通过技术知识、生产要素或最终产成品的内外资企业间关联，而 MNC 子公司独资意图势必会加强 MNC 核心技术内部开发及流通的比重，因此，FDI 外溢对内资企业创新能力的拉动力尤为关键，然而外商独资企业却阻碍了 FDI 在华溢出的规模、广度及深度。②长期以来，我国外向型制造企业极为擅长的“两头在外”运营模式（原料进口、产品出口）及“三来一补”的外贸订单加工项目，具有明显的“飞地”经济特性，然而却与我国内资企业在技术创新、产品开发、要素配置等缺乏内生关联关系，仅仅停留在全球市场取向的发展能级。结合 FDI 对外资技术扩散的促进研究进展，不难推知，这种形态的 FDI 对我国内资企业的技术溢出较为微弱，对国内企业技术进步及内生经济增长的贡献可谓是几乎忽略不计。此种加工贸易条件下的 FDI 对我国区域经济发展收敛、内资产业结构优化和转型升级、内资企业自主创新和技术追赶的真正促进力量绝对不能被夸大或高估。换言之，尤其在新常态经济形势下，我国政府更需要及时调整 FDI 吸引政策，针对不同类型的 FDI，审时度势地出台差异性优惠举措。

3. 对贸易和 FDI 促进外资技术扩散的门槛效应研究综述

支持贸易促进技术扩散的众多研究者都有一个类似的重要观点，当然也是明显的事实，虽然贸易外溢机制对于各个样本国几乎是无差异的，但其对 TFP、技术进步和经济增长的正向影响效果却会受制于先进技术接受国的学习吸收能力及新技术应用条件。这最早由 Cohen 和 Levinthal 提出，他们根据技术产品在研制过程中所固有的自我累积和路径依赖特性，推断技术引进的实际效果会受到引进者的实际技术能力和应用新技术的现实制造基础的影响。其实，该效应也能从 Abramowitz 开创的社会能力理论中得到印证，为了吸收外部创新成果，企业首先要有充足的硬件设施和技术知识储备等前提条件。在这些思想的启迪下，后续学者们尝试从贸易国吸收能力方面来分析为何贸易外溢效应存在显著的国别差异。

Borensztein 等称这种限制条件为贸易的门槛效应，意味着当技术接受国的技术能力或知识存量高于最低门槛数值时，贸易对技术扩散的促进效应才会出来，跨国扩散的先进技术才有可能被真正吸收采纳，反之，贸易对技术扩散的促进作用将受限而无法体现出来，他们用 1970～1989 年 OECD 国家对 69 个不发达国家的技术扩散效应加以佐证，并认为人力资本投资存量对于东道国吸收国外先进技术至关重要。

梳理已有文献，影响贸易国技术溢出效果的门槛因素被学者们统称为（技术或知识的）吸收能力，王国顺等认为吸收能力通常包括甄别、领会、学习和运用新技术新知识的能力。国内学者对吸收能力的门槛效应研究基本上是整理和评述国外文献。刘常勇等总结出影响外资技术溢出的门槛因素是技术经验（隐性知识）、研发存量、学习能力和方法、学习的内在机制。宁东玲等归纳出 6 个门槛因素：研发资本、累积经验、学习能力、人力资本、治理结构、企业文化。然而，吴伯翔等给出了较特殊的研究结论，他们基于中国内资企业的实证研究，发现影响技术溢出的五种门槛因素：交互能力、进取心、关联强度、信任关系、决策者支持意愿和力度，该研究也有明显不足：这些门槛因素虽然分布于企业内外部两个维度或层面，但是仅仅在一个层面直接地测度了吸收能力的核心概念，二者未统一。进一步地，笔者归纳了国内外的门槛效应相关研究，认为影响吸收能力的主要因素大致有：人力资本存量、R&D 投资存量、经济发展水平、贸易开放度等。下面就具体地分类评述国内外学者针对吸收能力而展开的决定因素研究。

1）人力资本存量

理论层面上，不管是新古典增长理论，还是内生增长模型，都表明先进技术在进口贸易中的扩散效应很大程度上取决于东道国人力资本的存量水平。Lucas 及 Acemoglu & Zilibotti 都认为技术发达国开发的新技术需要技术精通的劳动力资源，当技术转移或传播到后进国时，缺乏经验的劳动者将不能掌握这种新技术，即人员技能与被扩散技术的不匹配会导致内外资企业交易不能促进技术扩散效应，从而不能促进落后国经济发展，也使落后国与发达国经济更加发散。

上述两个学派中，众多学者针对人力资本存量在国际技术扩散中的门槛条件开展实证研究，如 Bartel 等、Temple、Mangematin & Nesta、Comin 等、Falvey 等、Kneller & Stevens、Vinding，都发现技术扩散水平直接受制于进口国劳动者对技术知识或外部信息的吸收能力，除非人力资本存量达到一定门槛值，进口国才能获取可观的国外技术溢出。Xu 选取 1966～1994 年 20 个发达和不发达国家工业面板数据，探析美资企业进入对这些国家工业部门 TFP 增长的促进效果，发现美资企业对富裕的发达国家的内资制造型企业 TFP 提高的技术溢出作用要强于贫穷的不发达国家，前者的技术扩散效应约为 TFP 年均增长 6‰。而后者的技术外溢效应几乎可以忽略不计，他解释为大多数落后经济体缺乏充足的人力资本存量去吸收采纳美资企业所扩散的新技术。

具体来说，国内人力资本质量和技术能力对该国内资企业的吸收能力具有显著影响。Borensztein 等建立基于研发的内生增长模型，利用 69 个发展中国家的 1977～1997 年的数据，在跨境回归框架下检验来自发达工业国的 FDI 的技术外溢效果及其对落后国经济增长的贡献；该模型的内资技术进步依赖人力资本量累积，增加新资本品而实现；而 FDI 溢出对内资经济增长的促进则取决于 FDI 和人力资本存量的交互影响；研究结果表明 FDI 是外资企业向内资企业技术转移的重要工具，其对内资经济发展的正向作用超过了国内投资；他还发现，内资企业只有达到最低的人力资本存量或研发资本投入，才能吸收采纳外资方的先进技术，获取并保持 FDI 溢出所带来的东道国企业高生产率，这篇文献最早验证了内资企业吸收能力的门槛效应。

Campos 等秉承 Borensztein 等的研究方法，抽取 25 个中东欧经济转型国家 20 世纪 90 年代的数据，做了与 Borensztein 等类似的 FDI 溢出性检验，发现 FDI 对转型经济体的内资企业技术进步和经济增长具有重大贡献，但 FDI-东道国人力资本交互因子与内资经济增长的关系不明显，内资企业的吸收能力门槛限制也未得到支持，他估计原因是这些东道国的转型企业已经保有高出门槛值的人力资本存量。Carr 等建构的国际知识资本模型显示 FDI 流入国的技术劳动力资源富足程度直接关系到国外先进知识借由 FDI 渠道向东道国内资企业的外溢规模，赖明勇在《中国社会科学》上发表的论文《经济增长的源泉：人力资本、研究开发与技术外溢》也发现类似的结果。Furman 和 Hayes 着重于解释人力资本存量对于技术跟随型东道国企业自主创新能力提升所作出的重要贡献。

近年来的重要研究包括 Liu 和 Buck 及 Falvey 等。Liu 和 Buck 用中国本土企业中科技人员占比来衡量吸收能力，基于 GMM 方法对来自 1997～2002 年中国高新技术企业的统计数据分析显示，东道国企业的创新能力和技术贸易具有微弱的正相关性，可见只有高水平的工程师或研发专家才能帮助内资企业吸收、采纳进口的国外高新技术，这足以证实吸收能力对技术扩散效应的影响力。尤其，当吸收能力被计量模型考虑进来时，国外研发活动对中国企业技术进步的贡献会表现得非常显著，这意味着仅靠发达国家的高研发强度，不足以确保国外研发活动就一定能引致在华技术扩散效应彰显。只有内资企业具备足量且高素质的科技人才去积极学习外资企业领先技术时，他国的研发成果才会被有效地跨国扩散。Falvey 等发现 1975～1999 年 57 个不发达国家从 5 个研发资本密集型 OECD 国家进口的正向外溢效应，且伴随有一定的教育支出门槛性，不同教育水平的进口国的内资企业 TFP 都或多或少获益于 OECD 国的研发资本，东道国受教育水平与其获取的进口外溢效应正相关，证实了吸收能力中的教育水平因子的存在性。

Kuo 和 Yang[229]搜集中国 1996～2004 年 31 个省级行政区的面板数据，选取柯布-道格拉斯的增广生产函数，首次揭示了基于技术进口的国外知识资本存量对进口国经济增长的影响，同时还与国内知识资本存量的影响进行比较分析，发现国内外研发存量对我国经济增长的贡献率都是 16%，增长弹性约为 0.5‰，这说明无论内部或外部知识资本都对中国的区域经济增长有重要贡献，内部研发溢出和国际知识溢出同时存在，技术贸易和自主研发投资都是驱动中国技术进步和促进研发外溢效应的重要手段，这与早期学者对发达国家的研究结论基本类似。

那么，这真的意味着国内外知识资本对中国区域 TFP 的增长弹性等同吗？其实未必，因为 Kuo 等仅仅用技术贸易来代表国外知识资本对中国 TFP 的影响，而国外知识资本对进口国经济增长的影响绝不只是靠纯技术贸易这一种途径，所以笔者作出推断，若 Kuo 等的研究可信度较高，则国外知识资本对中国区域经济增长和 TFP 提高的贡献率理应大于中国国内的知识资本。

再者，Kuo 等还认为一个区域的吸收能力是指吸收嵌入在技术贸易中的外部知识资源的关键能力，他们进而研究了由人力资本所决定的吸收能力对获取外来先进技术的影响，发现吸收能力对各省获取外资知识外溢效应起到决定性作用，因此吸收能力的增强有助于区域技术进步和经济增长，也意味着人力资本存量与 FDI 外溢效应正相关；而且，相比国内研发溢出，吸收能力对国际知识溢出效应的影响更关键；若吸收能力主要取决于人力资本存量，那么进口国的人力资本投资不只是能提高人力资源质量而直接对总产出有更大贡献，还将加强该国学习吸收外国先进技术知识的能力而间接拉动区域经济增长。

与 Kuo 等的研究极为相似，Coe 等[230]于 2009 年在 Coe 等 1995 年的研究[26]的基础上，以更大的样本数据量进行实证，也发现基于人力资本存量的吸收能力对于东道国吸收技术扩散特别重要。

各国在吸收外资技术扩散时，实际效应看似差别很大，其根源主要在于内资企业的吸收能力有异，不少中外学者进一步将吸收能力归咎于劳动力受教育程度因素。刘青海[231]认为影响吸收能力的首要因素就是人力资本价值或东道国的教育投入程度，他利用

2000～2006年国内30个省级行政区的面板数据，实证发现教育水平是影响进口外溢的关键因素，进口和人力资本存量的交互因子对于区域TFP具有重要的促进作用；当吸收能力被纳入到FDI外溢性评价中时，FDI对外资技术扩散的作用呈现负数，并变为很不显著的水平，可见仅仅FDI流入量增高并不一定给内资企业带来可观的扩散效应，甚至会导致负向作用；除非内资方的吸收能力超越门槛值，FDI才能成为外资技术扩散的有效渠道；中国教育水平不容乐观，因此各省获取FDI外溢程度还严重地受制于较弱的吸收能力。Eaton和Kortum搜集19个OECD国家的技术专利和TFP数据，实证发现技术扩散溢出受到与教育水平直接相关的人力资本存量的正向影响。Lee、Caselli等也采用教育水平来表征人力资本存量，以计算机设备进口作为实证研究对象，发现了计算机技术跨国采纳收益及向内的技术溢出效果与进口国的高水平人力资本具有密切联系的强有力证据。还有更多研究都发现了教育年限对扩散效应的重要性，分别来自Benhabib等、Hakura等、Xu、Crespo等的研究，其中Xu指出技术扩散的成败取决于东道国的技术吸收能力，特别是人力资本存量，他甚至精确测算出技术引进国溢出效应的人力资本投资门槛为接受教育1.4～2.4年。

国内学者对贸易外溢的门槛因素研究也侧重于人力资本存量方面，张全红基于改进LP模型进行广东进口贸易实证，发现进口对区域TFP的促进效果受到该地区人力资本存量门槛的限制。李有、杨剑波、姚星和黎耕[232]的研究也给出同样的结论。进而，陈刚等对国内东部、中部和西部的实证研究发现，进口贸易结构和人力资本存量在三大区域的差异性，是导致人力资本存量门槛特征的地区异质性的根本原因。

2）内部研发资本存量

Mowery发现组织内部若能保持足量的研发资本，就会更大程度上获益于外部研发成果。Cohen等指出企业的R&D活动不但能开发新技术，增强其技术能力；而且还能增强企业对外界信息和先进技术知识的学习或吸收能力，这也被后来学者称为研发的“两面性”。Griffith等提出，当后进国的企业意图模仿先进国企业的技术时，外溢效应受制于模仿者的吸收能力。Cohen等认为企业必须加大研发投资，增强吸收能力，从而汲取更多外部有用知识，提高组织绩效。受Cohen等的影响，内部研发资本存量被越来越多的学者视为吸收能力的关键影响因素，他们利用多种工具不断地展开经验式研究，以揭示内部研发资本存量对FDI或贸易外部性的影响作用。Maskus提出水平型技术扩散效应取决于内资企业的吸收能力是否超出门槛值，该能力也被解释为内资方引进、吸收并采纳国外新一代技术而实现成长的能力。

既然，研发投资和人力资本都是决定吸收能力的重要因素，那么基于内部研发资本存量的吸收能力与人力资本所决定的吸收能力是否对外资技术扩散效应产生同质化的影响呢？此类研究尚有不足。Griffith等选取1974～1990年12个OECD国家的工业面板数据，从经验层面探究研发的两面性，发现研发对激励创新和技术追赶同样重要；跨国生产率差距恒定不变时，人力资本存量对TFP增长同样有重大贡献，这说明研发资本在国外技术吸收采纳方面提供了不可或缺的门槛技术，因此该研究证实了研发资本与人力资本对于外资技术扩散的门槛作用是无差异的。Kinoshita选择1995～1998年流入捷克工业的FDI数据，检验FDI对本土企业的技术扩散效果。与前人有所差别的是，他沿袭Griffith等的实证研究框架，同时分析了研发的两面性（研发创新和模仿学习）以及FDI技术溢出性对内资企业TFP增长的影响。在这个新颖的分析视角下，国内TFP增长率将会受到三个变量的共同作用：自主研发、FDI流入和内资企业吸收能力，最终未发现FDI对内资企业的正向扩散效应，然而表征捷克内资企业吸收能力的研发资本存量与流入捷克的FDI溢出效应保持较强的正相关，且FDI和研发投入的交互因子对TFP产生了显著的正向影响，这意味着若要发挥FDI的跨境技术外溢性，则内资企业研发活动中提升其学习能力比增强其自主创新能力将更为关键。同年，Kinoshita的另一项研究以12个OECD国家制造业的面板数据为样本，发现在解释进口国企业生产率增长方面，研发存量的学习效应远远比其创新效应重要得多，在与技术发达国存在生产率差距的条件下，不发达国工业中有主动投资创新性研发活动的部门获得了积极的国外技术溢出，其TFP增长显著，如捷克的电力机械、无线电和电视工业因在创新性R&D方面实施积极投资，强化了内资企业的吸收能力，故而获取了正向的FDI技术溢出效应，这足以证明研发资本存量门槛效应的存在。Griffith等对TFP较低的后进工业国进行实证分析，发现研发资本存量的重要增长有助于加速其技术追赶。Griffith等也以研发投资力度代表吸收能力，考察其对内资部门TFP增长的影响，通过对OECD国家的实证分析，发现东道国内部研发资本存量对自主创新和技术超越直至收敛同样重要。总而言之，比较研究还证实了不同的技术扩散环境下，或者考虑到扩散源的知识类型多元化，研发资本存量的门槛作用是有差异性的。

国内对研发资本存量门槛效应的研究首推张海洋在《经济研究》和《管理世界》上发表的重要论文。同年，仉怡等在《中国软科学》上发表的论文对我国1981～2003年从G7发达国家的进口贸易引致的国外技术外溢进行了实证研究，发现我国可以借助产品进口从高R&D存量的G7国家获取全球领先级技术扩散和外溢，实现我国TFP增长，但这更多地取决于我国的研发资本存量而非贸易伙伴国的R&D资本存量，这源于进口国自身的研发资本投入水平是决定其技术学习速度和吸收能力的关键变量。赖明勇在《中国社会科学》上的论文《经济增长的源泉：人力资本、研究开发与技术外溢》构建了开放经济下三部门的内生增长模型，探讨了国内研发与外资技术扩散影响经济增长的机理，发现若考虑技术吸收能力，进口技术外溢和FDI外溢都将出现很大差异。王立军以1999～2005年的国内省际面板数据为实证对象，利用宏观经济的两部门Cobb-Douglas生产模型，研究FDI和国内自主技术创新（用技术知识存量来表示）与内资工业部门技术进步的关系。研究结论表明，外商投资企业对我国经济增长作用明显，且在工业部门中，我国区域间科学技术的交流和合作创新是促使我国制造型企业技术进步的主要动力和工业经济长期增长的重要源泉，而FDI的技术溢出效应不甚显著。吴建军等运用我国1978～2004年的数据，利用协整技术，也发现我国研发资本存量严重影响内资部门的技术吸收能力，是影响技术扩散效应的关键因素，对于我国内资企业获取国际贸易溢出具有门槛效应。

3）外部研发资本存量

Cohen 等设想了内资企业从国外采购吸收能力或基于 R&D 外包而构建吸收能力的通路，但是，他们发现这种路径的效力有局限性，尤其是吸收能力的构件，因为这些构件与产品开发和过程创新密切相关，而这往往又与特定企业直接关联，所以导致买进的吸收能力未能与内资企业快速融合。虽然依托外部研发资本存量可以强化内部吸收能力，但是也有学者提出外部研发投资活动只能激励而不能完全替代内部研发投资活动。Hung 和 Tang[233]通过实证分析日本、韩国、中国台湾的电子工业，发现内资企业技术能力（包括技术水平、技术创新能力和研发活动）才是影响其选择外部技术获取模式的最重要因素。

既然吸收能力的主流研究都认同内部研发投资是决定该组织吸收能力的首要因素，那么就可推知购买外部研发资源固然能提升内部吸收能力，但这是以该组织已有足够的吸收能力为充分条件的。

4）经济发展水平

部分学者批判只考虑单一因素门槛条件的片面性，认为有必要考察宏观经济层面，以全面反映经济基本面。Moschos 正是这类学者的代表之一，他研究出口贸易对出口国经济增长的贡献，发现当经济发展水平低于某一数值时，出口扩张对经济发展的贡献较小；若出口扩张是通过推动本国技术进步而实现本国经济增长的，那么贸易对先进技术扩散和本国技术进步的促进作用就应该具有门槛特性。

国内也有学者考虑到经济发展水平对吸收能力和贸易溢出的影响，李小平等分别揭示了进出口贸易中两种不同的门槛效应：①在出口贸易中的正门槛效应，当经济发展水平超过门槛值时，出口对国外技术扩散会产生显著的正向促进作用；②在进口贸易中的负门槛效应，当经济发展水平超过门槛值时，进口国获取的国外技术扩散效应反而变弱，更少地分享到他国技术，进口贸易对东道国技术进步的贡献将更小。张建刚主要从宏观的角度，认为在国内不同的经济发展阶段 FDI 的作用是不同的，他利用柯布-道格拉斯生产函数模型来度量 TFP，研究 1991～2003 年 13 年来 FDI 对我国技术进步的直接和间接影响，得出结论：在 1991～1994 年 FDI 对中国技术进步的直接和间接效应都是不明显的，1996～2003 年 FDI 直接促进了中国经济增长，但 FDI 对技术外溢只发生不明显的间接效应；FDI 中的外资参与度对 TFP 增长的作用逐年增强。

5）贸易开放度

再者，贸易开放度对于贸易外溢性也具有门槛效应，是决定吸收能力的又一个重要指标。Falvey 等、赖明勇等在贸易增长模型中引入贸易开放度，证实了贸易开放度对贸易技术溢出效应具有门槛限制。当然，也有学者发现贸易开放度的门槛效应很微弱，如高云虹和封福育[234]主要利用 1993～2005 年我国 13 个工业门类的数据，以贸易政策和自身 R&D 投入作为影响因素，研究其对我国技术进步即 TFP 的影响，实证结果显示：贸易保护程度、内资企业 R&D 投入同我国技术进步表现出长期均衡态，即前二者与我国技术进步呈现同向变化趋势，弹性分别为 0.01 和 1.73，可见对外贸易开放度对一国技术进步的促进作用远不如内资企业 R&D 投入更为显著。

贸易开放度对吸收能力的作用表现为两个方面：①沿袭 Grossman & Helpman 的思想，进口贸易开放使得落后国能容易地分享到发达国家的大量中间品、资本品和其他优质技术资源，有更多机会去模仿外国先进技术和学习前沿知识；②贸易开放能产生竞争效应，如果贸易壁垒被打破，严酷的全球市场竞争将鞭策东道国企业加强研发投资以提升其技术竞争力。可见，贸易开放的以上两种传导效应都有益于东道国企业吸收能力的提升，Wang、何洁分别利用不同的统计样本支持贸易规模扩大对于该国吸收国际技术外溢具有极大推动力的观点，即证实了贸易开放的技术扩散促进效应和经济增长效应。

6）市场类型

市场类型对外资技术扩散的影响，国内外学者都已有较一致的认识，适度竞争及普通强度的垄断都对跨国技术扩散有促进作用。熊彼特、阿罗各自从垄断市场或竞争性市场的条件出发，揭示了市场类型对跨国技术扩散的影响和作用机理。Scherer、Davies 通过经验分析支持了理论判断。随洪光进而延伸该论断，应用于生产类型对经济发展的影响，借助经济均衡思想，发现在各国市场类型趋同于垄断竞争的前提下，那么所有国家在全球技术扩散浪潮中必然理想地保持技术进步的并行性，并引致各经济体的 GDP 长期增速达到收敛状态，而且长期均衡下的经济增长速率主要取决于垄断竞争水平。

7）政府因素和技术选择假说

在宏观经济发展过程中，政府作为规制者的作用和地位不可或缺。Klundert 和 Smulders 就曾经研究发现，即便是临时性的公共政策，包括税收的短期变化、补贴额调整、关税率的升降等，都直接调节外资技术扩散对东道国经济收敛的促进作用。还有，Basu 和 Weil 实证分析提出贫乏的国内资本存量（包括研发资本存量和人力资本存量）会明显地阻碍后进国吸收及采纳外资技术扩散；Rosenstein-Rodan 选取保加利亚、克罗地亚、希腊、匈牙利、马其顿、罗马尼亚、塞尔维亚、斯洛伐克 8 个东欧和东南欧样本国家，研究它们的工业化进程问题，建议政府优先振兴重工业；Prebisch 引用核心边缘理论分析了全球技术扩散的非均衡性，他对主要从事初级生产、处于全球工业化边缘地位的国家政府的建议是加强进口替代、增加储蓄率等，以促进资本积累速度，扩大本国的外资技术扩散效应，加快对发达经济体的技术追赶；但是也有研究者不同意这种论断，如林毅夫提出的技术选择理论。

林毅夫吸收了 Atkinson 和 Stiglitz 的适宜性技术观点，开创技术选择理论，认为发展中国家的最优产业结构取决于其内在的要素禀赋，若该国的技术发展战略没有优先选择最适宜的技术给予发展，就会导致不适宜技术的相关产业无法获得经济剩余，还会引发一连串扭曲性资源配置政策及不稳定的外贸政策，这都阻碍该国经济健康增长，抑制外资技术在东道国的良性扩散效应，并使得该国无法实现向发达经济体的收敛。因此，不发达国家在制定经济政策时，要以本国要素禀赋结构为重点优化升级对象，而非产业升级或技术升级，根据比较优势采取适度干预，方能实现向发达经济体的经济收敛。林毅夫等通过实证研究支持了这一观点。

还有 Kaufmann 等提出了政府质量假说，发现规制者的出现、作为和交替、政策的执行力及其效力等也会影响外资技术扩散对本国经济增长的促进作用。

更新的研究有 Schiff，他在 CH 模型的基础上扩充了教育和政府管制因素，实证分析拉丁美洲国家的技术外溢效应，发现加强教育和政府管制能够有利于这些国家的研发密集型产业接受国外先进技术扩散，其 TFP 会有显著改善，从而提高其技术吸收能力。

国内外还有些文献特别探究了制度门槛因素，如 Comin 和 Hobijn[235]还讨论了制度门槛因素对技术扩散外溢效果的作用。吴晓波提出技术体制的门槛效应，对中国 1999～2002 年 28 个工业部门的数据进行计量分析，发现知识基础的应用性、技术轨迹的确定性与 FDI 的技术扩散效应正相关，而技术机遇与其负相关，创新专用性、外部知识流的可接近性的影响很弱，另外 3 个技术体制维度的影响也未能体现，总的来说，内资企业的吸收能力能够明显促进 FDI 溢出规模。

8）其他因素

除了上述几种常见的门槛因素，其他与贸易相关的因素也被考察是否存在门槛特性，如 Das 等建立了包括 3 个贸易国和 6 种货物的国际贸易模型，发现产业结构相似性对于贸易促进技术外溢效果的作用也有门槛限制，即技术引进国的产业结构与贸易伙伴国的相似程度决定了该国能否获取更多的外国先进技术溢出。Nelson 和 Wolff 构思了基于外来技术知识特性的企业吸收能力，还认为受科学技术决定的吸收能力相比其他类型的吸收能力，其构建及强化更依赖于高水平技术的支撑。Becker 和 Peters 发现相比其他领域的知识而言，企业若要学习科学技术知识，则需要具备更强的吸收能力。Schmidt 也赞同不同属性的知识有赖于企业多元化的吸收能力，然而该观点未得到经验分析的证实。一些学者还从其他方面解释内资企业吸收能力对东道国技术溢出效果的门槛作用，辨析了包括本国金融市场竞争效率等在内的更多的企业内外部门槛性因素[237]。Durham 以金融及制度的发展来表示吸收能力，并检验其对技术扩散效应的影响情况，可是该思路在金融体系被严格管制的地区并不成立。张倩肖选取 2000～2003 年中国四位码制造业作文样本，实证研究东道国市场竞争等因素对 FDI 技术外溢的影响，发现国内市场竞争与 FDI 的技术外溢效应正相关，这也基本上能够解释同等规模的 FDI 流入所引致的技术扩散效应却在全球范围内有着明显的国别、地域或产业差异性的普遍现象。

9）各种因素的交互关系

上文分别综述国内外学者对吸收能力的若干因素的研究进展。其实，这些因素并不是独立地影响吸收能力，更有必要考察它们的交互因子对内资企业吸收能力的作用。Lai 等抽取中国 1996～2002 年的省级行政区的面板数据，估算出 FDI 路径比进口的扩散效应更重要，且外资技术溢出取决于东道国人力资本存量和经济开放度，即吸收能力受这两种因素的交互项影响。Murovec 和 Prodan[237]根据动因划分了吸收能力，一种是技术推动下的吸收能力，其建构于科学技术知识根基，主要遍布于各种研究机构，如 MNC 的离岸研发机构、大学、社会公益研究组织等；另一种是基于需求拉动力的吸收能力，其形成需要完善的市场条件和丰富的信息源，包括上游供应商、同行竞争者、下游客户和展览会等。他们通过调研及对比 3300 家捷克工业企业及 8000 余家西班牙工业企业的技术创新活动，发现技术推动式吸收能力在捷克主要受内部研发资本投资和协同创新能力的影响，对于西班牙企业而言，面向创新项目的人员培训以及企业员工对技术变革的认同度更多地影响着这种吸收能力；而基于需求拉动力的吸收能力的主要影响因素是内部研发资本投资、员工培训投资和对技术变革的接受程度。尽管捷克和西班牙的企业特征存在明显差异，前者作为欧盟的新成员国，保持着较为稳定的经济增长，正在进行技术追赶和转型发展，后者是欧盟的早期成员国，其国家创新体系并不发达、不活跃，且经济增长明显放缓，然而，吸收能力分类研究却显示两国内资企业的吸收能力构成具有很高的相似性。

10）吸收能力研究小结

可见，研发资本存量、人力资本富裕度、受教育程度、外向型经济比重、跨国合作强度等影响因素都能作用于东道国对外资先进技术的学习吸收能力，从而引致技术外溢效应异质性，而且关于前两种影响因素的研究成果最丰硕、最引人注目，足以显示其关键性作用。我国内资企业不难得到重要启示：虽然我国仍在发展中国家行列，TFP 增长一方面要靠自身的技术创新投资，但是另一方面可能更需要发达国家的先进技术知识流入。然而，单纯的技术扩散并不意味着我国企业一定能消化吸收并掌握国外的先进技术，也就未必能促进中国内资企业的 TFP 提高。若内资方的研发投资及人力资本存量较为匮乏，那么即使政企共同付出很大努力引进了外商在华投资及 MNC 的先进技术，也会由于较弱的吸收能力而阻碍技术外溢效应的彰显，从而我们的前期努力可能徒劳无功，那样就会白白损失了我国为引资而支付的资金。

因此，我国学者刘青海[238]提出：我国政府及内资企业在引进和采纳外资企业先进技术的过程中，务必增加自身的研发投资和提高人力资本存量，加大教育开支，加强人员培训；同时，坚定改革开放的发展路线，加强跨国技术经济合作，着力培育开放包容及创新变革的文化氛围。

4. 从交易成本角度的考察

Wang 和 Blomström 从内外资企业间交易成本视角论证了 MNC 投资促进技术扩散，而且技术扩散效应反过来形成正反馈，促进 FDI 进一步攀升和扩展。

技术扩散得以发生的重要条件是不同地理区域的技术水平之间存在级差，其发展结果来自发达企业技术外溢效应和落后企业技术需求动因的联合作用。所以，技术扩散系统包括创新技术扩散源（即创新供给方）、创新技术需求采纳方两个技术知识交易市场主体要素，以及技术知识交易市场环境。

以往学者对技术扩散过程的认识局限于技术借由市场交易的空间转移，如图 2-3 所示。创新供给方通常来自发达国家或地区，而创新需求方一般位于不发达国家或地区，如果技术供需方之间的地理距离较远，技术扩散效应将随地理距离而逐渐减弱，落后企业获取的技术知识会由于较远的传播距离而减损，供需方的技术差距也会不断加大。

对创新需求采纳方来说，如需吸收先进技术就应该考虑缩短其与创新供给方之间的空间距离，这对应于现实企业，就等于在空间上改造组织机构，再次布置企业设施。如果对企业的全部机构实施搬迁，对于大中型工业企业或资源提取型企业，其难度是无法想象的，且从投入产出视角也是不经济的，搬迁费用将远远超出应用新技术的利润增量。陈淑云等根据交易成本经济学考察技术扩散系统组织，将新技术扩散中的流动区分为两类：一是技术本身的空间流动；二是企业组织的空间再分布，发现两种流动具有部分替代的关系。

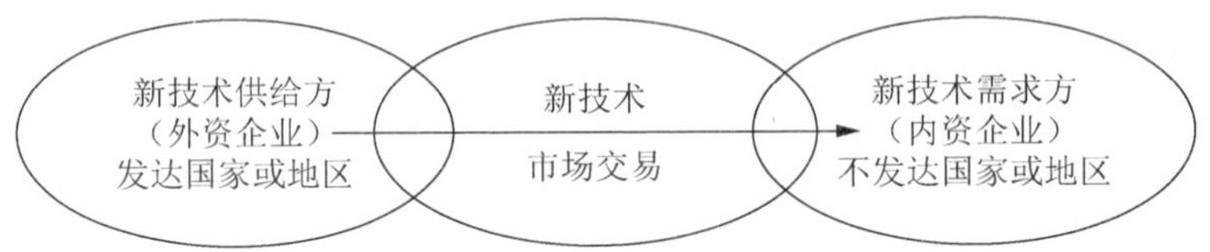

图 2-3　创新技术借助市场交易进行空间扩散

根据罗纳德·哈里·科斯（Ronald H. Coase）的《企业的性质》，企业替代市场的原因之一就是交易费用节约。学者们基本上按照企业内部组织成本与市场运行成本的比较情况对企业组织结构展开研究。因此，只要落后企业借由市场交易获得先进技术的成本，尤其是指因创新供需方的空间距离而发生的交易成本，高于技术需求企业重新分割其组织结构并实施空间再布局的成本和引进的先进技术在企业部门间转移成本之和，那么后一种形式的技术知识交易（市场交易和企业内部交易相结合）就相比原先仅仅依赖于市场的技术知识交易更具有成本优势，这种基于空间再造的新型组织形式就会在跨国或跨区域技术扩散过程中更为经济，它理应能替代创新技术扩散过程中先进技术本身在较远空间距离上的转移或传播，即短距离市场交易和企业组织内部交易的有机结合相比单一的长距离市场交易而言，费用更低，更有利于促进外资技术扩散或区域技术扩散。这种基于空间再造的新型分布式组织结构下的创新技术扩散路径分两步完成，如图 2-4 所示，这在现实中也的确能得到印证，如东京、纽约、伦敦、巴黎、新加坡、上海、北京、广州、深圳、天津、重庆、苏州等经济发达城市竞相成为许多国内外企业集团青睐的总部聚集处，而这些技术追赶型企业以前并没有在内部对其总部机构和其他组织机构实施细分，更未考虑企业组织结构的空间重构，鉴于多方面原因，后进企业的主要职能部门通常选址于经济较为落后的城市或地区。

陈淑云等提出在技术进步日益加快和技术创新投资额持续攀升的时代，后进企业更可能在新技术方面，通过比较市场交易费用和内部交易费用，选择对组织结构进行空间上的适度分割及重新布置，以避免企业整体搬移，同时还能拉近与创新供给方的空间距离，加快技术外溢进程，更快获取外来的创新技术，并用山西省装备制造企业加以实证分析。

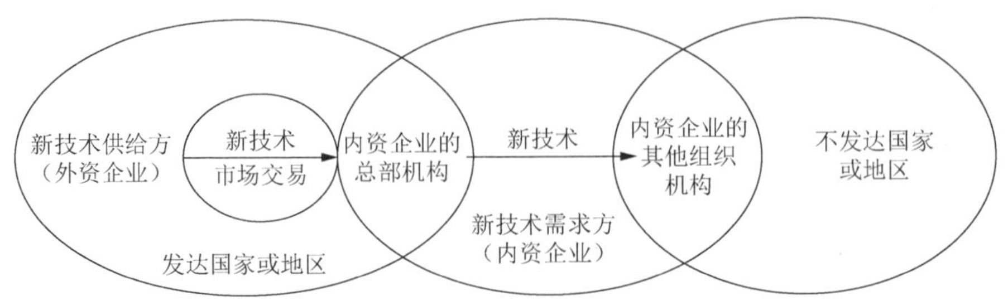

图 2-4　技术扩散过程中企业组织结构的空间重构

进一步地，在交易费用理论框架下，中外学者们大都认同了技术扩散路径中企业组织结构重新分割并改造空间布局能部分地替代创新技术自身借由市场交易的转移或传播，然而实际的企业组织结构空间重构只发生在需求侧，而非供给侧，所以图 2-4 也就只是考虑了技术落后方的组织再造。究其需求侧的组织空间再造的动因所在，已有文献将其归纳为三个方面加以研究和阐释。

1）提高需求侧技术势能的动因

技术势能表征一个区域的技术总体水平。程开明、李翠娟等、沈越等、傅家骥提出技术创新企业与附近的其他企业之间形成了位势差，这种差异的出现将驱使技术扩散系统向平衡态演化，向平衡态收敛的动力将会促使外围有创新需求的企业尽快对创新源开发的新技术加以观察、学习、吸收、模仿或采纳运用，从而表现为创新在空间上逐渐扩散开来。技术势能决定着技术扩散强度，技术势差越大，技术扩散发生的门槛条件就会越高，技术扩散发生就会越难，技术扩散过程受到的限制就越多；反之，技术扩散更容易进行。从技术扩散的需求侧来看，技术落后企业往往位于不发达地区，其当前技术与创新供给方的先进技术之间的较高势差会阻碍新技术的扩散进程，也会无形中增加创新应用成本，贬抑新技术的商业效益，尤其是在目前技术进步速度不断加快的环境下，有创新需求的企业只有实时捕捉、引进新技术，方能保持一定的市场地位。而实施企业组织结构重新分割并改造空间布局，关键是把总部机构选址在技术发达的区域，就能降低其与前沿技术的势差，为后进企业即时引进并应用创新技术奠定组织条件、提供组织便利。

2）缩短外部技术市场交易空间距离的动因

技术扩散最初通过知识市场交易在创新供应方与早期需求方之间的知识转移中被实现，接着，早期需求方又作为新技术扩散源逐渐向更外围的后进企业扩散。鉴于地理距离影响技术供需企业间的知识传播和科技产品运输，故而地理距离也是技术空间扩散的关键影响因素之一。新技术需求方与创新扩散源之间的地理距离越短，其可能获取越发显著的技术扩散效应，吸收技术外溢的能力可能越强，反之反亦。陈强等[239]对上海杨浦建筑设计业的空间计量分析发现距离因子将驱使创新需求方靠拢创新供给方，以节省技术引进、知识交流、合作创新的时间和技术知识交易成本。从创新供应方到技术需求方的地理距离，既包括技术知识市场中二者之间的地理距离，又包括技术接受企业组织内部创新技术转移的地理距离。进一步地，很多学者发现在企业内部技术流动和转移的成本与市场中相比要低得多（王进猛等；张扬；姚先国；王凤彬等；罗珉），原因包括：①节省了信息搜集开支；②新开发的技术与当前技术的兼容性较高；③随着内部人员岗位调整，新技术、新知识能广泛地在企业组织内部传播、交流。

3）获得和掌握外来先进技术的动因

随着全球经济一体化和科技创新迅猛发展，各行业的技术更新升级加速、技术知识生命周期不断缩短，这都是科技型企业在生存、可持续发展及逐步壮大过程中必须关注的重要外因。虽然，内部研发总被视为企业技术创新的常规方式，但是，在技术更新升级日益加快和研发投入不断提高的严峻形势下，封闭式的独立研发创新几乎不能满足技术研发全过程的要求，仅靠单个企业难以高质量地完成技术创新过程的一系列复杂活动，于是，很多技术追赶型企业相继选择技术引进或外包来补足内部研发创新活动，好比上文所述及的技术知识市场中创新需求方采购先进技术的交易行为。于晓宇等实证发现采用这种技术引进或外包方式的需求方企业在技术知识市场中从事交易活动时，必须获取较为丰富且真实有效的创新技术信息及相关的最新技术资讯，否则就会在大量同行企业组成的创新需求者种群中处于劣势，在技术知识交易过程中，相对于作为卖方的创新供给者来说，也会处于被动的地位。所以，从技术扩散视角来看，对于创新需求方来说，在空间上对组织机构实施必要的分割并重新布局，关键是在技术发达区域建立其核心的职能机构，将有助于技术信息即时获取，这种组织结构的空间重构当然会部分地取而代之研发技术本身的较远距离传播与转移。

技术知识交易费用的高低除了会影响甚至促进技术扩散系统组织形态的演化，还会关系到技术需求方的内资企业的学习模仿策略选择，例如，宋艳丽和王九云[240]设计一个改进的发达国家与发展中国家的单边贸易模型，选取外国企业创新、内资企业模仿、内嵌于最终产品贸易中的非物化型隐性技术知识作为解释变量，探究内资企业的最优模仿策略以获得最显著的贸易溢出，对该模型的一般均衡研究发现：发展中国家的内资企业的最优模仿策略取决于进口贸易带来的隐性技术知识水平，隐性技术知识较少时，原始模仿是内资企业的理性策略；如果进口隐性技术知识密集型产品，则内资企业的模仿策略选择依赖于模仿过程中隐性技术知识交易的边际收益与边际成本之差，当边际利润为正时，内资企业应该对国外企业进行内生模仿，从而使得基于进口贸易的隐性技术知识外溢达到最大水平，反之，内资企业则继续停留在原始模仿的较低层面。

2.3.2 内外资企业间交易推动跨国合作创新的相关研究

合作创新，指企业之间或产学研的协同创新活动。一般来说，合作技术创新以所有合作成员的共同利益为根基，以资源互补及优势共享为条件，需要清晰的合作目标、明确的合作期限和规则。合作者共同参与技术创新活动，分享科技资源，分配创新成果，分担创新风险。合作创新最主要适用于高新科技及战略性新兴行业，以研发合作为常见形式。郭晓川认为基于网络结构的合作创新的实质是创新成员之间的重复交易。Carson、冯泰文等在微观层面上研究发现，信任具有非正式治理功能，能起到降低技术交易成本的作用，从而进一步促进内外资企业的跨国合作创新。张兰霞等认为有效的竞合关系超越了简单的交易关系，而亲密是竞合得以成功的要件之一，买卖双方的紧密结合不可能在传统交易环境下实现；若要使买卖双方获得亲密合作关系，必须遵循三个基本原则：互信、信息共享、团队建设。还认为良好的竞合关系依赖于正确选择竞合伙伴，合作者选择准则包括：①创造价值的潜能，潜在合作关系能不能为合作伙伴创造出相比传统交易关系更大的价值；②外部环境对于合作关系的建立是否有利，取决于双方对合作关系的态度、合作伙伴的长期合作计划、互惠交易发生的频率。显而易见，如果对这些问题都能给出肯定的答案，那么就意味着该合作者是优质的。反过来，网络环境下跨国合作创新也具有降低交易费用、共享资源和优势、高效配置资源、分担创新投资及风险、促进技术学习交流的功效。宏观层面上，跨国技术网络下的合作创新能起到合理配置东道国全社会资源、消除资源浪费和重复投资、累积技术能力以应对全球化激烈竞争等积极作用。任重批判以往研究局限地认为许可证交易能为其他企业增加创新收益，而实际上这种跨国技术交易完全可以成为合作创新萌发的基础。顾佳峰从交易成本中的资产专属性入手，考察交易特征对产学研合作创新的影响，实证发现强化资产专属性有助于提高组织间互信程度，进而推动合作创新，避免因个体投机行为而导致合作组织走向失败。

关于合作创新动力机制的讨论非常普遍，Sakakibara、罗炜整理前人文献，将合作创新的动因归结为：降低交易费用、独享技术知识、核心能力更新。内外资企业跨国合作创新的突出优势包括：分摊 R&D 成本、降低创新风险、获取 R&D 的规模效益、加速知识跨国流动、吸收外来的技能和诀窍、迅速接近新市场、及时引进国外先进技术、在 R&D 联盟中实现优势互补。

合作创新的动因有多种理论基础，大体上有 4 类：资源基础论、核心能力理论、交易费用理论及产业组织理论。交易费用理论为企业间合作关系提供了经济学解释，认为其介于市场交易关系和企业科层式组织关系之间，市场交易虽然较灵活，且擅长有效配置资源，但是在不确定性或信息不完备、不完全、不完美、不对称环境下可能会失灵，交易成本骤升；企业科层式组织关系在处理多领域交叉融合的系统工程、技术集成创新、技术整合创新时，又暴露出资源匮乏或机构庞大冗余而导致的管理费用巨大的问题。企业间创新合作关系兼具以上二者的优点，又克服了它们的缺点。

近年来，更多关于跨国（或跨组织）合作创新的机制研究大都围绕着交易费用理论而展开。刘力从制度创新视角审视了知识经济时代产学研合作的意义，认为产学研合作的本质是以技术知识流动为内核的交易行为，还探究了产学研合作下的技术知识交易成本和跨组织合作创新动力机制，其作为制度创新的一种形式，实质是降低交易费用，合作相对于不合作所降低的交易费用，便相当于跨组织合作的规模经济效应；产学研合作还有特定的交易界面和移动效应，二者共同反映出产学研合作的制度创新属性，交易界面前移动因之一就是交易费用节省，而交易界面后移会使大学与 R&D 机构面向复合性中间市场，部分地承担技术创新成果的市场营销职能，也就必须实施要素转移分流或新增后期交易阶段所需的要素数量，以适应技术知识市场交易的要求。赵景华等提出 MNC 在华子公司发展战略联盟通常是为了节约采购本土物料的交易成本，扩充内资企业产能和共享本土优质品牌效应，由于在华 MNC 尚处于生命周期的引入期或成长期，故而 MNC 在华子公司目前发起的跨国战略联盟也不够成熟，其类型以开拓市场型或产品运营型战略联盟为主，预测将来的发展演化动向是知识密集型、风险管理型、R&D 合作型的更高层次。唐鹏程等将企业看作基于要素使用权交易的协作生产型组织，其内在机制在于追求最低交易成本的同时，创造最大的合作收益并加以合理分配。王丽杰等认为交易成本影响着企业组织模式，供应链有助于降低合作企业间交易成本，基于交易成本理论，探讨了供应链合作伙伴之间交易成本发生的根源及影响因素，基于此，阐释了供应链合作伙伴间信任具有节约交易成本的作用，进而能对供应链伙伴间合作的构建、发展及类型变化都产生重要影响，还发现在重复博弈条件下，供应链企业追求长期交易利益会带来合作者之间的信任。陈伟光认为与以前的跨国技术经济合作体系相比，中国领导人提出的海上丝绸之路建设倡议，不但具有高度开放性，还突显合作目标、制度及领域的多元化，考虑到海运是商品贸易的关键环节，因此，海上丝绸之路的合作战略实施的推进过程中，跨国跨地区交易费用节省是格外重要的一项内容。何安华[241]阐释了合作农场的组织形式，结合苏州案例，剖析合作运行机制对农合组织稳定性的影响，考察农合组织和参股农户之间的激励相容，通过集体合作，参股农户公平享有土地产出并获得高收入，农合组织实现规模经济并得到政策性奖补；比较发现合作农场相比土地股份合作社，基于土地要素的组织与农户间合作关系更为牢固且持久，这得益于多种因素的合力——合作农场采取的自我积累发展模式、风险规避手段和技术投入体系提高了生产运作效率，确保了创造超额收益（保底租金加分红）的能力，它还设计了更为科学的风险分担和利益分配制度；签立土地要素长期交易契约、配置并保护专用性资产有利于锁定并增进合作农场和参股农户间合作关系；局限的土地经营权流转市场范围，致使寻找交易对象的费用太高，也直接促使参股农户长期维持与合作农场的稳定合作，真正强化了农户黏性。

也有些学者研究发现短期投机性交易不利于跨国合作格局的形成，史丹等分析了电力国际贸易中具有抑制性作用的“边境效应”，挖掘出电力跨国合作的三个影响因素，揭示制度成本与电力跨国合作类型的关系；现状分析发现，GMS 电力区域贸易以短期交易为主，没有形成区域性贸易安排，致使电力国际贸易出现额外的制度成本，阻碍了电力国际合作进展，增加了电力跨国市场的整合性交易平台建设难度；我国企业对于合作收益的急功近利，以及与 GMS 他国企业的显著量级差异，引致他国担忧情绪，很不利于加强或深化电力跨国合作；因此，建议中国企业积极推进电力跨国合作，加强各国政府间互信程度，与各方达成电力跨国市场改革共识，遵照电力国际贸易协议，加快构建跨国合作运行机制并加以完善，发挥第三方的战略性主导平台作用，构建各国政企协同推进电力跨国市场架构体系建设的良好局面。

近年来，不少国内外学者也热衷于知识/信息交易优化对于区域或府际合作的推动性研究，蔡岚引入近年来风靡美国的制度集体行动框架（ICA），开创者是 Richard C. Feiock，它适用于打破区域合作困境，将交易成本看作合作困境的最大障碍。所以，组织交易费用理论是 ICA 的理论基础。ICA 从合作风险、交易成本、制度安排等视阈来求解区域合作难题，Feiock[242]提出了区域合作问题的 9 种解决机制，并对交易成本作出细分，包括信息搜集成本、谈判成本、集体执行成本、自主权的机会成本，合作风险取决于具体的区域合作问题、合作主体、制度背景等方面。合作者通过关注合作风险和交易成本，探索实现合作收益最大化和交易成本最小化的跨区域交易合作机制。可见，ICA 也可给内外资企业间跨国/跨组织创新合作方案设计提供借鉴和启示。邢华研究解决府际 ICA 问题的区域合作机制，发现现存的区域合作治理过度依赖于横向协作，纵向介入存在两种不良的极端情况，区域合作过程中交易费用高企，提出了整合纵向嵌入与横向协作的治理机制，以节省交易成本，从而推进区域合作。邢华进一步地建议应考虑区域合作类型、合作性质、合作风险、区域异质性和自主权等交易成本因素，有针对性地确定纵向介入形式及强度，以最大限度地节省交易成本。郭斌将府际合作理解为面向共同利益的互动交易，根据交易成本理论分析应对环境问题的府际合作障碍，认为降低府际合作的信息交易成本是有效实现环境跨区治理的重要举措。

还有学者从关系视角剖析供应链环境下的企业间纵向交易合作。李随成等认为供应商参与 R&D 的模式下供应商在跨组织合作创新中的作用已经超越了传统供应商的交易者角色。张旭梅等考察供应链环境下的知识交易，采用结构方程模型（SEM）的实证研究不仅发现供应链成员间信任以及表征心理契约的关系承诺对跨组织合作收益有显著的促进作用，而且证实知识交易也有利于显著提升供应链协同创新绩效，这对于我国内资企业的重要启示在于，不仅要加强跨国供应链伙伴间信任水平以及构建关系承诺的意愿，更有必要发展内外资企业间互惠型长期技术知识交易以促进跨国技术知识转移及流动，进而提高跨国合作创新绩效。陈伟等[117]认为供应链企业间合作创新过程中，技术知识交易者的要素投入存在道德风险，这不利于技术知识交易双方的利益，于是基于委托代理理论构建并比较了抑制败德行为的供应链上下游企业技术知识交易的正式契约规则及关系契约规则，发现败德行为下技术知识交易双方订立的正式契约不能真正激励交易企业共享投入资源；无论贴现因子取值如何，关系契约规则下技术知识交易规模与供应链合作创新绩效都大于正式契约规则下的情形；一旦增加贴现因子，供应链关系契约体系对交易企业联合投入资源的激励作用以及对供应链合作创新绩效的促进作用都将更为明显；如果贴现因子超过门槛值，关系契约制度下能最大限度地激励交易企业投入资源并扩大技术知识交易规模，此时的供应链合作创新绩效也取得最优值，最后，运用算例分析支持了上述命题假说。胡新艳以“交易—治理—合作”为逻辑框架，运用 SEM 分析公司与农户合作治理形态和特征对合作绩效的影响，实证研究支持交易属性及特点对合作治理形态选择有重要影响，发现合约治理机制对合作绩效产生了不显著的正向影响，而关系治理机制对合作绩效具有关键影响。

还有学者引入 21 世纪初最新兴起的经济社会学来深度剖析市场交易向互惠合作发展的本质性要求和必然趋势，严维石批判性分析了注重交易成本的新制度经济学，尤其是科斯提出的企业性质阐释，认为企业替代市场的交易费用节省动因值得商榷，怀疑企业信息处理效率是否相对于市场具有优势，指出个体理性主义的固有困境，发现企业信息范式存在逻辑混乱问题，个体理性主义框架下的企业制度不能达到激励相容，无法真正抑制投机行为出现，也没有对比交易在市场中或企业中的社会属性。以小群体形态而存在的企业，其制度安排的核心是社会性合作行为，它以互惠互利性为根基，构建互惠合作机制来取代个体理性假设框架下的简单交易机制，其效率提升动因来自该经济机制能够缓解科斯的企业理论在技术知识、信息、专业技能、诀窍等的市场交易活动中所暴露的一系列信息管理效率问题，以及由此而生的相关投机行为。

还有学者从载体视角考察信息网络对于推动组织合作的促进作用，Chu 等以旅馆业为研究对象，通过 SEM 分析，检验采用内联网与后来者（新人）的组织社会化的关系模型，数据来自 298 位个体参与者，其供职旅馆业时间为 6 个月至 1 年不等；研究结果验证了采用内联网的感知有用性和感知易用性确实具有调节作用，SEM 分析结果还显示采用内联网增加了雇员的组织社会化程度；感知有用性对社会化有直接和间接的影响；同时，该研究还进行了性别和年龄差异下的测试，理论模型恒定性分析显示无论男女在组织社会化方面有同样的行为模式，性别差异也并不影响技术采纳的表现，然而不同年龄群却显示出社会化影响路径的重要差异，对于年龄超过 35 岁的新人来说，感知有用性对社会化的直接影响并不显著。可见，对于企业内人际合作关系的形成与发展，网络作为渠道中介或导向路径发挥着重要的作用。

2.3.3 内外资企业间合作创新增强技术扩散的相关研究

1. 相关理论研究

在国内外相关文献中，针对内外资企业间合作创新与外资技术扩散关系的直接性研究较少，究其根源，一是因为外资技术扩散速度及强度不易测度；二是内外资企业间合作创新与外资技术扩散之间的传导机理非常复杂，二者甚至是间接和隐性的关系，一般的线性分析难以准确显示。然而，这个领域正是本研究的重点之一，也是笔者极为关注的新的研究方向，笔者期望深度探求内外资企业间合作创新对外资技术扩散水平的增强效果到底如何，从而提升外资在华技术外溢强度和广度，也使得我国内资企业更多更好地吸收利用来自 MNC 的跨国技术外溢效应。

上述原因其实使得该领域研究的技术路线设计和方法选择的难度无形中增加了，但是，Gugler 等完成的厂商联盟的技术溢出文献最早地在此方面的研究作出了重要突破。Gugler 和 Dunning 提出策略联盟是构建、保持和强化成员企业技术优势及其合作创新空间格局的互补兼容性组织系统架构，策略联盟推动下的跨国技术扩散效应具有产业异质性的特征。Hagedoorn 分析了非关键技术合作下的策略联盟的发展趋势。Hagedoorn 和 Duysters 研究企业研发活动、创新绩效和技术合作策略的全球化发展趋势，发现即便以全球化特征最为突出的 IT 产业为例，联盟创新的全球化合作程度依旧非常有限。同时期，国外部分学者还从博弈论或厂商理论的不同视角对合作创新增强外资技术扩散的相关研究进行积极有益的尝试，如 Ziss 等运用重复博弈研究 FDI 溢出效应下内外资合作性、合作方式及得益，证实研发合作的得益最大，能最大限度地增强 FDI 溢出效应。Poyago 和 Theotoky 在技术溢出存在性假设的基础上，探究寡头模式下企业间合作运营的最佳均衡态和合意生产规模。

虽然直接测度内外资企业间合作创新与外资技术扩散的关系有一定难度，但还是取得了一定的研究进展，例如，一些文献考察组织间合作创新对合作方的吸收能力提升、技术外溢性及创新产出的影响。Hippel 指出企业与供应商和客户的密切协作有益于增强该组织的创新能力，在此基础上，Cohen 和 Levinthal 又引入吸收能力因子，认为既然企业与内外部机构更密切的联系能增进该企业员工对其他企业或个体的技术知识和技能的理解，从而提高企业员工的技术吸收能力，也就会增强企业整体的技术吸收能力，继之而来的自然结果是，技术溢出效应会得到改善。Gulati 根据 Jarillo 提出的战略网络概念，提出与大量网络节点企业发生联系会拓宽该企业获得的外部信息类型和范围，而联系较少则会缩小该企业的视野，弱化该企业对先进技术知识的吸收能力，致使该企业的技术选择范围变得狭窄。Tether 利用 Logistic 回归研究跨组织合作效益，发现一个企业若能致力于发展与其他企业更加广泛的合作，就会提高自身的技术吸收能力，也就可能开展更高水平的技术创新。Becker 和 Dietz 也发现研发合作强度与企业的技术吸收能力和研发产出具有正相关性。Fabrizio 研究发现一个组织若与高校科研人员加强合作并注重进行科研成果产业化应用，就能缩小当前技术知识与创新成果的差距，增强自身的技术吸收能力。Lim 则在案例分析的基础上，认为吸收能力主要是与外界联系和合作的函数。Vinding 认为组织发展与外部更紧密的联系提高了信息和默示知识转化的潜在效果，比起只与有垂直关系的组织或知识机构的其中一个发展紧密的联系来说，与这两者都有紧密关系提高了吸收能力，有利于提高吸收外资技术扩散的能力，同时也对创新绩效的影响更为重要，而比起那些没有与外部组织发展合作关系的组织来说，创新绩效更为显著，技术扩散效果更加明显。

可以看出，大多数有关合作的研究，主要关注的是与某些类型的要素合作和合作对创新的影响，其侧重点并不在于对吸收能力和外资技术扩散效应的影响。显然，有关合作对吸收能力和技术扩散的影响，还有待进一步的深入研究。

谢一风等探索产业创新平台的开放式运作机理，实例分析发现：开放式运作模式下，产学研及客户、价值链的相关利益方甚至对手等的合作创新不但能节省创新成员间交易费用，而且强化了产业创新多个参与方的技术知识吸收能力，提高了产业技术扩散水平，促进了产业内部企业间和跨产业的技术溢出效应。

2. 相关实证研究

理论上的探讨必然激发经济学者进行实证方面的检验。21 世纪以来，诸多国内外学者研究股权比例对 FDI 技术外溢程度的影响，认为东道国政府限制外资股权政策的理论基础是合资项目有利于 FDI 技术外溢。当然，合资企业中东道国的股权份额对外资技术扩散效果的影响是针对 FDI 而言的。一般认为，东道国参与合资使得技术更容易溢出。东道国企业参与合作的程度越大，越有利于技术扩散活动进行，技术扩散越容易发生，先进技术越容易得到溢出。许多国家都对外国的股权份额给予了限制，强制 MNC 签订合资协议。然而面对这个限制，MNC 可以选择拒绝投资，也可以选择不将先进技术引入合资子公司。在利润激励面前，股权越大，跨国母公司越愿意转让先进技术，这扩大了潜在溢出的范围。但在实证上，Blomström 对印度尼西亚的研究表明，股权份额对技术溢出效果的影响不大。

大量的实证研究证明了股权比例与 FDI 技术外溢程度之间确实存在关联性。UNCTAD 指出，合资企业或并购企业比绿地投资更倾向于从东道国购买投入品，因为前者可以充分利用与当地供应商和合伙企业的关系，绿地投资为建立与当地供应商的联系而支付的成本多于前两种投资方式。来自日本投资者和在东欧、中欧投资的瑞典企业的经验证据支持上述观点。但 Blomstrom 和 Sjoholm 应用横截面数据对印度尼西亚公司的研究结果是，少数股权的合资项目与多数股权的合资项目相比，二者所产生的技术外溢没有显著的统计意义。而 Dimelis 和 Louri 应用横截面数据对希腊制造业的研究表明，外资少数股权项目的技术水平外溢强度大于多数股权项目；Javorcik 和 Spatareanu 应用 1998～2000 年期间罗马尼亚公司层面的一组不均衡面板数据，检验了 FDI 在全部股权项目与合作项目中技术外溢程度的差别，证实了部门间的技术外溢源于合资或并购项目，而不是绿地投资。这一研究结论与关于外国投资者更倾向于在独资子公司之间进行技术转移的观点相一致。至于垂直溢出，Javorcik 等研究表明，部分股权的合资项目对东道国上游产业供应商的生产效率有积极影响。Similarly 和 Javorcik 对立陶宛的研究表明，FDI 垂直技术溢出与合资项目有关，而与外国独资项目无关。

此外，研究表明，外国投资者的市场定位也可以影响 FDI 技术溢出程度。东道国国内市场取向的外国分支机构更倾向于在东道国采购，而国际市场取向的外国分支机构更倾向于全球采购。Javorcik 对立陶宛进行的相关研究发现，一些迹象表明，国内市场取向的 FDI 项目对东道国上游产业的供应商有较多的垂直溢出。

明宇等指出我国运动鞋生产企业自主研发能力不足，对现有技术的消化吸收及第二次创新的能力较弱；专利研发联盟及高绩效研发团队尚未构成，导致我国运动专利研发中技术创新扩散动力不足，形成我国运动鞋专利研发中发明专利过少，实用型新和外观设计专利过多，运动鞋专利研发的技术生命周期较短的格局。从明宇的研究中可以看出研发联盟促进扩散，即扩散动力来自合作创新。张令荣等指出在市场竞争逐渐转变为供应链之间竞争的背景下，为提高供应链的竞争能力，供应链节点企业间的合作必将不断深化，由此，在供应链内部发生技术溢出现象就成为必然。他们认为解析供应链技术溢出影响因素及其作用机制，对供应链管理研究具有重要意义；以大连市日资企业与本土企业构成的两组典型供应链为例，对不同阶段的技术溢出影响因素进行归纳，并应用自组织理论解析其作用机制，进而建立供应链技术溢出影响因素作用机制模型。

2.4 相关研究述评

相关文献对技术创新溢出效应存在与否，存在形式、大小等方面的实证研究相对较多，而对技术创新溢出的动因、路径、机制等理论总结相对较少；宏观层面特别是国际溢出的研究相对较多，而对中观层面和微观层面的创新溢出相对较少；溢出模型构建、变量完善和参数解释的关注相对较多而对研究结论的原因，特别是不存在溢出效应的原因解释严重不足，政策意涵和对策建议的挖掘也相对较少。

现有文献研究技术扩散对内资企业技术进步影响的路径很少，尤其是从外资和我国企业交互影响的角度对技术扩散效应的研究更少见，而这恰恰是技术扩散理论研究应着重考虑的。同时，现有的技术扩散视角下内外资企业间交互影响研究更多关注及考量扩散方与接受方彼此之间的单向影响，未能同步考虑并探讨双方的动态交互影响；或者只关注技术扩散中一方的授（受）行为或交易行为，却忽视了双方行为选择的依存性特征，缺乏针对他方的反应性行为及交互策略性行为的相关研究，更少顾及内外资企业交易合作行为在不同扩散路径及环境下的演化稳定性，而本研究采纳的演化博弈论恰好能弥补这一明显的研究缺陷；再次，已有研究多数在说明技术授受双方的行为特征，却很少去解释在技术扩散的不同时期双方是如何策略互动的（博弈关系特征），而这一点也是研究跨国技术扩散问题的关键所在，演化博弈论也完全能胜任解决这一问题；最后，虽然已有学者应用动态博弈的方法分析技术扩散，但是仍没有提出东道国在不同的研发投入条件下的均衡占优策略，尤其是当外资采取技术封锁时，采取怎样的合作方式实现非零和博弈关系。

因此，本研究从外资技术扩散视角对内外资企业间交易合作进行博弈模型的理论研究、实证研究与数值仿真研究，通过定性分析与定量分析，理论研究与实证研究相结合，对中国内资企业通过跨国交易合作吸收外资技术扩散效应进行评价，找出中国内资企业目前获取跨国技术外溢存在的问题，并提供可供参考的政策意见，使得本研究的内容更具有现实意义。

基于供应链关系合作的跨国技术外溢

3.1 MNC 国际生产体系

MNC 国际生产体系主要针对制造业，是指 MNC 控制下的国际价值增值活动的区位安排。国际生产体系也被称为“以世界为工厂”、“以各国为车间”的全球化经营模式。这意味着产品价值链中不同环节的分布不再局限于单个国家内，而是在全球范围内进行地理布局。从而生产的含义被拓宽了，所指的是广义的增值过程，而不仅仅局限于制造过程。在制造业领域，增值过程包括从研发、制造、销售到售后服务的各个环节；在服务业领域，增值过程更是贯穿于服务提供的全部阶段。

MNC 通过对外直接投资等股权形式以及外包、许可生产或销售等非股权形式，把生产环节转移到成本更低的发展中国家。中国凭借稳定、持续增长的经济，广阔、开放的市场，雄厚的制造业基础以及丰富而廉价的劳动力成为 MNC 生产环节的转移对象，被 MNC 纳入其国际生产体系。

3.2 MNC 国际生产体系的新发展

随着经济全球化进程不断加快，国际市场的竞争压力不断增加，MNC 国际生产体系开始出现新动向。MNC 把产品价值链在全球范围内进行地理布局，合理配置资源；通过外包业务，提高企业的灵活性，充分利用合同制造商的作用。

3.2.1 按照全球产品价值链进行资源配置

MNC 国际生产体系发展的趋势之一是走专业化道路，集中资源以加强核心能力。就像“微笑曲线”所显示的，如图 3-1 所示。

在产品价值链的技术开发、产品制造、市场营销三大环节中，上翘的两个“嘴角”利润最高，因此 MNC 注重抓两端：一端抓技术创新、技术标准的制定和推广、新产品的开发和升级；另一端抓产品销售渠道，注重品牌管理、市场营销、售后服务、客户关系管理等环节[243-245]。

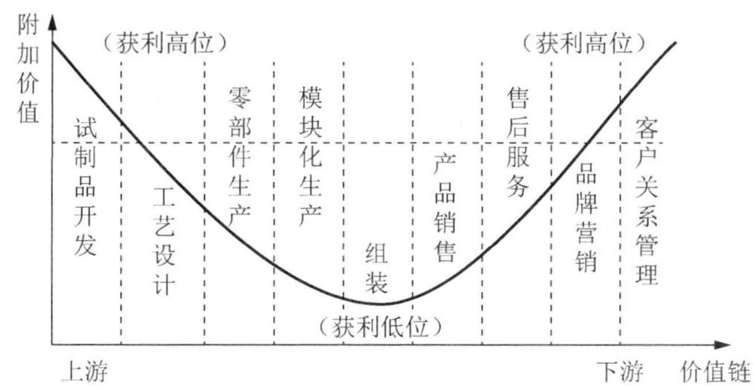

图 3-1 跨国制造公司的“微笑曲线”示意图

3.2.2 外包

外包是指企业只注重发展核心业务，把企业知识、技术等高增值部分控制在企业内部，把企业不擅长、没有优势的部分分包给有优势的企业。外包的实质是依据企业的核心能力，将企业重新定位，截取价值链中比较窄的部分，缩小经营范围，重新配置企业的各种资源，使企业通过专注于核心业务构筑自己的竞争优势，获得企业持续发展的能力。

值得一提的还有服务业外包，服务业外包推动服务业进入全球分工体系。在过去一段时间，中国吸收外资主要集中在制造业领域，服务业吸收外资仅占吸收外资总额的22%，明显低于全部国家65%和发达国家71%的水平，也明显低于发展中国家49%的水平。因此，“十三五”时期将是中国服务业改革与发展的重要时期，服务业尤其是现代服务业将成为外资加速进入的行业。

服务外包是指作为生产经营业的业主将服务流程以商业形式发包给境外服务提供者的经济活动，是近几年成长最快的服务业跨国转移方式。UNCTAD 估计，2005 年全球服务外包市场超过 3500 亿美元。其中发展最为普遍的有商务服务、计算机及相关服务、影视和文化服务、互联网相关服务、各类专业服务等。服务外包的迅速发展，使服务业这个传统上的“不可贸易行业”的性质发生变化，是服务业全球分工体系形成的重要载体。2003 年以来，大型 MNC 开始加速向我国转移这些岗位，进展很迅速[246]。在未来几年内，承接服务外包将成为我们吸收外资的重要新领域。对此，从外包中获取技术外溢效应，改变我国服务业从业人员的观念，提高我国企业的服务质量和水平也日益受到关注。

3.2.3 合同制造商不断发展

合同制造商是根据供货合同，为客户提供商品和服务的企业。合同制造商的兴起是近年来 MNC 国际生产体系发展的新趋势。与贴牌生产商相比，合同制造商的优势在于，它可同时为不同的客户提供产品和服务，因而具有较高的设备利用率和效率。合同制造商不仅拥有规模经济优势，而且具备相当的技术创新能力。在必要情况下，可为客户开发新产品，并承担与产品制造相关的其他业务，如物流和订购、产品的售后服务等。

3.3 MNC 基于供应链关系合作的技术外溢效应分析

MNC 基于供应链关系合作的技术外溢主要通过前后向联系的渠道来实现。MNC 在华直接投资的子公司会以供应商、顾客、合作伙伴等身份与当地企业建立业务联系网络。同样，随着全球化进程的加快，MNC 开始越来越多地直接与当地企业合作，将当地企业纳入 MNC 全球产业价值链中，当地企业通过与 MNC 的前后向关联得到技术。

后向联系主要是指由东道国当地厂商为 MNC 提供成品生产制造所需要的原材料、零部件或各种服务。通过后向联系可以形成溢出效应的有关“互补性活动”。后向关联可以体现国产化程度，随着国产化率的提高，大批国内企业会顺利地进入 MNC 的国际分工体系，从而使其生产经营方向同技术领先的 MNC 所引导的产业结构变动保持高度的相关性。MNC 与当地厂商合作，为了自身获得更大的利益，不得不帮助有潜力的供应商建立生产设施；为保证当地供应商的产品达到质量要求，MNC 还要提供改进质量和技术的帮助与信息；MNC 为了保证产品的质量，还要向当地供应商提供或帮助购买原材料的中间产品；提供培训并协助管理。MNC 与当地供应商的这种后向联系，帮助当地厂商获得先进的产品、技术及市场知识，从而很大程度上帮助和带动了本地企业技术水平的提高，形成技术外溢效应。

另外，作为零部件的生产供应商，当地企业不可能只向 MNC 提供产品，还要向同行业的国内其他企业提供产品，通过这一过程，国内其他企业便间接地获得了 MNC 的技术。这样，MNC 的技术在更广泛的范围内得到了扩散，从而使我国整体技术水平得到提高。

前向联系是指当地厂商为 MNC 提供的成品市场营销服务，半成品、零部件或原材料的再加工和各种服务。在前向联系过程中，当地企业通过购买并使用 MNC 高质量的产品，可以促进自身生产工艺和产品质量提高，经由售后服务和培训产生技术扩散。对于前向联系的研究相对后向联系较少，但前向联系的溢出在一些行业表现得十分重要。例如，随着外商对华投资力度的加大，以及在华研究中心的增多，国外先进的技术设备及机器零部件被引入中国。而这些大型技术设备的引进对国内相关技术设备维修及配套行业的发展起到了促进作用，提高了我国技术维修业的水平和档次，这是前向联系所带来的技术外溢的表现之一。前向联系有助于当地形成合理有效的生产体系，开发制成品市场，加快研发的进步。

3.4 授权贴牌生产与知识转移

OEM 和 ODM 同属于代工模式，是纳入 MNC 供应链的形式。在 OEM 和 ODM 中，都存在着技术扩散。通过技术转移和技术外溢，本土企业能够实现自主创新，从而使其与 MNC 并驾齐驱，成为具有一定的技术创新能力和国际竞争力的大型企业。

3.4.1 授权贴牌生产

OEM 从购买方来说就是外包生产，并以己方产品形式提供给市场的行为。从供给方的角度来说，就是按照对方要求生产对方品牌产品并由对方负责销售的交易形态。OEM 是我国企业纳入 MNC 全球生产体系的一个重要方式。

本地企业与 MNC 进行 OEM 生产合作可以分为两种形式：一种是标准化成品的 OEM。即本地企业按照 MNC 的标准生产，最后以成品交付，MNC 可以直接贴牌销售。这种合作形式多为本地企业直接出口给海外 MNC，是一种买断卖断的贸易行为，但双方可以建立长期的供求合作关系。另一种是标准化零部件配套生产。随着 MNC 在华投资的不断深入，采取浅度一体化分工战略的 MNC，为降低成本，迫切需要实行配套产品的国产化战略，这就给我国内资企业参与 MNC 全球生产体系，获取技术外溢效应提供了机会和条件。

3.4.2 贴牌生产中的知识转移

通过 OEM，购买方的销售渠道与供给方的制造优势一起构成了产品的整体优势，给双方都带来了实际利益。科技的飞速发展导致了产品生命周期的不断缩短，在新技术层出不穷的电子信息时代，MNC 为获取竞争优势而竞相加大了对新产品研究开发的巨额投资力度。为尽快将研发成果转化为商品而占领市场，它们仅对关键性部件设计生产，而将辅件以 OEM 方式外包出去。这样既缩短了生产周期，又节省了用于生产设备的大量资金投入，使企业在快速的市场响应方面保持良性循环，也使许多经营业绩良好的 MNC 有更多精力和资源用于品牌形象提升及营销渠道建设。

如此看来，作为购买方的 MNC 通过充分利用 OEM 方式获得了巨大的优势，而作为供给方，好像处于相对被动的地位，充当着为别人做嫁衣的角色。实际上，采用 OEM 方式，供给方同样有利可图，可以获得诸多优势，特别是获得 MNC 的技术外溢效应。供给方通过 OEM 能够学习外国的产品设计、先进的技术和管理经验。代工联系可以成为技术外溢的渠道、知识创造和能力开发的先遣军。在 OEM 中，外包商通常需要提供详细的技术图纸和技术支持，以便让代工商按照合同规定的指标和质量标准进行生产。还要经常派工程师帮助代工企业达到质量标准，这些支持能带来意会知识，实现技术外溢效应。

OEM 中的技术转移主要体现在生产技术和经营管理水平两个方面。

（1）在生产技术方面。本地企业在为 MNC 生产标准化产品或零部件时，MNC 往往会对供应商企业进行一定的技术转让与培训，但这种技术一般是通用性和标准化的，便于供给方掌握和利用，从而生产出满足购买方需要的产品。在这一过程中，虽然 MNC 的本意并不是直接帮扶供给方提升技术能力，但由于供给方是 MNC 全球产业价值链上的一部分，所以为了自身利益，MNC 不得不进行技术上的转移，供给方从而获得了外部性，也就是通过与外方合作，自身的技术水平和能力得到了提高，这样形成了技术外溢效应。这与许可证交易的直接交易形式不一样，许可证交易是直接的买卖行为，双方完全出于交易而非合作，所以许可证交易不能算作技术外溢效应。

（2）在经营管理水平方面，MNC 严格的质量控制和成本控制等方式间接地提升了本地企业的经营管理水平，这可以称为对本地企业管理系统和价值观念的间接转移。OEM 购买方在生产管理、市场营销、产品开发方面往往具备较强的实力。在这样的合作过程中，本地的供应商可以在产品质量控制、成本控制等经营管理上按照购买方的要求组织生产，以先进的组织控制，以及来自"干中学"的经验累积，迅速提高企业的管理水平，获得技术外溢优势。

此外，经过长时间的合作，本土企业还能从购买方学习到整合产业链中上游和下游分工关系的能力，为本土企业的发展壮大积蓄了人才、提供了基础。

3.5 自主设计生产与模仿创新

ODM 与 OEM 一样，同属于代工模式，不同的是 ODM 承担着经营生产和产品设计两个环节的代工业务，是 OEM 的更高层次。本土企业在 OEM 的基础上积累了较强的生产能力，技术水平和管理水平也得到了提升。此时，本土企业通过与当地的研发机构或高等院校合作，可以进入 MNC 产业价值链的中端，即针对某一特定市场产品或零部件进行适应性开发与设计，从而实现从 OEM 到 ODM 的升级。

本土企业在 ODM 阶段的设计研发中，其技术诀窍和技术基础依然依赖于 MNC，本土企业还无力独自承担创新工作。因此，与 MNC 的合作有助于本土企业从 MNC 获得技术外溢效应，形成和巩固创造性的模仿能力。本土企业一方面参与设计，学习对方的经验与方法；另一方面，企业通过代工生产，可以更全面、广泛地了解市场需求，推测需求发展趋势，从而指导自己的创新与研发。同时，代工生产还可以从用户需求中获取市场知识，根据需求调整设计，从而通过产品差异赢得竞争优势，有助于独立生产产品的市场竞争力的提高。

3.6 自主品牌制造与创新能力

自主品牌制造（own branding manufacturing，OBM）是面向消费者经营从产品研发与设计、制造到营销与分配和售后服务 4 个完整环节的自主品牌制造商。在这个阶段，企业在技术、管理与营销方面都有了很大的提高，具备一定的研究开发能力。

OBM 企业有能力把产品设计、制造、营销和零售集于一身或者在本公司控制的网络下，产品能以自主品牌销售。当企业发展到 OBM 阶段时，可以与 MNC 进行广泛的研究开发合作，建立平等意义上的技术联盟，在核心技术方面分享技术和信息，共同创新。此时，企业已经具备一定的国际竞争力，与 MNC 在产业内分工中也达到了协作和竞争的关系，而不再是单纯的技术上的依赖者。本地企业与 MNC 的关系从供应链关系向企业战略联盟发展，也就是 OBM 方式的合作。

3.7 从 OEM 到 OBM 的技术外溢效应

技术外溢效应贯穿于从 OEM 到 OBM 的始终。在 OEM 阶段，本土企业按照 MNC 的图样、设计和质量要求单纯进行外包生产，在产业价值链的最低端，因此获得的技术外溢效应的势能最大，从而在生产技术和管理水平上得到了全面的提升。进入到 ODM 阶段，本土企业在获得 OEM 阶段技术外溢效应的基础上，开始能够独立设计、制造产品，但此时依然是给 MNC 代工，还没有自主创新的能力，对 MNC 的技术、产品和市场都有一定的依赖性。此时的设计多来自于模仿创新，在设计、生产过程中，在生产中，依然可以获得技术外溢效应，提升自身的研发能力和管理水平。通过前两个阶段的积累，获得了 MNC 的技术外溢效应，企业发展到 OBM 阶段，具有了自主创新能力，与 MNC 的关系从供应链走向了企业战略联盟，在合作研发和市场竞争中，技术外溢效应在本土企业与 MNC 之间双向产生，互相影响，不断促进产业水平的整体提升。

目前，我国只是在生产制造环节上占有一定的优势，而在高附加值的研发、设计、销售等环节上几乎没有地位可言。因此，我国企业有必要融入全球价值链中，从中学习 MNC 的先进技术及经验，通过“干中学”丰富自己，完善我国在研发、设计等上游环节的不足，强化在销售、售后服务等下游环节的能力，逐步形成一批具有自主知识产权的产品及创新技术，稳步实现有效的结构升级，从而实现向价值链高端的有效提升。

基于供应链关系合作的技术外溢效应对于本土企业的发展具有十分重大的意义，充分抓住全球化的机遇，积极加入到 MNC 的全球供应链体系中，并不断向供应链的高端延伸，是本土企业发展的一个高效模式。充分利用 MNC 技术外溢效应，实现从 OEM 到 OBM 的升级，发展成为能与 MNC 并驾齐驱、具有一定的技术创新能力和国际竞争力的大型企业，是本土生产企业应该具有的战略方向和目标。在这条道路上，韩国、中国台湾等国家和地区的企业已经取得了成功的经验，中国的企业也已经开始起步并快速追赶，格兰仕集团、浙江温州的一些打火机厂商和制鞋厂商等都通过与 MNC 的合作，参与到 MNC 供应链体系，取得了跨越式发展的成绩。

在参加 2002 年联合年检的驻陕西省的 876 家 FDI 企业中，2001 年实现销售收入 170 亿元，纳税总额 16.32 亿元，另外，根据财政汇总决算报表的不完全统计，2001 年陕西省的 FDI 企业实际缴纳增值税 7.58 亿元，营业税 0.84 亿元，所得税 1.75 亿元，关税及其他税收 1.9 亿元，合计 12.07 亿元，约占当年地方财政总收入的 9%[247]。

以覆盖陕西省和甘肃省几大城市的关天经济区为例，FDI 大都集中在工业加工、医药、电子、能源等少数几个比较重要的产业。因此，从对经济增长贡献的角度来考察，FDI 对陕西省及甘肃省资本形成的实际贡献度大。在众多的外商投资企业中，经过多年的企业发展，一些外商投资企业已经成为关天经济区的纳税大户及本土化成功发展的典范企业，它们已经是内资企业与 MNC 合作的成功范例，也是外资技术扩散与内资研发投资良性交互的典范。如西安杨森制药有限公司自 1989 年投产以来，累计上缴 22 多亿元的税收，1992 年列中国十大人均高利税企业第 4 名，多次名列陕西省外商投资企业的纳税第一名。西古光纤光缆有限公司成立 16 年来，累计上缴税金 2 亿元，仅 2001 年就交税 3000 多万元。西安渭河发电有限公司主要从事电力生产和销售，截至 2001 年，累计实现销售收入 167 713.48 万元，纳税总额 29 446.43 万元，利润总额 46 740.72 万元，名列全国外商投资企业 500 强。西安西沃客车有限公司是西安飞机工业（集团）有限责任公司和世界 500 强企业之一的瑞典沃尔沃客车公司合资兴办，主要从事高档客车的生产，截至 2001 年，累计实现销售收入 56 581.71 万元，纳税总额 5689.99 万元，利润总额 4004.45 万元。

第4章 FDI的技术扩散

本章主要介绍FDI在中国的技术概况及技术扩散。FDI在中国的技术扩散在技术转移和技术外溢两方面都有体现。还特别阐述了FDI的技术外溢效应是通过竞争、示范与模仿、前后向联系、人力资本流动4种途径发挥作用的。本章着重分析R&D全球化与技术转移，介绍MNC在华设立研发机构的情况与研发机构的技术外溢效应。进一步地，分析了外资技术扩散对我国内资企业的积极影响和消极影响。

4.1 FDI在中国的技术概况与技术转移

4.1.1 外资企业在中国的技术概况

20世纪80年代，我国FDI以港、澳、台投资为主，而且是以中小项目为主。同期被认定为技术先进的企业只占2%，技术先进企业的投资额也只占总投资额的5%左右，外资的技术水平并不比国内企业高。但是20世纪90年代以来，大型MNC来华投资增长很快，随着全球市场竞争的加剧，FDI企业的技术水平也在竞相提高[248]。

对于FDI，很多时候给人的印象是在华建立生产企业，利用中国的廉价劳动力和原料资源生产低端产品，对于中国企业技术水平的提高和研发能力的增强没有太大的拉动作用。事实上，现在FDI在中国的技术水平已经很高，可以说走在了世界科技发展的前沿。很多世界500强企业都在中国建立了研发中心，这为我国获取MNC的技术扩散效应，提升技术创新能力和研发能力提供了有利条件。

2000～2001年，江小涓[249]对MNC 500强在中国北京、上海、深圳、苏州投资的127家企业进行了连续4年的面访调研，技术水平是调研的重要内容之一。通过对被调研企业的技术水平进行分析，主要结论如下：

（1）多数企业提供了母公司最先进和比较先进的产品和技术。当以外方母公司作参照时，外商投资企业使用的技术被划分为母公司最先进技术、比较先进技术和一般技术。结果发现1997年只有14%的企业给中国转移最新进的技术，50%使用的是比较先进的技术。还有约30%的MNC在中国使用淘汰的技术；2001年41%的企业在中国使用三年以内最先进的技术，真正在中国使用本土淘汰的产品和技术的只是14%；到2002年，已经没有一家在中国使用淘汰的技术了，60%使用的是最新先进的技术，40%使用的是比较新近的技术。这一调查说明随着MNC不断把新技术引入国内，我国从技术扩散中获益的空间越来越大，如图4-1所示。

（2）多数企业提供的先进技术填补了国内技术的空白。当以国内企业作为参照时，外商投资企业的技术被划分为填补国内空白技术、国内先进技术（指已有国内企业使用同类技术）和国内一般技术（指在国内已经不属于先进技术的技术）。被调研企业（127家）中，全部或部分使用国内空白技术的企业共 83 家，占样本企业的 65%；其余企业全部使用了国内先进水平的技术，共 44 家，占总样本的 35%；没有企业使用国内一般水平的技术。可以看出，外商投资企业对填补国内空白技术具有积极作用，如表 4-1 所示。

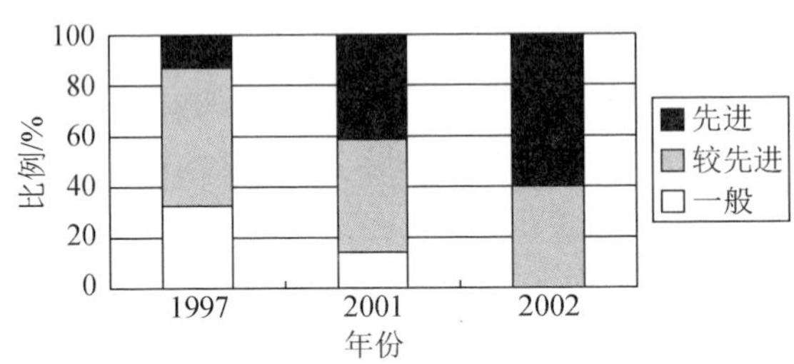

图 4-1　MNC 向我国转移先进技术的比例

表 4-1　大型 MNC 投资企业在国内的相对技术水平（样本数：127 家）

与国内企业相比	样本分布	
	企业数/家	占样本企业数的比例/%
使用填补国内空白技术	83	65
使用先进技术	44	35
使用国内一般技术	0	0

4.1.2　FDI 的技术转移

MNC 直接投资是技术转移的主要模式。随着国际投资和技术交易的持续发展，MNC 与中国企业所创立的合资企业在技术转移方面的作用越来越明显。而 MNC 进行技术转移的主要方式也是最有效的方式之一，就是创立合资企业。合资企业给组织间的学习提供了一个优良的平台。由于合资企业处于两国技术、管理、经验、文化等各不同方面的交汇点上，所以通过合资企业进行的技术交流就可能更加广泛和深入。

许多发展中国家更倾向于吸引 FDI，因为直接投资将更有效地转移技术知识和技能。而且，FDI 还可产生许多附加利益，如依靠购买技术所不能获得的出口渠道及品牌，可以快速、有效地进行技术升级，这对那些技术水平和创新能力较低的东道国企业来说是非常重要的。

在技术转移的过程中，技术转移方根据技术接受方所在国的技术知识产权保护程度和技术本身的性质，选择所要转移的技术类型，通过许可证、合资企业或设立分公司或全资子公司的方式将该技术知识转移到接受方。接受方对所接受的技术知识做出评价并反馈到转移方，从而完成了一项技术转移。

通过与 MNC 的合作，我国很多行业获得了巨大的技术转移效应，技术水平和研发能力得到了很大的提高，实现了 MNC 转移技术、获取市场份额与我国企业乃至行业的技术进步与升级的双赢。大连三洋制冷有限公司生产的使用溴化理作为冷媒的大型吸收式制冷机，是三洋在全世界领先的无污染大型制冷设备。我国从 1966 年开始研制这种空调设备，由于设计、原材料工艺等原因，始终未能从根本上解决腐蚀、冷量衰减和寿命短三大问题。三洋公司与大连冷冻厂合资共同生产这种制冷设备，是三洋公司第一次在日本以外转移技术进行生产。过去该公司只向欧美等国家销售过产品，从未向海外转移过技术。通过与三洋的合作，获得其技术转移，我国空调制冷行业的水平得到了很大程度的提高。

合肥荣事达公司是著名的家电厂家，其生产的洗衣机在国内有很大的知名度。1994 年 3 月，荣事达公司与三洋公司合作，合资建立合肥三洋洗衣机有限公司，生产新型洗衣机。这种人工智能模糊控制的全自动洗衣机是三洋公司 20 世纪 90 年代的新产品，应用了 90 年代国际最新技术，设置了超大不锈钢脱水桶、抗菌涡轮、自动洗涤剂指示器及人工智能模糊控制等先进装置。这些新装置加上新工艺，使该公司洗衣机品质上了档次。随着 MNC 的技术转移，我国在相关产品生产上的水平也得到提高，自主研发能力加强，之后通过技术外溢，本土家电企业也形成了欣欣向荣的局面。从实践来看，MNC 的投资项目规模大、技术起点高，对我们引进国外先进技术产生了一定的积极影响。通过与 MNC 进行合资，获得 MNC 的技术转移，我国企业引进了一批填补空白的先进技术、设备，在一定程度上带动了一些行业生产技术水平的提高和相关产业的升级换代。

4.2 FDI 在中国的技术外溢效应分析

除了可以获得双赢的 MNC 有意识的技术转移外，FDI 在中国的技术外溢效应也十分显著，并且技术外溢对于引导我国自主创新具有重要意义。FDI 的技术外溢效应主要通过示范与模仿作用、竞争、人员流动实现，也可以通过产业部门间的关联、企业间的前后向联系来实现。

4.2.1 示范与模仿效应

MNC 向其子公司转移的新产品与新技术对当地企业可以产生示范作用。MNC 先进的产品和技术受到广泛青睐，为了保持市场份额，当地企业纷纷模仿、研究 MNC 的先进产品和技术，提高自身的技术水平，在模仿的基础上进行创新，通过“示范—模仿—创新”的循环进行螺旋式上升，从而带动产业进步。

MNC 直接投资企业的存在有利于内资企业的近距离学习和模仿。从技术上，FDI 所带来的产品和技术，开阔了国内企业产品开发和生产的思路，国内企业可以了解这些产品的基本特性和设计方向等，通过引进技术、逆向工程等方式开发和生产类似的产品，并针对本土市场加以改进，提高自身技术能力。

MNC 在中国通信技术领域的直接投资，对我国信息通信技术（information and communications technology，ICT）产业的总体发展起到了示范作用。MNC 在中国的投资为国内电信运营企业提供了先进的设备，同时也创造了国内设备制造企业近距离学习其先进技术和市场运作模式的机会。一些有一定实力的本土企业利用 MNC 技术外溢的机会，将一般性的技术知识与本地的市场情况相结合，开发出针对中国本土市场的新产品；并学习外资企业的经营管理模式，建立起适合自己发展的商业战略，成功地进入了技术壁垒较高的电信设备领域。

通过对医药行业的访谈，我们了解到关于医药行业引进外资、获得技术扩散、技术外溢的一些实际情况。

中国医药行业第一家合资企业是 1981 年成立的天津大爆制药公司，生产输液用品。之后从 1981～1985 年，中国医药总公司又相继成立了西安杨森制药有限公司、上海施贵宝制药有限公司、无锡华锐制药有限公司和苏州胶囊有限公司 4 家合资企业。这些合资医药企业给中国医药行业带来了巨大影响与变革，对中国本土医药企业产生了显著的示范和模仿效应。在外资进入中国医药行业之前，我国的西药制剂水平十分落后，国内的链霉素、庆大霉素有伤肝和致聋的副作用，在国外早已兽用，而我国为了治疗肺结核、保住生命，却还在广泛使用。合资企业带来了不用皮试的头孢系列抗生素等先进的西药抗生素，极大地改善了我国人民的生活质量，同时将先进的制药技术和研发工艺带到了中国。还有胶囊及制剂技术，我国医药业在引进外资之前，一直在生产粉末的药粉西药，外资进入，合资企业的建立将胶囊技术等西药制剂技术带到了中国，让我们本土制药企业也认识并掌握了西药制剂技术。医药行业的一位资深人士感慨：改革开放 20 年如果没有医药 MNC 与我们的合资合作，我国的医药行业，要比美国落后 50～100 年。MNC 进入中国所引起的技术扩散，不仅提高了我国人民的生活质量，更给我国本土制药企业带了巨大的示范效应，中国企业对 MNC 先进技术的模仿全面提升了中国医药行业的水平。目前，中国国有和民营的制药企业在不断利用、吸收 MNC 技术扩散的同时，也在积极自主创新和独立研发，在艾滋病、癌症等病症的研究方面取得了骄人的成绩，这些与 MNC 进入中国的技术扩散密不可分。

4.2.2 竞争效应

MNC 以领先的技术、先进的形象进入东道国市场，分夺市场份额，必然引发激烈的市场竞争，竞争及竞争压力的存在迫使当地企业加大研发力度、提高技术水平，引进先进设备、积极学习积累、改善管理方法，从而提高劳动生产率，带动一轮技术水平的提高。竞争压迫虽然不是直接从 MNC 溢出技术，但却是 MNC 间接带动当地企业技术的进步，也是技术外溢的一个途径。

MNC 直接投资企业带来竞争，原先处于国内领先地位甚至垄断地位的企业为了保持市场竞争力，会加快技术研发的速度、力争提高技术水平、保住市场地位。MNC 竞争产生的压力，是促进我国通信设备、汽车、家电等诸多行业的内资企业不断提升技术水平的重要推动力。中国加入 WTO 已经 15 年了，顺利度过了 WTO 的过渡期，面对更加全面和深入的开放。随着金融、保险、电信服务，以及一些垄断行业对外开放程度的加深，这些行业被迫要提高效率、改进服务。MNC 直接投资所引发的市场竞争，为本土企业技术水平、服务质量的提高提供了动力，技术外溢效应也从而产生。

相应地，东道国技术水平的提升也给 MNC 的研发带来了压力。MNC 为了保持技术领先优势，就要加快研发速度，提高生产率，这样就形成了良性循环，在本土形成了良好的技术发展和进步的氛围，技术外溢效应也得以充分体现。

美国宝洁公司进入中国带来了高质量高技术含量的日化产品，同时也将先进的研发模式带到了中国，在中国培养了大量的日化类产品的研发人才。宝洁无疑是一个优秀的 MNC，宝洁进入中国的同时，也为中国培养了一批强劲的本土竞争对手。宝洁的进入，引起了激烈的市场竞争，中国很多本土日化企业面对 MNC，加快了研发和营销，技术水平、生产工艺和经营业绩在竞争中得到了很大的提高。目前中国市场上的本土护发产品，已经超过 1800 个品牌。面对中国本土企业以及老对手联合利华的竞争，宝洁也在压力下加快进行产品研发、品牌建设和人才培养。宝洁表示：市场上竞争越多，压力越大，越会促进自身不断进步，带来更多能够不断满足消费者需求的产品。没有竞争，生产者便会产生惰性，从而降低研发速度和水平，减少了更新更好产品的出现。宝洁进入中国，通过竞争效应，提升了我国本土日化产品的生产工艺和水平，形成了良好的技术发展和进步的氛围，体现出了技术外溢效应。

4.2.3 人力资本流动

人力资本流动是 MNC 技术外溢的一个主要途径。人员流动作为技术外溢的途径主要有有形流动和隐形流动两种方式。有形流动是指 MNC 与东道国合作，不可避免地要使用培养当地的管理人员、技术人员，这些员工离开 MNC，被当地企业雇佣或者自主创业时，会把获得的技术、营销、管理知识扩散出去，产生技术外溢效应。隐形流动指 MNC 内部的高级技术人才及高层管理人员与当地其他企业的相关人员在正式或非正式场合的信息交流，这种交流产生思想上的碰撞和启发，从而引领当地企业学习、进步、创新，就产生了技术外溢效应。

由于 MNC 十分注重对东道国员工的培训，很多 MNC 在我国各大城市建立了规模可观的培训中心，并十分注重从我国当地人才中通过实践和培训选拔人才。另外，目前国内企业环境、福利待遇不断改善，创业条件和相应政策也日趋完备，形成了有利于人才在企业之间流动的体制环境和政策环境，有助于更多的外企工作人员流入到国内企业或自主创业。这些人力资本在 MNC 获得的先进技术和管理经验也相应外溢出来，从而促进我国的产业升级和企业技术水平的提高。

在对中国台湾的一项研究中，Pack 发现，来自 MNC 的劳动者流向当地企业对台湾本地企业技术的发展起着至关重要的作用。在 MNC 受到过训练的管理者，在离开 MNC 之后，通常在当地创办企业，成为推动当地技术创新的重要力量。

一个典型的例子可以证明人力资源流动所带来的技术外溢效应对于整个行业的发展具有至关重要的作用。

20 世纪 80 年代以前，中国的制药行业，特别是西药制剂行业十分落后，药品生产效率低、效果差，买药难、吃药难是非常普遍的情况。

1985 年 10 月 22 日，西安杨森制药有限公司成立。这家由陕西省医药总公司、陕西省汉江药业股份有限公司、中国医药工业公司和中国医药对外贸易总公司与美国强生公司所属比利时杨森制药公司合资建立的现代化制药企业，把国际最先进的西药制剂技术和制药行业管理经验带到了中国。中国制药业也随着西安杨森公司引入的国际化生产标准和先进的管理理念而迅猛发展起来。

面对制药领域的人才空白，作为外资，不可能把所有的生产人员、技术人员、管理人员调到中国，因此只能开始对中方雇员进行最开放化的培训。每年西安杨森公司都会选派业绩斐然的员工前往世界各地的强生兄弟公司进行在职培训。截至目前，西安杨森的员工已在美国、加拿大、英国、比利时、澳大利亚、新加坡、墨西哥等国家接受过有关市场、销售、财务、人事、咨询管理等方面的实地培训，他们回国后把海外的所学运用到实际工作中。多年来，西安杨森公司培养了无数制药领域的人才，一些人才在离开杨森公司后把 MNC 最先进的管理方法和实用技术带到了我国本土的很多制药企业，一些人自己创立了民营制药企业，从而形成了现在我国西药制剂市场的繁荣局面，我国人民的医药卫生水平得到了质的提高。有人说，西安杨森公司是中国制药业人才输出的大本营；2005 年西安杨森公司荣获“2005CCTV 中国年度雇主”金奖，西安杨森公司人力资本流动所带来的技术外溢效应是巨大的，对于中国整个制药行业都具有深远的影响。

4.2.4 产业关联

MNC 基于供应链关系合作的技术外溢主要通过前后向联系的渠道来实现。这种前后向联系是本地企业加入到 MNC 全球产业价值链中，作为其中一个环节、作为独立的个体不断向高端发展。

对于 FDI，也可以通过产业关联而产生技术外溢效应，FDI 企业的技术外溢效应对东道国产业结构的变动具有一定的先导性作用。FDI 企业带动了这一产业部门技术水平、劳动生产率和生产规模的提高，相应地与该产业具有前后向关系的产业部门也会因此受到较强的牵引或推动，从而发生产业间的技术外溢效应。各个产业的特点不同，这种产业间的推动作用的大小和强弱也不同。当前，中国 FDI 的主要产业是制造业，“十二五”期间，我国成功抓住全球制造业结构调整和转移的机遇，吸收大量制造业 FDI，使我国初步成为世界重要生产基地之一。“十三五”规划中也提出先进制造、高新技术制造业仍然是我国吸引 FDI 的重点领域。而制造业恰恰是有利于产业间技术外溢的典型产业，为产业间技术外溢效应的产生和带动我国相关产业整体升级提供了重要契机。

一个大型企业的技术进步，会对为其提供零部件配套的相关联的中小企业技术水平的提高形成强大的推动作用，促进了配套产业的技术升级和技术创新。这种产业关联的技术外溢效应带来各个产业部门技术水平的提高，推动东道国产业结构向高级化方向演进。

以汽车行业为例，目前，我国已建立 5 个合资轿车生产基地：一汽奥迪和高尔夫、东风（东风日产、东风本田、东风雪铁龙和东风标致）、上海大众、北京切诺基和广州本田。近年来这些合资汽车生产企业的国产化率明显提高，如上海大众汽车有限公司生产的桑塔纳基本型轿车，其国产化率已达到 88.56%，天津汽车工业有限公司生产的夏利 7100 轿车，其国产化率达到 89.23%，而中国重型汽车集团公司生产的斯太尔轿车，国产化率则达到 93.44%；北京吉普有 150 多个工厂直接与其配套，上海大众有 170 多个协作厂[250]。

近年来，我国汽车产业却存在一种让人担忧的现象，一方面各主要厂商标榜自己汽车产品的高国产化率，例如，目前公布的数据多数国产化率达到 60%～80%，有的甚至超过 90%（表 4-2）；另一方面多数自主品牌轿车在核心部件，如发动机和变速箱上面仍然全部或部分采用进口，或者只是对国外产品加以改进。例如，奥迪虽然标榜国产化率达到 90%，实际上其发动机基本上是进口零部件组装而成，变速器也是由德国生产的。事实上，自主品牌汽车在核心部件的技术掌握上并未达到真正的国产化[251]。因此，我国内资汽车企业通过与这些汽车合资企业或国外汽车企业的关联，使得我国汽车行业的整体水平有所提高。

表 4-2　2011 年国内主要汽车厂商的国产化率

厂商	广州本田	一汽丰田	上海大众	一汽大众	东风日产	东风本田	北京现代	奇瑞
代表车型	雅阁	卡罗拉	朗逸	奥迪	骐达	思域	悦动	旗云
国产化率/%	90	80	95	90	60	72	91	80

江小涓[252]也对 MNC 及其在华投资企业技术扩散作用的主要途径进行了研究和总结。根据 FDI 在中国发展的实际情况提出了技术外溢的几个途径，如表 4-3 所示。

表 4-3　MNC 及其在华投资企业技术扩散作用的主要途径

技术外溢的类型	具体的外溢途径	典型表现
人力资本的外溢效应	人才流动	掌握技术的人才从外资企业流向本土企业
	人才培训	外资企业对其员工的培训，为相关行业人力资源的行为准则和准入水平提供了基础
示范效应	产品和技术示范	外资企业提供的新产品为本土企业提供了学习和跟进的机会
	管理示范	外资企业的管理能力被本土企业观察和模仿
	产品开发导向效应	本土企业可以观察和模仿外资企业新产品的技术和市场导向，提升对技术和市场的理解能力
	技术交流	外资企业通过技术研讨、技术培训等方式，与本土企业进行技术交流
竞争效应	技术竞争	外资企业先进产品和技术对本土企业造成压力，迫使本土企业加快新产品、新技术的开发
	成本和管理竞争	迫于竞争压力，本土企业加快处置冗员、改变非经济目标等长期存在的问题
合作效应	分享对方优势	外资企业与本土企业合资合作，分享对方的优势，例如外资企业的技术和本土企业的市场渠道的结合，共同开发新产品等
	产品配套	当地企业为外资企业产品配套，并获得技术指导、品质控制和市场渠道等多种益处

续表

技术外溢的类型	具体的外溢途径	典型表现
技术应用效应	产品配套	外资企业为本土企业提供高水平的配套零部件，提升本土企业产品的技术水平
市场开拓效应	开拓新市场	外资企业率先开拓出一个新产品市场，本土企业在开发出新产品后可以节省市场开拓费用

4.3 案例分析：泛亚汽车技术中心有限公司

1997 年 6 月 12 日，通用汽车中国公司与上海汽车工业（集团）总公司双方共同投资 6900 万美元，双方各占 50%，共同组建了中国第一家中外合资汽车设计开发中心——泛亚汽车技术中心有限公司（Pan Asia Technical Automotive Center，简称 PATAC）。

2004 年 6 月，通用汽车宣布向上海泛亚汽车技术中心再注资 21 亿元。本着“成为中国领先的世界级汽车设计、开发和试验服务公司”的目标，泛亚将通用汽车的先进技术和专业管理能力，与上汽对中国国内市场的充分了解和丰富经验完美结合，为母公司、中国及亚太地区的其他汽车制造商提供世界级的汽车工程服务。2003 年 5 月，泛亚汽车技术中心与上海通用汽车在各自保持独立法人的前提下进行了资源整合，负责上海通用所有车型的工程开发，同时承担上汽集团的部分自主开发工作、通用中国的相关工程任务，以及上汽通用五菱的重大产品工程项目。虽然通用汽车公司与中国公司合作建立泛亚技术中心更多地从自身利益角度考虑，但客观上由于技术外溢的存在，对中国汽车工业的发展起到了一定的促进作用。

泛亚汽车的产品开发流程已高度电子化，采用业内先进的软件进行计算机辅助造型（CAS）、计算机辅助工程（CAE）及计算机辅助设计（CAD）。通过最新采用的全球高速数据管理系统 TcAE，使得泛亚能与通用汽车全球公司在同一平台上，实现同步开发。先进的设备和流程为我国本土汽车制造企业的自主研发提供了模板和参考。

在人力资源方面，泛亚注重人才的培养和储备。1997 年泛亚刚成立时只有 200 多人，发展到现在已经拥有 1000 多位工程师，其中博士占 4%，硕士占 26%，学士占 55%；泛亚拥有一支近千人的员工队伍，其中博士占 4%，硕士占 31%，学士占 51%。除了专业基础培训，轮岗培训和学历教育外，公司大部分技术人员都曾赴通用汽车公司驻澳大利亚、德国和美国的工程设计中心接受系统培训，来自海外的长期短期工程专家也为泛亚带来了全新的设计理念及系统化的运作方式。这些优秀的专业人才活跃在我国的汽车制造领域，他们把通用汽车公司的技术、理念和经验带到了我国各个汽车制造企业，尤其对民营汽车制造企业的自主研发与创新起到了重要的作用。吉利、奇瑞、比亚迪、长城、中兴、华普等本土的“民族”汽车企业中都活跃着来自泛亚的工程师和技术人员。

在过去的 8 年中，在泛亚汽车技术中心，通用汽车公司先进的技术、设备、理念和管理经验通过示范与模仿、竞争、人力资本流动等渠道外溢出来，对中国的汽车的自主研发与创新具有重要意义。

泛亚一直以来珍惜通用汽车公司带来的先进技术，注重消化和吸收，逐渐培养了一定的自主研发能力。MNC 的技术外溢效应对我国产业进步的促进已经越来越明显地表现出来。2002 年 12 月君威下线，标志着泛亚首次承担中高级轿车的改型工作获得成功。泛亚动力总部完成别克 2.0L 手动变速箱四缸发动机开发任务。研发实施逆向工程，参与了分发动机、内饰和外饰 3 个分项目组完成全车 10 个大项（包括总布置、动力总成、底盘/动力总成集成、内饰、外饰、电器、空调/发动机冷却系统、计算机模拟分析、整车认证、制造工程）、38 个子项的全新设计或改进，以及试验、试制直到上市支持的整个过程。泛亚约 120 名工程师参与了该项目，投入约 41 200 个工作日，新开发零件 600 余个，占所有零件的 35%；并涉及国内配套厂 100 余家、国外配套厂 20 余家。2004 年，“别克君威系列轿车开发项目”获得了中国汽车工业科技进步一等奖[253]。

2004 年 12 月，泛亚虚拟现实中心投入使用。2005 年 2 月，上海通用汽车推出雪佛兰品牌轿车——新“赛欧”和“景程”发布。泛亚承担了新“赛欧”轿车的设计、工程、认证和“景程”的本地化工作。2005 年 4 月，由泛亚主导开发的全新 GL8 陆尊在上海发布。2005 年泛亚已经具备国际水平整车工程开发能力。2006 年 5 月，泛亚噪声振动实验室建成并投入使用。它是目前国内最大，功能最为完备的汽车噪声振动实验室。2006 年 11 月，由泛亚主导开发的凯迪拉克 SLS 和五菱鸿途相继发布。2007 年 3 月，泛亚参与开发的新景程发布。2007 年 4 月 20 日，由泛亚设计开发完成的别克未来概念车在上海车展上举行了隆重的全球首发式。2007 年泛亚已经具备全新车型开发能力。2008 年 11 月，泛亚参与开发的别克新君威和新君越——双君组合，开发成功投放市场并取得骄人销量。在中国的中级车市场掀起的新一轮的竞争。2009 年 4 月，泛亚参与开发和引进的雪佛兰科鲁兹完成开发并成功投放市场，成就了月销量过万的辉煌。2010 年 1 月，完全由泛亚自主开发的全民家轿——新“赛欧”完成开发并投放市场成功，标志着泛亚汽车已经具备整车开发和试验认证能力。

泛亚的目标是成为中国领先的世界级汽车设计、开发和试验服务公司，为通用汽车、上汽集团及它们在华的投资公司提供服务，并负责上海通用的工程开发。

泛亚所取得的成绩，不仅仅是依托通用汽车公司先进的技术、设备和管理而得来的，还要归功于泛亚成熟、优秀的工程师、设计师等高水平人力资源，这些本土员工的成长、成熟为技术外溢提供了良好的渠道，正是 MNC 的技术外溢效应辅助了我国的自主研发和创新。

4.4 研发全球化与技术扩散

随着经济全球化的快速发展，MNC 在全球经济中占据了举足轻重的地位，它的产生和发展使资源在全球范围内得以有效地配置。近年来，越来越多的 MNC 开始选择投资我国，其在发展的过程中的技术扩散对我国内资企业的推动力也越来越大，内资企业如何利用 MNC 的技术扩散来提升自己的技术水平也值得关注。

4.4.1　MNC 在中国设立研发中心的现状

研发是 MNC 的核心职能之一，也是 MNC 获取全球竞争优势的主要来源。MNC 研发全球化是世界经济向知识经济发展中出现的新现象，也是 MNC 在经济全球化和企业竞争日益激烈中的必然发展趋势。自 20 世纪 80 年代中期以来，伴随着知识经济的发展和经济全球化的不断深化，MNC 为了适应更为激烈的全球市场竞争，一改过去仅将研发机构集中在母国或少数专业市场的做法，开始加大对外研发投资力度，在全球范围内组建自己的研发网络，出现了“研发全球化”的倾向。进入新世纪以后，随着经济全球化的不断深入发展，MNC 研发全球化的趋势更为明显。随着 MNC 研发全球化的发展，我国正逐步被纳入其全球研发网络。在华设立机构，是 MNC 在华直接投资战略从一般的市场战略、资源战略到全球战略，从传统的自然资源战略到技术人才战略演进的必然产物。

近年来随着我国经济的持续增长，MNC 越来越看好我国广阔的市场，加之我国有着丰富的高素质人力资源以及政府对 MNC 研发的优惠政策，越来越多的 MNC 开始在中国设立研发机构。1990 年，美国惠普公司在中国设立了第一家 MNC 在华的研发机构，1994 年后，MNC 在华设立研发机构的步伐逐步加快，1994 年 2 家，1995 年 3 家，1996 年 4 家。从 1997 年起，MNC 在华设立研究开发机构进入高潮[254]。1998 年，微软在北京投资 8000 万美元设立微软中国研究院；INTEL 投资 5000 万美元兴建 INTEL 中国研究中心；朗讯、IBM、通用汽车、杜邦、爱立信、松下、诺基亚等著名 MNC 都已经在北京和上海相继建立独立的研发机构。截至 2004 年 3 月，MNC500 强中有 400 家在华投资了 2000 多个项目，已建立了 100 多个研发中心，有 40 多个形成较大规模，主要分布在北京、上海、广州和深圳。截至 2006 年 10 月，外商在华设立研发中心的数量达到了历史纪录的 980 家。截至 2010 年 3 月，MNC 在华研发中心的投资总额高达 128 亿美元，注册资本 74 亿美元，这些在华设立研发机构既有从事自然科学基础研究的，也有进行应用实验和研发成果转让的，涉足计算机、通信、软件、机械、汽车、交通、化工、生物医药等诸多技术密集型行业，而且外商投资研发中心的基础型本地化研究所占比重有所上升；更值得关注的是，目前在华的外资企业已成为中国研发创新活动的重要组成部分，影响着国家创新体系和区域创新体系，据统计，2008 年外商投资企业占我国大中型工业企业研发经费支出的比重，由 2002 年的 19.7%上升至 27.2%（年均增长 21.2%），拥有的发明专利数占全国的 29%，新产品的开发经费、销售收入和出口额分别占全国的 31%、41%和 60%[16]。

4.4.2　MNC 在中国设立研发中心的技术外溢效应

MNC 在中国设立研发机构主要体现了两个特点：一是研发投入大，且 MNC 一旦建立研发中心，MNC 的投入会呈持续增长趋势。MNC 在海外建立研发中心是经过严密、谨慎的战略规划和布局的，会把研发机构作为其全球发展的后台和支撑点，因此必然会投入大量资本进行研发。二是MNC研发中心的研究人员多数来自中国，是我国优秀技术人才的集中地。一项对19家MNC在北京研发机构的调查表明在MNC投资的研究开发中心中，来自中国大陆的研究开发人员平均占95.1%。一些著名MNC投资的研发中心，如北京三星通信技术研究有限公司、微软中国研究开发中心、摩托罗拉中国研究院、朗讯科技中国有限公司贝尔实验室的研究开发人员几乎全部来自中国大陆[255]。

MNC在华建立研发中心的这两个特点为其技术外溢提供了条件。首先，MNC对其所设立研发机构的高投入为维持和发展研发质量，以及高水平研发成果的产生提供了保障。MNC在华研发投资弥补了中国研发投资的不足。从国家层面上看，2001年经合组织30个成员国研究与开发经费支出占总产值的比重为2.3%。就单个成员国而言，瑞典为4.3%，美国为2.8%，英国为1.9%，韩国为2.0%，中国为0.6%～0.7%，仅相当于发展中国家平均水平。我国基础研究经费在研发支出中的比例，近年来只有6%～7%的水平，大大低于德国、法国的20%和美国、英国、日本等国的15%左右的水平[256]。MNC在华研发投资扩大了中国研发资金来源，弥补了国内研发资金缺口。这样，为我国接触、了解国际最先进的技术提供了可能。通过技术外溢的渠道，优质、前沿的技术可以渗透出MNC，带动我国企业技术水平的提升，为自主创新提供了参考和启发。

其次，MNC研发中心的研究人员大多来自中国，在MNC研发中心的工作实践及相关培训大大提升了这些人力资本的价值。MNC在华研发机构有着优越的研发环境和诱人的薪金水平，设立在中国本土的研发中心不仅能够抑制中国科技人才的外流，而且能够吸引海外中国留学生和华人学者回国从事科研工作，从而在一定程度上留住并培养了我国的研发和管理人才。此外，中国科技人员基础好但缺乏面向市场的能力，通过MNC的市场化培训开阔了视野，得到了锻炼，在给其带来丰硕成果的同时也改善了中国科技人员的市场化素质。同时，MNC研发中心的人员淘汰率是很高的，尤其是一些高新技术产业，需要不断注入年轻的、有创造力和创新性的新人进入。因此，一些研发中心的老员工就会流失到我国企业，从而使MNC的技术、经验渗透出来。

另外，MNC研发中心还为我国带来了先进的科研开发组织管理模式。MNC在华R&D机构的R&D活动是相对开放的，能直接把先进技术和研发管理经验带进中国。通过与我国大学、科研机构及企业的合作R&D活动，MNC带来了世界最新技术和先进的知识管理、创新管理方法，缩短中国与国际先进科技的差距，促进中国R&D管理水平的提高。因此，MNC研发中心所产生的效益不仅仅是一些创新产品，更重要的是对我国产业结构调整、生产方式的转变，以及企业创新体制的建立等方面的无形作用。这些都是MNC研发中心所带来的技术外溢效应。

4.5 FDI环境下外资技术扩散对我国内资企业的影响

MNC是世界先进技术的主要载体，当今世界90%以上的先进技术都是由规模和资金雄厚的大型MNC持有的。MNC在我国进行投资的东西部区域差异化程度很大，它们不但偏好于投资人力资源、技术资源和研发资本存量丰富且地区经济水平较高的我国东中部地区，而且目前来看，越来越多的MNC也开始愿意投资于自然资源和人力资源较为丰富的西部地区，例如2009年6月由国务院正式批准设立的国家级经济区——关天经济区，该经济区的FDI发展迅速，目前已具备相当大的规模。

MNC无论选择投资东中部，还是投资西部省份的各大经济技术开发区，都会为当地企业带来挑战，也同时带来了巨大的发展机遇，最大的特点就是外商投资企业的进入，其先进技术会自觉不自觉地向外扩散，也就给我国诸多高新区或大量内资企业带来技术的溢出效应，其技术溢出会促进本地经济的发展；在外资流入的地区，我国当地企业不断地通过学习积累了外资企业先进的技术和管理经验，从而内资企业技术能力有了显著的提高，技术水平得到发展。

但是如果本地企业不能积极地吸收外资企业技术扩散带来的溢出效应，就会带来一些消极的影响。下面就从正面和负面两方面专门分析外资对我国本土企业技术能力提升或对内资企业研发投入的客观影响。

4.5.1 积极的影响

外资对中国本土企业技术能力提升的有利影响，主要体现在技术溢出方面。技术溢出效应指外资所具有的产品技术、管理技术和研发能力向东道国企业扩散的效应，外资公司对中国的技术溢出主要表现在以下几个方面。

1. 通过配套实现并加速技术溢出

外商投资企业在国内经济技术开发区的建立，必然会与经济区的上下游企业产生一种长期稳定的供需联系，也就是前向关联和后向关联。这种长期的关系要求其合作伙伴能为MNC子公司提供满足要求的原材料、零件及和通畅的产品销售渠道。

在前向联系中，通过MNC子公司向经济区当地客户企业出售中间品，使得当地企业无意中使用了国外的先进技术；同时，MNC在华子公司与我国高新技术经济开发区下游客户企业会保持极为密切的交易合作关系，这样一来，作为MNC子公司客户，我国内资企业就有可能从MNC子公司先进的产品、工序技术或市场知识中“搭便车”，免费获取MNC子公司的一整套先进技术和管理经验，于是就发生了FDI的技术溢出效应。

比之前向联系，MNC子公司与我国当地供应商的后向联系是FDI产生技术溢出的主要方式。MNC会为改善本土上游合作伙伴的产品质量或促进其创新活动提供技术帮助或信息服务；提供或帮助我国内资供应商购买优质原材料和技术含量更高的中间产品；帮助内资供应商建立生产性设施；提供组织管理上的培训和帮助；通过发掘新客户帮助供应商从事多样化经营。

MNC 与国内潜在的供应商和销售商之间大量的咨询、培训，会加速经济开发区内资企业的竞争力，提升本地企业的技术和市场的竞争力，促进 MNC 高水平的技术扩散，会增加当地的知识资本存量，由此提高当地的劳动生产率，最终提高内资企业的整体技术水平。

总之，重点流入 145 家国家级高新区的外资能极大程度上促进本土的供应商或客户企业生产能力、技术能力和经营能力的提高，也使本土资源得到更有效的配置。

一项针对北京经济技术开发区外资企业的调查显示，在原料及零部件供应上，国内配套企业的供应率相当于样本企业的 71.78%。

2. 技术示范效应

一方面，具有竞争力的 MNC 进入我国各大经济开发区，会投入巨额资金，建立子公司，为经济区的同行企业带来了巨大的竞争压力和挑战；另一方面，FDI 也会带来国外先进的技术和管理经验、生产线、研发中心等，其技术扩散所带来的溢出效应就包括示范效应，也就是说，在技术溢出方面，在 MNC 子公司内采用的新知识、管理、会计核算、市场技巧或生产线的再组织等可能会对我国经济区的当地同行竞争者产生一种免费的示范效应，我国内资企业通过逆向工程、技术模仿和竞争等手段，积极地学习吸收 MNC 子公司的新产品技术和工艺技术，并通过“干中学”进行能力和经验的积累，提高自身的生产效率。

例如，自金融危机爆发以来，西安高新区的外资企业不仅没有缩减投资，反而有 20 多家外资企业将其欧美地区的生产线或研发中心搬迁到了西安高新区。世界 500 强企业库柏公司关闭丹麦生产厂，将生产线搬迁到高新区，艾尔希 • 庆华（ARC Qing Hua）2008 年从意大利搬来 1 条生产线，2010 年搬来 2 条生产线。目前，国内外 100 多个大型企业纷纷将其总部安排在关天经济区，特别是西安的高新区，众多 MNC 将其全球研发中心、技术服务中心、后台支持中心等放在西安高新区，研发机构呈现出规模大、水平高、辐射广的特征。

这些外资活动所产生的示范效应都推动着我国经济区内资企业潜在的后发优势，提高了该区域对资源要素的合理运用，加速着国内经济区的各产业经济的发展，减少我国内资企业与 MNC 的技术经济差距，对促进国家创新发展战略和我国社会经济的和谐发展具有非常重要的意义。

3. 加强技术教育和人力资本流动

MNC 的经营理念和商业模式是行业内领先的，它们在我国经济区进行投资或进入本土经济开发区以后，为实施本土化运营战略将会大量地雇佣本地的劳动力，设置一系列的人员培训计划。外商投资企业主要是让雇员通过直接参加生产过程来学习外商投资企业所拥有的生产技术、经营方法和管理诀窍。对雇佣的员工不同层次、不同方面的培训会为我国各地的经济开发区培养一批高素质的技术人才，特别是高新技术行业和战略性新兴产业的人才，提高我国的人力资本整体水平。而市场上人才流动特别频繁，人才所拥有的知识、技能就从一个企业转移到了另外一个企业，掌握外商企业生产技术或经营方法的当地雇员可以把技术转移到本土企业或自己的创业活动中。因此，外资企业加入国内高新技术产业开发区或重要经济区，促进了技术知识在当地的传播，提高了经济区的外资技术扩散的水平，促进了经济区内资企业的技术创新水平和生产力的提高。

MNC 还十分擅长培养和发展管理人员的管理技能，经过一段时间，部分经过培训的管理人员加入其他类型的内资企业工作从而将使这种技能得以扩散开来，体现为对我国本地企业产生了 FDI 溢出效应。另外，MNC 在国内经济区的不断投资，也加大了各方面人才往各地经济区流动的动力，更多科技人员不断地聚集到经济开发区，也为该区域经济的增长起到关键的作用和强劲的动力。

4. 提高了我国内资企业的技术吸收能力

为了垄断技术比较优势，MNC 不希望发生技术溢出，但是，MNC 为了进一步增强其市场竞争力，又希望将有关技术转移给其在经济区当地其他行业的供应商以降低产品成本和提高产品质量。

同时，近几年我国各地经济区的快速发展使得经济区企业的技术、盈利能力不断提高，也逐渐使其有能力购买 MNC 转让的技术，可以在短时间内填补国内经济开发区内资企业空白的技术、工艺和设备，同时国内经济区良好的工业、科学技术基础也使得经济区的内资企业有更强大的学习能力去吸收这些先进的科学技术知识，促进生产率水平的提高，推动国内经济开发区的稳健发展。

5. 研发当地化

由于各地区的风俗习惯、生活习俗不同，MNC 在进行产品的研发过程中，更倾向于与国内经济开发区的骨干企业、院校进行合作研发，以使其产品当地化，这样，在研发过程中，研发各方会共同分享产品生产流程、新工艺的生产技术等知识，产生较强的技术扩散溢出效应，大大提高了国内经济区内资企业的研发水平。

而且，当面临外资公司的竞争时，原来处于行业领先地位的国内经济区本土科技型企业为了保持竞争力，必然会加快技术开发的速度。

6. 外资间的竞争促进外资企业在华技术溢出效应

一方面，随全球市场竞争日益加剧，新技术应用于生产的周期越来越短，这迫使外资公司急于在全球范围内寻找可榨取“成熟期技术”残值的场所。加入 WTO 后，中国消费市场的开放为外资公司延长产品技术的生命周期提供了有利条件，缓解了新产品替代的压力，外资公司纷纷加大对华技术转移。另一方面，随着中国经济的发展，消费市场日趋庞大，尤其在加入 WTO 后，消费市场这块巨大的“蛋糕”对外资而言越发触手可及。抢占市场、扩大市场份额成为外资对华技术转移的新动力，先进的技术成为其快速占领这一目标市场的手段。外资公司都努力开发适合东方消费者偏好的产品，形成外资公司之间激烈的技术竞争态势。以汽车行业为例，通用汽车进入中国时，面临大众公司在中国市场的战略布局和寡头地位，为了挑战大众公司，通用汽车开创了“技术换市场”的模式。通用汽车 1995 年在上海的合资项目中有关对华技术转移的让步曾被国际同行认为代价高昂，并被斥为“背叛”，而通用汽车恰恰是基于此而在中国汽车市场建立了不同于先行者大众公司的战略优势，在中国市场保持巨大的业务规模，市场份额仅低于大众汽车公司。截至 2004 年，通用占中国汽车市场份额的 19%。2015 年通用汽车中国销量创 361.2 万辆新高，已经超越大众 354.9 万辆的销售量，击败大众，夺得 2015 年跨国车企的中国销量桂冠，中国也一跃成为通用汽车公司最大的终端市场。

通用汽车在中国的发展绝非短期套利，其新项目的发展计划，涉及汽车核心设计研发设施新建、新产品规划、汽车金融服务技术开发等多项领域，投资总额超过 30 亿美元。

客观总结外资对我国内资企业技术能力的影响：一方面，外资公司会抑制本土企业的技术创新，强化我国内资企业对外资公司的技术依赖，争夺稀缺的物质和人力资源等，外资公司还会采取各种手段实行严格的技术控制，限制我国内资企业的研发活动，分解我国内资企业的研发队伍，以维持其技术领先地位；另一方面，外资的大量进入，不可避免地发生技术溢出效应，尤其为了争夺区域性乃至全国巨大的消费市场，会促使外资方加大在华技术转移的力度。总的来看，外资对我国内资企业技术能力的提升主要体现在获取技术环节，而实际上，外资对核心知识的封锁是市场竞争的必然选择，我们不能希望外资主动帮助丰富我国本土企业的技术库，对于技术库的知识累积，更多地只能依靠我国内资企业自身的持续努力。

4.5.2 消极的影响

1. 技术转让水平偏低

OEM 曾被认为是一种技术获取的廉价渠道，日韩许多企业从美国发包商学到一些重要的技术和营销技能。我国内资企业的 OEM 却不容乐观，外资公司利用中国劳动力的总量和成本优势，在中国主要从事最终产品的加工组装，而内资企业在加工组装中所需的关键零部件仍大量依靠进口。外资企业对我国本土企业的技术转让水平偏低，本土企业获取的转移技术更多的是采用打包方式的有形技术产品的技术引进。2001 年，关键设备与成套设备合同成交额仍为中国技术引进方式的第一位；2007 年关键设备、成套设备、生产线引进数量高达 246，引进金额高达 66.32 亿美元，同比增长 131.2%，占比中国所有技术引进方式总金额的 26.1%。这种方式无法获得伴随设备产品的技术知识的细节，对企业技术库的知识累积的增量贡献不大，许多企业只是停留在机器的使用及简单维修阶段。正如格兰仕副总经理俞尧易所说，中国家电企业根本没有自己的技术，微波炉行业完全靠拼装组装，唯一有点技术含量的磁控管，技术也是掌握在日本人手里。

2. 技术获取和利用的高成本

高成本是指国外技术获得和使用的成本高，这一方面是因为部分外资具有某些专有技术，刻意提高技术转让的价格或者是提高技术转让的条件，例如，法国米西林公司在向中国转让轮胎制造技术上就提出了十分苛刻的条件，索取高额的技术转让费。同时，某些外商故意向中国输出高污染的生产技术，提高了技术利用的成本。

3. 外资企业挤占了内资企业拥有的有限的创新资源和科研人才

目前，在外资公司对我国科技人才的争夺不断升级。外资研发机构工作的专业人才中，中国本土的科技人才占了90%以上。一些外资公司通过在中国著名高校设立奖学金或及早签约的方式，提前将优秀人才招致麾下，增加人才储备，拉大了与中国内资企业在人才竞争方面的差距。在人才获取方面，MNC 还会以提供高薪、高福利、职位空间为理由挖掘本地企业的一些高级员工。我国内资企业尤其是中小民营企业由于内在的一些原因，很难提供高薪、高诱惑条件挖掘外资企业的技术人员。这样一来内资企业中仅有的一些高科技人员跳槽至外资企业，就会对原来的企业带来巨大的冲击，不仅没有获得外资企业的高新技术，反而让持有本企业技术的知识员工流失到外资企业，有可能泄露本国的一些机密文件，进一步削弱了我国当地企业的竞争力。

4. FDI 的技术锁定效应

外资公司进入中国市场的模式主要有外商独资企业、中外合资企业和中外合作企业。1998 年之前，合资企业是 MNC 进入中国的主要模式。可是到了 2002 年，独资形式已成为外资公司进入中国的主流模式。独资形式有利于外资实现“技术锁定”战略。具有先进技术的外资公司利用其技术垄断优势和内部化优势在技术设计、生产工艺、包装广告及营销网络等环节的关键部分，设置一些难以破解其诀窍的障碍，使我国内资企业难以获得相应的技术。据中国海关 1999～2004 年高技术产业进出口统计，除了计算机和通信技术有大幅度贸易顺差，生物技术贸易顺差略微上升以外，其他所有的技术均为贸易逆差，且大部分技术随着时间的推移，其贸易逆差逐渐扩大。

我国技术贸易仍呈现逆差状态，每年逆差在 100 亿美元以上。2011 年，我国共引进国外先进技术合同 12 202 份，同比增长 8.43%，合同金额达 321.59 亿美元，同比增长 25.5%。周柳军说，与发达国家相比，我国技术进出口总额仍偏小，特别是技术出口数量不多，金额不大。这说明，随着外资数量的增加，我国内资企业在某些领域反而增加了对国外技术的依赖性。

5. 我国内资企业技术吸收能力的门槛限制

MNC 的技术水平高于本地企业的水平，在技术溢出方面，由于我国内资企业自身的一些因素，处在技术转型升级和经济发展过程中，经济发展水平不高，人力资本水平较有限、基础设施尚不完善等，尤其是西部地区的企业处在内陆，经济发展水平较低，人力资本水平较低、基础设施等落后条件很可能不利于内资企业对外资企业技术的学习、吸收、采纳和利用。本地企业如果没有提高自己的竞争意识，不断地创新技术，加大研发投资，优化人力资本存量，就很可能在获取 FDI 技术扩散溢出效应方面受制于技术吸收能力的门槛限制，难以快速有效地吸取外企先进技术，无法保持其核心竞争力，在面临强大的竞争对手入驻当地经济区时就会显得措手不及，而在本土市场上处于劣势地位，最终难免被市场所淘汰。而 MNC 凭借其雄厚实力逐步占领较大的市场份额，对国内产业尤其是战略性产业会加强控制，将可能垄断或图谋垄断我国经济区的一些重要产业。

外资技术扩散现状及路径优化——以关天经济区为例

2009年6月25日，在西部大开发推行10周年之际，国务院正式批准由国家发展改革委指定的《关中—天水经济区发展规划》，标志着关天经济区与上海浦东新区、天津滨海新区、广西北部湾经济区、海西经济区等一起，成为国家经济区，关天经济区这一提法开始为人们所熟知。

关天经济区作为我国西部大开发的三个重点区域之一（其他两个为北部湾经济区和成渝经济区），在全国具有独特地位和优势。关中地区不仅是华夏文明的重要发祥地，也是西部地区科技教育资源和高科技产业密集分布的区域。同时，关中地区又具有承东启西、连通南北的重要区位价值。选择在这一地区进行率先开发，对于发挥该地区的优势和引领作用、推动西北地区经济振兴、深入持续推进西部大开发具有重大而深远的意义。

5.1 关天经济区的基本区情

关天经济区2009年经国务院批复通过，其范围包括陕西省的关中平原地区及甘肃省天水地区，共六市一区。经济区以西安（含咸阳）为中心城市，宝鸡为副中心城市，天水、铜川、渭南、商洛、杨凌、庆阳、平凉、陇南等为次核心城市。依托陇海铁路（欧亚大陆桥）和连霍高速公路，形成中国西部发达的城市群和产业集聚带与关中城市群相呼应。

5.1.1 基本概况

关天经济区在地理范围上包括陕西省的西安、铜川、宝鸡、咸阳、渭南、杨凌、商洛（部分区县：商州、洛南、丹凤、柞水一区三县）和甘肃省天水所辖行政区域，区域面积约7.98万平方公里，2007年末总人口约为2842万人。经济区直接辐射区包括陕西省南的汉中、安康，陕北的延安、榆林，甘肃省的平凉、庆阳和陇南地区。

构建关天经济区对于西部地区探索跨行政区域合作，实现优势互补、良性互动具有重要意义。

关中地区指中国陕西秦岭北麓渭河冲积平原，平均海拔约500米，又称关中盆地，其北部为陕北黄土高原，向南则是陕南山地、秦巴山脉。关中地区土地肥沃，物产富饶，是陕西工、农业发达，人口密集的地区，又有秦岭、黄河等山河屏障，是一个极具政治、军事、经济意义的优良地区，被称为“八百里秦川”、“陆海之枢纽”、“天府之富饶”。关中地区，位于陕西省中部，总面积5.55万平方公里，包括西安、铜川、宝鸡、咸阳、渭南、商洛6个省辖地级市，共54个县（市、区），集聚了全省60%的人口；除凤县、太白两县基本属长江流域外，其余均属黄河流域。以西安为中心的关中地区，不仅有古代文明的辉煌历史，而且也是现代文明比较发达的地区之一，在全国区域经济格局中具有重要战略意义，被国家确定为全国16个重点建设地区之一。加快关中经济的发展，关系到陕西和全国经济的发展。然而，关中地区地处内陆，水资源贫乏，生态环境脆弱，尤其近些年，随着工农业的进一步发展，这一劣势越发凸显。

天水自古属于陇右，距离宝鸡市200公里，距离西安市350公里，与关中地区山水相依、风俗相近、文化相融，无论是在自然还是人文上都非常相似，并有着紧密联系，因而被学术界称为关陇文化区和经济区。两地在历史上渊源深厚。天水古称秦州，是先秦时期秦人的发祥地，后来秦人东迁进入关中（历史上的所谓“秦人九迁”），其大致路径为天水、凤翔、西安、咸阳。虽然在漫长的历史岁月中，两地历经行政区划上分分合合，但经济、文化交流频繁，联系紧密。天水历来就有“陇上小江南”之称，总面积14 392平方公里，全市横跨长江、黄河两大流域，新欧亚大陆桥横贯全境。

天水经济开发较早，20世纪初，雕漆、纺织、面粉等传统工业就开始萌芽。新中国成立后，工业发展较快，特别是国家“三线”建设时期一批企业相继搬迁天水后，天水逐步发展成为西北地区的重要工业城市，是国家老工业基地之一。目前有工业企业749家，形成了以加工制造业为主体，电子电器、机械制造、轻工纺织三大行业为主导，食品、建材、化工、冶金、皮革、烟草、塑料、雕漆工艺等行业竞相发展，门类较多、技术装备较好、具有一定实力和特色的区域工业体系。主要产品有400多个系列3200多个品种，有200多种产品荣获国家级、部级、省级优质产品和甘肃名牌产品、陇货精品等荣誉称号，60多种产品出口50多个国家和地区。制造业优势明显，加工工业比重高出全省平均水平69.9%，制造业企业占全市法人单位的11.7%，以加工制造业为主的工业结构与我省以资源、原材料为主的产业结构形成较强的互补性，具有良好的发展潜力。

从自然角度看，关中和天水同属渭河流域，在交通区位条件上，关中的西安、宝鸡、咸阳、渭南等城市与天水市同属于欧亚大陆桥上的重要城市，依托陇海铁路、宝天高速（宝鸡至天水高速公路，属于连云港—霍尔果斯国家高速公路）紧密相连。

天水与西安之间的引力强度为28.76（2005年的相关数据计算得出），远大于天水与兰州之间的20.82，可见把天水纳入关中经济区范围不是牵强的，而是有其合理经济原因的。

关天经济区地处欧亚大陆桥中心，处于承东启西、连接南北的战略要地，是我国西部地区经济基础好、自然条件优越、人文历史深厚、发展潜力较大的地区。加快经济区建设与发展，有利于增强区域经济实力，形成支撑和带动西部地区加快发展的重要增长极。

5.1.2 空间布局和结构

在关天经济区城市群空间布局和结构上，德国经济学家克里斯塔勒（W.Christaller）的中心地理论可供借鉴。中心地理论研究的是在匀质平原内，如何布局不同规模的多级城市，形成以城市为中心，由相应的多级市场区组成网络体系，以有效地组织物质财富的生产和流通。依据克里斯塔勒的中心地理论，关天经济区的城镇体系要建成由核心城市、次核心城市、三级城市、重点镇和一般镇组成的 5 层城镇体系。

（1）核心城市：西安作为我国中西部地区重要的科研、高等教育、国防科技工业和高新技术产业基地，在关天经济区的城镇体系构建上应居于核心地位。由于咸阳特殊的地理位置，与西安有着难以割舍的血脉联系，所以西安和咸阳要统一规划。推进西咸一体化建设，建设“大西安”。

（2）次核心城市：按照中心地理论，在核心城市的周围应布局次核心城市，次核心城市的数量一般为 6 个左右。以西安为核心城市，关天经济区的次核心城市包括宝鸡市、铜川市、商洛市、杨凌区，以及天水市。

（3）三级城市：以次核心城市为依托，建设三级城市。关天经济区的三级城市具体包括韩城、彬县、蒲城、华阴、礼泉、蔡家坡、洛南、柞水、凤翔、陇县、长武、甘谷、秦安、武山等中小城市。

（4）重点镇和一般镇：作为重点镇和一般镇发展的小城镇，要满足靠近中心城市和交通枢纽的条件，建设“关中—天水经济区百强镇”，重点提升百镇的公共服务和市场服务能力，为大中城市的发展奠定基础。

5.2 关天经济区经济发展现状

《关中—天水经济区发展规划》的获批施行，标志着关天经济区成为国家新的经济区。建设关天经济区是促进区域协调发展、打造西部大开发战略高地的重大举措，也是把大关中的发展提升到了全国和西部大开发的战略层面加以推进。改革开放 30 多年来，特别是西部大开发战略实施以来，经济区经济社会发展取得显著成就。近年来，关天经济区的经济水平稳步增长，经济区地区生产总值年均增长 13%，2007 年达到 3765 亿元，占西北地区的 28.6%；地方财政收入年均增长 15%，2007 年达到 189 亿元，占西北地区的 16.3%。经济增长速度不断加快，运行质量明显提升，发展实力显著增强。人均地区生产总值接近 2000 美元，工业化、城镇化加速推进。关天经济区的战略区位重要。经济区处于我国内陆中心，多条铁路、公路、航线、管线在此交汇，是全国交通的重要枢纽和西部地区连通东中部地区的重要门户。科教实力雄厚。拥有 80 多所高等院校、100 多个国家级和省级重点科研院所、100 多万科技人才，2007 年研究与发展经费支出占地区生产总值比重达 2.7%，显著高于全国平均水平，科教综合实力居全国前列。工业基础良好。拥有国家级和省级开发区 21 个、高新技术产业孵化基地 5 个和大学科技园区 3 个，是国家国防军工基地、综合性高新技术产业基地和重要装备制造业聚集地。

关天经济区的总体发展目标是综合经济实力实现新跨越。到 2020 年，经济总量占西北地区比重超过 1/3，人均地区生产总值翻两番以上，城乡居民收入水平大幅提高，自我发展能力显著增强。创新能力有新提升。科技创新能力和综合科技实力居全国领先地位，科技进步对经济增长的贡献率大幅提升。基本建成以西安为中心的统筹科技资源改革示范基地、新材料基地、新能源基地、先进制造业基地、现代农业高技术产业基地。基础设施建设有新突破。交通、水利、市政、信息等基础设施得到根本改善，覆盖经济区的综合交通运输网络基本建成，水资源优化配置和管理水平取得明显提高。城镇化水平有新提高。实现西（安）咸（阳）经济一体化，形成国际现代化大都市，城镇群集聚发展，城乡统筹取得突破，城镇化率达到60%。

目前，关天经济区以市场为导向，发挥产业优势，促进结构调整，延长产业链条，加强配套分工，推动产业升级，形成产业集群，构筑若干特色优势产业基地。

1）航空航天

依托西安阎良国家航空高技术产业基地，重点发展大型运输机、涡桨支线飞机、通用飞机等主干产业，航空发动机及配套产业、机载系统等分支产业，航空关键部件、专用设备、维修业务等配套产业。加快新舟系列飞机产业化、大型飞机零部件生产及服务外包。以西安国家民用航天产业基地为载体，重点培育和发展航天运载动力产业集群、卫星及卫星应用产业集群。

2）装备制造

以西安（咸阳）、宝鸡、天水为集中布局区域，加强重点产业集群建设，强化区域整体实力和竞争能力，全面提升重大装备制造水平。重点发展数控机床、汽车、特高压输变电设备、电子及通信设备、工程机械和特种专用设备、太阳能电池等产业。加快企业优化重组和战略性调整，打造一批主业突出、技术领先、管理先进、具有核心竞争力的装备制造企业集团。

3）资源开发与加工

以宝鸡、渭南、铜川、商洛、天水等地为重点，加快重要矿产资源开发及深加工。宝鸡重点发展铅锌、钛产业，建设钛材料生产和集散基地。渭南重点发展煤炭、化肥、钼精深加工等产业，建设钼产业生产科研基地。铜川重点发展铝加工、建材、陶瓷等产业，建设现代建材基地。商洛重点发展钼、钒等采冶加工和多晶硅等新型材料产业。天水以非金属矿产资源开发利用为重点，大力发展建材产业。依托辐射区内延安、榆林、平凉、庆阳等地的煤炭、石油、天然气资源，促进能源化工产业向资源综合利用延伸。

4）现代服务业

大力发展现代物流业，进一步加大物流基础设施建设力度，加快西安国际港务区、咸阳空港产业园、宝鸡陈仓、商洛、天水秦州、麦积等重点物流园区项目建设。充分发挥西安作为国家级物流节点城市的辐射带动作用，积极研究设立西安陆港型综合保税区，着力打造在国内有重要影响的内陆港口岸和亚欧大陆桥上重要的现代物流中心，逐步形成区域一体化的物流新格局。加强城乡商业网点和农副产品交易中心、批发市场建设，培育大型流通骨干企业，加强农村流通基础设施建设。

发展壮大金融、会展业，积极发展各类金融机构，创新融资方式，着力打造西安区域性金融中心。以欧亚经济论坛、中国东西部合作与投资贸易洽谈会、中国杨凌农业高新科技成果博览会、中国国际通用航空大会为龙头，进一步整合会展资源，加快西安世界园艺博览会场馆、杨凌农业展馆等项目建设，完善西安曲江国际会展中心、浐灞国际会议中心等会展平台服务功能，建设以西安为中心的会展经济圈。

5）农业生产

加大基本农田保护力度，稳定播种面积，加强中低产田改造，构建区域性商品粮生产基地。加快农业结构调整，科学确定区域农业发展重点，促进农产品向优势产区集中，建成若干特色农产品产业带。加快建设现代农业示范工程，建立农业标准化示范基地。搞好农田水利设施建设，通过推广旱作节水技术、健全节水机制等措施，建设一批旱作节水灌溉示范区，积极发展雨水集蓄利用、渠道节水改造等工程。积极发展保护性耕作，建设保护性耕作示范区。

6）农业产业化

优化农副产品加工布局，促进农副产品加工聚集区建设。大力提升农业产业化水平，重点发展粮油、果蔬、畜禽、奶制品等深加工业。以培育龙头企业发展带动农产品基地建设，积极培育一批知名品牌和竞争力强的企业。大力发展特色产业，壮大县域经济。加快发展杨凌国家级农业高新技术产业示范区。

5.3 陕西省 FDI 整体概况

自我国 1978 年实行改革开放以来，我国对外开放程度不断加深，FDI 在国内得到了迅速发展，带动了地区经济的快速增长。但是，陕西省作为内陆型省份，虽然吸引外资的时间相较于沿海城市比较晚，但是从 30 多年的统计数据来看，陕西省 FDI 发展迅速，已初具规模。

5.3.1 陕西省 FDI 发展历程

本研究按照投资环境和规模变化的情况，将陕西省 FDI 的发展历程大致分为 4 个阶段。

1. 起步阶段

起步阶段是 1983～1991 年，此阶段受陕西省经济发展水平、基础设施的限制，因而，此阶段 FDI 以试探性投资为主，规模比较小。改革开放初期，陕西省的对外开放工作仅仅只是停留在对外直接贸易层面，直到 1983 年才吸收第一笔外商直接投资，才开始了陕西 FDI 的真正历程。1983～1991 年，陕西省实际利用 FDI 共 3.98 亿美元，批准项目 255 家，主要包括 129 个低端制造业项目和 57 个宾馆服务业项目。

2. 快速发展阶段

快速发展阶段是 1992～1997 年。经过 10 多年的发展，陕西省经济水平不断发展，基础设施也逐渐得到一定的完善。1992 年，陕西省省会西安被批准为内陆开放城市，与沿海开放城市享受一样的优惠政策，为了更好地吸引外资，陕西省先后建立了西安高新技术产业开发区、宝鸡高新技术产业开发区、西安经济技术开发区等国家级、省级开发区；1995年，陕西省政府制定了“以开放促开发，以开发求发展”的总体战略决策，利用本地资源、人才优势，秉承“以资源换技术，以产权换资金，以市场换项目，以存量换增量”的思路，积极吸引FDI。1992～1997年6年间，陕西FDI得到迅速发展，实际利用FDI总额高达17.83亿美元，是前一阶段的4.47倍，批准项目增长为2392家。

3. 结构调整、再发展阶段

结构调整、再发展阶段是1998～2001年。1997年，亚洲金融危机爆发，给东南亚国家以及全球经济带来极大的负面影响，FDI直线下降，加之国内有效需求不足、通货紧缩，此时陕西省吸引FDI也受到严重影响。在如此严峻的国际国内环境下，陕西省却加大了投资环境的改善力度，更加注重所吸收外资的来源和进入的产业层次。直到1999年，FDI才开始逐步回升。1998～2001年，陕西省实际利用FDI额为12.07亿美元，批准项目790家。较前一期，批准项目数量缩减了近67%，而实际利用金额只缩减了32%，说明虽然受经济危机影响，但是陕西省吸引FDI的质量却得到了提高。FDI投向的产业越来越多元化，不仅仅是集中于制造业，还包括房地产、电力、建筑业等。

4. 升级阶段

升级阶段是2002年至今，2001年我国加入WTO，经济开始全面融入经济全球化进程之中，此时服务业成为吸引FDI的新领域。随着西部大开发战略实施，陕西省获得更多政策的支持，投资环境得到优化。因此，在此阶段，陕西省FDI所涉及领域更为广泛，除了世界500强继续在陕西设立MNC子公司以外，FDI也开始投向银行、商超为代表的服务业。

5.3.2 陕西省利用FDI的实际规模

陕西省吸收、利用FDI起步较晚，1983年才吸收第一笔FDI，金额为0.18亿美元，从此之后，陕西省FDI保持了强劲的发展势头。2012年实际利用FDI总额29.36亿美元，较1983年增长了162倍，年均增速高达18.5%。

5.3.3 陕西省FDI分布区域

受陕西省各地区经济发展差异较大的影响，FDI在陕西省的分布呈现出地区不均衡的状况。根据FDI理论，外商在选择对外直接投资对象时会考虑区位因素，在投资初期外商会将技术水平较高、基础设施完善的地区作为首选。而陕西省作为一个较为封闭的内陆省份，只有个别地区的交通状况、工业基础、投资环境能够满足外商投资的需求。因此，2012年93%的FDI都集中在以西安、咸阳、杨凌、宝鸡、渭南为代表的关中经济区，这些地区依托其经济基础、教育文化、政策扶持等优势成为FDI进入的首选地区。陕南、陕北地区虽然也吸引了一定量的FDI，但是总量上与西安、咸阳等关中地区相比还是显得微不足道。

同时，伴随着陕西省“十三五”规划的实施，以及关天经济区的规划发展，政府对咸阳、杨凌、宝鸡、渭南的扶持会促使这些地区的FDI快速增长。这样便会导致陕西外资主要集中于关中地区这一特点更为突出。

5.3.4 陕西省FDI的主要来源

截至2012年，陕西省FDI来源地涵盖了五大洲，来源呈现以中国香港、韩国、美国、新加坡、英国、日本等国家和地区为主的多元化投资格局。在众多国家和地区中，亚洲国家（地区）依旧占较大比重，占比73.3%。

但是，随着西安国际化大都市建设进程的推进，陕西省对外资的吸引力也随之加强，近几年也吸引了来自美国、英国、法国、意大利、奥地利、德国、瑞典、冰岛等欧美发达国家的投资，从2012年陕西实际利用外资额的排名来看，这些欧美发达国家的投资无论从项目数还是金额上都逐渐位于前列。这也就说明陕西省FDI来源越来越多元化。

5.3.5 陕西省FDI投资方式

在中国的改革开放初期，中国经济发展水平还处于较低阶段，为了降低投资风险，MNC大多以中外合资和中外合作的投资方式进入中国市场。20世纪90年代以后，随着中国经济快速发展以及市场经济体制改革的逐渐完善，FDI投资方式也由中外合资和中外合作向外商独资方式进行转变。进入21世纪后，随着陕西省投资环境不断得到改善，FDI对陕西投资市场越来越有信心，表现为外商独资化明显增加，外商独资企业在三种投资方式中占据了绝对的比例，如表5-1和图5-1所示。

表5-1 陕西省历年FDI投资方式的变化

项目	2000年		2004年		2008年		2012年	
	投资额/万美元	比重/%	投资额/万美元	比重/%	投资额/万美元	比重/%	投资额/万美元	比重/%
外商独资	4 273	14.2	27 126	51.9	90 309	66.1	173 524	59.2
中外合资	16 912	56.3	18 980	36.3	46 149	33.8	116 624	39.8
中外合作	8 857	29.5	6 164	11.8	100	0.1	3 090	1.1

因此，从表5-1和图5-1中可以看出，近几年陕西省批准设立的外商投资企业中，外商独资企业所占比重不断上升。2012年，陕西省全省累计新批准外商投资企业144个，其中中外合资企业65个，中外合作企业3个，外商独资企业76个，外商独资企业占总项目数的52.8%；实际使用FDI总额为29.36亿美元，其中中外合资企业金额为11.66亿美元，占比39.7%，外商独资企业金额为17.35亿美元，占比59.2%。由此可以看出，随着陕西省经济发展以及对外开放程度、投资环境的日益优化，外资企业越来越愿意以独资形式进行FDI。

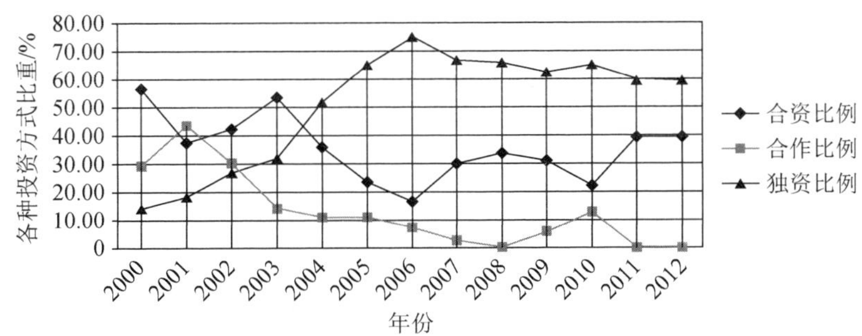

图 5-1 陕西省历年 FDI 投资方式的占比情况

5.4 对陕西省技术扩散路径的一个解释及其优化

陕西省是我国科技教育实力相对雄厚的省份之一，拥有众多高等院校、科研院所和国防科技机构。但是科技机构促进经济发展的步伐则比较缓慢，经济社会发展水平与科技教育能力不相适应，被称为“陕西之谜”。我们认为，陕西省雄厚的科技实力是否能推动陕西地区经济增长，关键在于科研成果是否被用于生产途径以及科研成果是否被有效地得以扩散。因此分析陕西省外资技术扩散路径是非常必要的。

5.4.1 陕西省技术扩散现状

1. 科研成果与经济建设关联度差

根据 2004 年 4 月由陕西省委科技工委、教育工委、国防工委、科技厅等单位撰写的《陕西省科技实力调研分析报告》，陕西省 2002 年共组织课题 13 495 项（含军工课题），其中与产品开发有关的课题仅 5105 项，开展 R&D 研究课题 647 项（不含军工课题）。两项加起来在总研究项目中占不到一半，可见陕西省科研活动与经济建设的关联度极差。

2. 技术贸易与技术合作现状

对于极少量的产品项目和研发项目成果，通过技术交易在陕西省境内的扩散状况也是不太乐观。一方面，陕西省企业对创新成果吸纳极少。2001 年，全省大中型工业企业的技术引进费、技术消化吸收费、购买国内技术经费分别排全国第 20 位、第 17 位、第 29 位。购买国内技术经费仅高于海南省；与西北地区相比较，也低于甘肃、宁夏和青海等省份。蒋玉洁等运用熵权 TOPSIS 方法，计算出 2005～2009 年我国 29 个省市和三大地区大中型工业企业技术创新能力综合评价值，陕西排名第 19 位，远远落后于中东部地区。

另一方面，陕西科研机构大量成熟或基本成熟的技术成果很难与省内企业合作，被迫纷纷到沿海、东部等地区寻找投资者，形成科研成果“墙内开花墙外香”的局面。如西安理工大学与771所研制投产的“晶体生长设备及产品”在河北形成规模，产品产值及规模都成为亚洲第一。西北大学研制的高性能、低成本钛酸钡系热敏陶瓷材料，与安康金矿合作失败，最后与贵州某公司正式签订合同。

从上述现象看来，陕西省科研成果应用于生产性途径从而提高经济增长率的项目较少；而且通过各种扩散途径实现创新外溢效应也比较小，从而总体创新对经济增长的推动作用极其有限，很难进入创新推动增长、增长引致外溢、外溢滋生创新的良性反馈激励机制。但是我们仍然有必要去探讨这样两个问题：第一，陕西省有那么好的科技资源，为什么这些资源不能配置到生产型的途径中去呢？第二，陕西省的各项科研成果为什么在陕西省很难扩散出去呢，或者说，陕西省的企业为什么对创新成果的有效需求很低呢？

5.4.2 一种解释

1. 技术贸易的不可实现性

创新成果的转让竞争是全国范围甚至是国际范围的。而陕西省内企业无论从规模、实力、还是产品的投产都无法与省外企业或外资企业抗衡。就目前来看，陕西企业国有比重过大，没有成为技术创新的主体。一方面国有企业缺乏技术创新的激励机制，另一方面多数国有企业处于亏损状态，无力实施技术创新。在创新成果的转让方面，市场仅挑选最优秀的企业。因此市场筛选机制使得各种科研成果难以通过技术许可市场扩散向陕西企业。

2. 技术合作的不可实现性

多年来，主张科技经济一体化的学者总是在提倡，通过各种科研院所、工厂、企业间的联合或技术合作，使技术不断得以扩散。但是，这条扩散路径也是障碍重重。技术联盟或合作的形成及其稳定性是基于经济利益的理性考虑，而并非是行政上的一厢情愿。

一种可能的合作是军工企业和地方企业的合作。这种合作完全是口号式的，相当脆弱。主要是由于军工企业军工技术民用化的激励特别弱。由于军工企业的体制、资金和人员配置、科研项目的设置等多方面的因素，使军工企业对军工产品的期望收益值远远高于民用化技术的期望收益值。因此寄希望于军工技术民用化的开发使得先进的军工技术能够向民用方面及地方企业扩散，这几乎是一种幻想。

另一种合作是高等院校、普通科研院所与地方企业的合作。高等院校、科研院所的创新成果往往处于样品或样机阶段；而地方企业的期望值则在于创新成果的产业化阶段。而最重要的决定创新成果产业化成败的关键——中试阶段成了双方合作中的空白点。许多对此的解释是缺乏资金。但是更重要的在于合作双方的短期化行为。合作双方都准备采取“打了就跑”的策略，缺乏长期重复博弈的激励。因此合作往往以失败告终。

还有一种合作是在地方企业间进行的。对于企业来讲，普遍缺乏创新产品和拳头产品，因此竞争企业间产品的差异性不大，技术上缺乏互补性，因此相互间不存在合作的基础。即使有合作，也不涉及核心技术层面上。

可以看出，通过走内外资技术合作来实现陕西省外资技术扩散也是很难实现的。

3. 经济增长与创新产出反馈机制难以维持

陕西省经济发展水平低下，导致经济增长与创新产出的正反馈机制难以实现。一方面，陕西省经济落后，市场容量小，企业间的竞争往往依靠粗放式的抢土地、抢资金、抢市场以及寻租行为。而采用一项新的技术需要较高的采用成本，前期投资的回收存在较长的周期。通过技术贸易或技术合作获取发展不是陕西企业的最优选择。另一方面，陕西省产业结构层次低，与科研机构高端的科研成果不相匹配，导致科研成果的溢出水平也较为低下。因此正是由于陕西省经济发展水平低，技术创新领域的溢出效应较低，从而决定了整体上适用于地方企业发展的技术创新成果较少。尽管科研院所有较强的科研实力，但很难配置在地方企业所需用的实用性技术上。

总的来看，正是缓慢的市场化进程阻碍了陕西省吸收外资企业技术成果的扩散和溢出，从而降低了外部创新对关天经济区和陕西省地方经济增长的贡献，也进一步降低了创新成果的再生产性用途的产出。本土企业的市场化、关天经济区军工企业的市场化、陕西诸多科研院所的市场化以及关天经济区地方政府行为的市场化都是促进自主创新、促进外资创新技术本地溢出、促进关天经济区经济发展和技术进步的重要途径。

5.4.3 技术扩散路径优化

我们认为，陕西省目前的创新外溢与创新激励间的矛盾，以及二者对于经济增长所可能出现的不相容性都是可以解决的。

（1）创新通过市场过程的外溢并不会阻碍私人厂商创新的动力，相反内外部创新的外溢进一步促进了陕西内资企业创新过程。一般的经济理论过分夸大了技术外溢对于创新激励的副作用。因此，关天经济区技术政策制定者有必要准确认识技术外溢对于区域创新体系建设的促进作用。

（2）存在有效的外资技术创新扩散途径前提下，内外部创新产出和生产率的增长将进入良性反馈激励中，即陕西省或关天经济区的内资企业自主创新及外资技术扩散促进区域经济增长、区域经济增长引致内资企业吸收外资技术扩散、外资技术扩散进一步促进内资企业自主创新的正向自反馈机制，如图 5-2 所示。

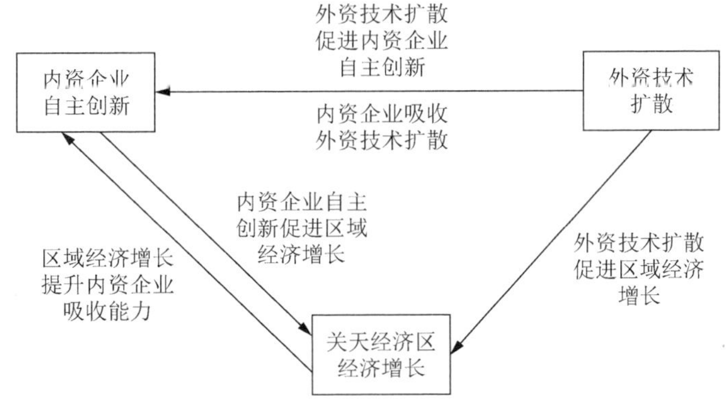

图 5-2 外资技术扩散、内资研发投入与区域经济增长的正向自反馈机制

第6章 基于非零和静态博弈的内外资方技术转移行为研究

6.1 引言

已有研究显示技术创新不必局限于企业内部，而更需要来自外部创新者供给的先进技术，“亚洲四小龙”便是很好的佐证。正处于发展阶段的我国企业，若要加快技术进步速度，必要的技术、股权、中间品或知识交易理应是一条捷径。据商务部披露，2010年外资企业在华投资设立研发机构数量已经超过1400个，是10年前的2倍多，截至当年3月，在华外资研发中心的技术投资高达130亿美元，集中在技术密集型行业。本章的“在华外资研发中心”沿用Ronstadt对MNC在他国研发部门的分类原则，共有三类：一是地位最低、规模最小的技术接受及应用部门，通过内部交易获取母公司的非关键技术；二是地位中等、从事多元化本土创新的技术开发部门，也就是本土化的R&D组织，能与我国内资企业、大学及研究机构展开跨国产学研创新合作，也能将先进技术主动转移或非主动地传播或溢出给内资方；三是地位最高、独立运行、担负基础研究的全球研发中心，同时从事内外部交易，将最新研发成果转给MNC或我国内资方等。

本章在6.2节综述国内外学者对国际技术扩散、内外资企业间交易及合作创新的研究成果的基础上，拟对技术扩散背景下内外资企业间交易情境进行界定，从基础性的一般静态博弈理论出发，描述内外资企业的策略空间及支付函数，通过构建纳什交易博弈支付组合集，基于公平原则或盈利原则分别求出内外资方的支付，并探讨纳什一般均衡解的折中特性；分别设定支付转移及预设威胁假设，再求出两种新的交易均衡解；通过案例企业进行数值分析，比较上述三种均衡解，探索三种解所依赖的不同理论的适用场合及可能形成的稳定格局——争夺利益还是互惠合作，以指导现实中内外资企业双方不同的交易行为选择及预设威胁策略。

6.2 内外资企业间交易的理论分析

MNC全球化运营促发内外资企业间展开技术、股权、中间品或知识等的相关交易，不但给MNC扩张带来便利，也使得先进技术、信息或知识在内资企业群体中得到更广泛的扩散，为东道国经济增长带来了更多机遇。MNC 在东道国发起的技术、中间品或知识交易活动及通过FDI交换内资企业股权的行为既能起到示范与激励竞争作用，又能对本地企业起到引领与拉动作用，其外溢效应已具有普遍性。受让方为了谋求利益最大化，会在交易谈判中发挥各自的技术或市场势力而进行较量及利益争夺，竞合格局形成并演化。虽然学者没有在技术转让概念上达成共识，但是都视其为新兴创新路径。

技术交易关系存在于不同类型机构中，其黏度有别，根源于受让方交互特征。虽然，竞合关系受到距离、贸易环境的影响，但是技术转让主体更有根本性影响。

6.2.1 竞合视角下技术转让双方关系界定性研究

Nigel等认为交易中双方竞合关系也是重要产出物，对技术转让绩效及生产率提升具有关键作用。Dyer提出关联企业在人力、设施及信息等的合作注资，使得关系呈现专有性，产生“租金”，“持续性收益的浪潮托浮着各方的船只”，双方根据势力而分享租金。

Sanghamitra提出技术转让能节约引进企业科研投资，Francesco认为技术转让能使引进方对前沿技术的理解更加迅速。而且，技术引进方能够从技术转让竞合关系的外部性获得收益。接近先进技术的捷径利于引进方模仿，加速其向转让方聚合收敛，因此后发组织在确定转让方上处于优势，会主动与合适的转让方建立共赢的竞合关系。建设性竞合关系为受让方的技术员创造了聚集平台，以低成本获取、共享和利用专用性知识，加速知识匹配、流动及技术转让，增强信任度；而冯锋认为短期松散关系不能形成有利竞合格局，例如，国内30个省份间技术转让竞合关系强度较弱，对经济增长的作用未能得到证实。赵尚梅等认为我国发达和次发达省份之间尚未形成有效、均衡的技术转让竞合关系。

除了实证研究，贺德方辨析技术转让的含义、意义，作了国际化比较，论证了技术转让合作关系对生产力的作用。在技术获取快捷性、知识与信息高度共享、信用度增强的基础上，有效的竞合关系会增强技术转让意愿。

6.2.2 技术转让交易格局的影响要因或形成条件

彭纪生提出，技术转让竞合格局是技术转让中攻防策略选择的结果，其复杂性源于双方利益的不一致性及对方信息完全认知的困难性，当前研究尚有欠缺。

竞合关系影响技术转让的原因是受让方更为便捷的知识流及驱动高水平创新的适度竞争压力，但是不少学者认为关系并非瓶颈，而是动机与态度、机构因素等。

（1）动机与态度。技术转让活动涉及学者、高管、顾问、中介等，他们构成了市场及社会二维复杂网络，行为动机与交易态度更捉摸不定。Nigel发现以利用技术为动机的FDI会促进生产率，形成建设性竞合格局；而以搜寻技术为动机的FDI会导致零和交易，形成不良的竞合格局。Beata发现以在制品市场开发为动机的技术转让有利于受让方合作。李煜华等研究复杂品技术转让，发现转让方理念及战略性扩张动机、引进方需求强度及成本控制动机对有效竞合格局具有明显作用。

（2）机构因素。技术转让机构是技术转让的主体，既有谈判任务，还有技术成果转化使命。假如机构缺少技术产业化经验和判断力，技术转让竞合格局难以建立。David等实证分析技术转让机构异质性对 22 国转型经济的差异化作用。Jonathan 等实证研究国际专利技术转让对经合组织成员国生产率的促进程度。孙德忠等发现不同类型专利转让方的网络存在结构性差异，衍生公司异质性会传导给转让关系。

其他要因还有转让技术类型、交易类型及形式等。动机与态度、机构因素等引致内外资方交易合作关系格局对双方交易合作的强驱动力。受让方在转让网络中的强参与性有利于打通知识流、信息流，诀窍及经验等隐性信息通过各种渠道快速传播，使得转让绩效倍增。

6.2.3 技术转让交易与竞合博弈

技术转让谈判具有信息不对称特征，转让方能否真实披露成果内容和价值、披露于哪个阶段，都会影响竞合格局。截至 20 世纪 80 年代，研究大多靠案例；逐渐地，实证文献开始增多，但是有限样本的结论缺乏信度。1981 年，Reinganum 引入博弈论研究双寡头技术转让，发现规模影响支付值。Guo 等基于博弈视角剖析技术转让竞合机理。Jensen 等运用动态博弈表征两阶段转让，解释技术差距改变意愿。Ziss 研究技术转让条件对双寡头研发收益的影响。Klibanoff 等探究技术转让效率差异，发现合作是最优交互策略。Kapur 等分析引进方协作学习情形下竞合行为决策。

技术转让双方约束主要体现为契约和信任。Panagopoulos 和 Garayannis[257]基于纳什谈判博弈研究技术转让方的败德行为及防范政策。耿子扬等比较研究转让方逆向选择对合作格局下收益份额、责任分担的影响。

简言之，现有的内外资企业间技术交易博弈研究虽然偏重于合作方面，但是对于合作条件及如何实现合作的具体剖析不够，对于非合作或谈判分歧情形的探讨也不足；再者，败德行为研究偏重于机理和对策，而对均衡的比较研究并没有规范展开。

6.2.4 研究现状评述

对技术转让的关系定性及影响因子研究很多，而不完全或不完美信息下技术转让竞合格局博弈研究不多见，这是关键问题。现有的技术转让博弈研究局限于模式、要因、机制等，对核心的价格谈判博弈有所忽视，而价格谈判决定了技术转让成功率，是实现有效竞合格局的瓶颈。价格分歧研究更是被忽视。以往研究的各种因素都可归因为价格，如引进及转化成本、谈判态度和动机、支付方式及契约风险。拟运用纳什谈判博弈研究技术转让策略，剖析技术转让竞合格局的形成机理；引入支付让渡权及可信威胁，分析其如何影响攻防策略。

6.3 内外资企业间交易的非零和博弈模型

6.3.1 内外资方交易博弈假设及前提条件

如果内外资企业明白我们对该博弈所知晓的一切信息，并有能力进行我们对此博弈格局可以作出的全部推论，我们就称该交易博弈中的内外资企业是具有智能的。因此，我们约定，文中的博弈论通常都会假设内外资企业作为局中人是具有智能的。

当然，我们要研究的各种内外资企业都拥有绝对完美的智能和完全的理性假设，在实际商业界中可能根本不被满足。即使如此，我们有理由对与该完美智能及完全理性假定相左的所谓理论或专家推测持有怀疑态度。这也正使得经典博弈论在人文社会科学领域中体现出无可替代的重要性。

因此，我们对技术扩散视角下内外资企业间交易博弈建模分析之前，必须先假定他们具有完全理性及完美智能。

许多交易博弈模型受到的影响都是来自于约翰·纳什的引人注目而且具有开创性的著作。纳什对两人讨价还价问题的阐述是基于以下的隐含假定：当两家内外资企业谈判或者一个仲裁人进行仲裁时，这两人最终得到的支付配置应该只取决于他们在谈判或者仲裁不能达成和解时所期望的支付及在谈判或者仲裁过程中对两人来说联合可行的支付配置集。为了说明这一假定的合理性，须注意到公平的概念通常涉及与个人在没有协议时所得收益相比较，而效率的概念一般只涉及与其他可行配置之间的比较。

变革中渠道成员的冲突主要表现为利益冲突，而为了清楚、简洁地分析，本研究在博弈分析中简化渠道成员的冲突类型为一种价格冲突。具体思路就是建立一个两人讨价还价的博弈模型来定量地描述这一冲突，并探求该模型解的存在性和可行性。

6.3.2 静态博弈模型构建

该纳什交易博弈要描述的是如下情境，引进方（用下标 1 表示）希望低价成交，而转让方（用下标 2 表示）已有既定的交易价格策略，双方出价必然存在分歧。交易问题表示为(F,v)，F 是有界闭凸集，代表谈判博弈的可行支付组合集，意指局中人达成合作性随机策略下的双方支付值；v 是实向量，表示谈判博弈双方在交易分歧情况下的支付，$v=(v_1,v_2)$，v_1 表示此时引进方的支付，v_2 表示此时转让方的支付。

设 $F\cap\{(x_1,x_2)|x_1\geqslant v_1,x_2\geqslant v_2\}\neq\varnothing$，其中 $x=(x_1,x_2)$，x_1 指引进方在任一次交易成功时的可行支付值，x_2 指转让方在任一次交易成功时的可行支付值，x 则指博弈双方在任一次技术转让成功交易时获得的可行支付配置组合，上式意味着存在闭可行集 F 使双方合作的支付一定比交易分歧情况下的支付更优，即 F 与 x 的交集非空，当然双方的交易收益是有限的，不会无止境增加。为了下文中纳什谈判博弈均衡求解需要，此处增设变量 y，令 $y=(y_1,y_2)$，其中 y、y_1、y_2 的含义与上述 x、x_1、x_2 完全类似，即 y_1 指引进方

在另一次交易成功时的可行支付值，y_2 指转让方在另一次交易成功时的可行支付值，y 则指博弈双方在另一次技术转让成功交易时获得的可行支付配置组合。设 θ 表示在局中人技术转让成功交易中 x 的可行支付配置组合发生的概率，$(1-\theta)$ 表示在局中人技术转让成功交易中 y 的可行支付配置组合发生的概率，令常数 θ 有 $0 \leqslant \theta \leqslant 1$，那么期望支付配置 $[\theta x+(1-\theta)y]$ 的得到是基于以下安排的：赋予 x 以 θ 的发生可能性，并赋予 y 以 $(1-\theta)$ 的发生可能性。F 的最重要属性就是闭可行性。

谈判博弈 $\boldsymbol{\Gamma}=(\{1,2\},C_1,C_2,u_1,u_2)$，其中符号 $\boldsymbol{\Gamma}$ 是本研究的策略博弈问题的通用表达，也就是指本研究研究的技术转让的纳什谈判博弈问题，其结构包括局中人数量、代号、策略集及局中人支付值的 4 项指标。C_1、C_2 分别代表双方策略集，u_1、u_2 分别代表双方的支付值函数。

（1）双方在协议约束下的可行集。

$$F=\{(u_1(\mu_1),u_2(\mu_2))|\mu_i \in \Delta(C)\} \tag{6-1}$$

其中 $u_i(\mu_i)=\sum\limits_{c \in C}\mu_i(c)u_i(c)$，$u_1$ 是引进方在技术转让协议约束下的可行支付值函数，该函数的自变量为引进方选择的策略的指示值 μ_1 及所选策略 c，u_2 是转让方在技术转让协议约束下的可行支付值函数，该函数的自变量为转让方选择的策略的指示值 μ_2 及所选策略 c。式中，$\Delta(C)$ 代表两位局中人策略变化集合，Δ 是局中人策略变化或调整的含义，$\Delta(C_i)$ 则具体地指代局中人 i 的策略变化集合；μ_1 是引进方策略选择的指示值，用于度量引进方的策略变化，取值为 1 或 0，μ_2 是转让方策略选择的指示值，用于度量转让方的策略变化，取值为 1 或 0；μ_i 是 c 的因变量；u 是 μ_i 的因变量。若 μ_1 为 1，则代表引进方选择第一种策略，$u_1(\mu_1)$ 就是此时引进方选择第一种策略的支付值；若 μ_1 为 0，则代表引进方选择了第二种策略，$u_1(\mu_1)$ 就是此时引进方选择第二种策略的支付值，对于转让方依此类推。此处有必要区分都指示局中人支付值的 v 与 $u_i(\mu_i)$、$u_i(c)$，前者是谈判博弈双方在交易分歧情况下的支付值，而后两者是谈判博弈双方在达成技术转让协议并遵守协议时的可行支付值，受到两位局中人策略选择的影响，因此后两者 $u_i(\mu_i)$ 及 $u_i(c)$ 也正是本研究后续比较分析的重点对象。因此，式（6-1）中 F 代表纳什谈判博弈矩阵的 4 种支付值组合。c 是局中人从其策略集 C 中可能选择的某个单一策略，如果选择了策略 c，则 $\mu_i(c)=1$，反之为 0；$u_i(c)$ 是指局中人 i 选择策略 c 而得到的支付值，因此上式中 $u_i(\mu_i)$ 就是指另一个局中人的策略为既定情形时，局中人 i 的支付值的两种可能取值。

（2）败德行为出现时的可行集。

$$F^*=\{(u_1(\mu_1^*),u_2(\mu_2^*))\} \tag{6-2}$$

μ^* 是 $\boldsymbol{\Gamma}$ 的一个关联均衡，对应于受让双方在稳态下的策略选择，F^* 代表均衡下双方支付值组合。为了确定交易分歧点 v，可分析得出交易分歧点 v 存在三种不同的情况：

① 令 (σ_1,σ_2) 是 $\boldsymbol{\Gamma}$ 的焦点均衡，用传统博弈论方法求出。对每位局中人都有 $v_i=u_i(\sigma_1,\sigma_2)$，其中 σ_1 代表在技术转让交易出现败德行为后，引进方的占优策略组合，σ_2 代表此时转让方的占优策略组合，因此 (σ_1,σ_2) 就是焦点均衡下受让双方策略选择。

$u_i(\sigma_1,\sigma_2)$ 则是指对于局中人 i 而言，违约情形下占优策略组合中局中人 i 所得到的支付值。

② 取最小化最大值：$v_1 = \min\limits_{\sigma_2 \in \Delta(C_2)} \max\limits_{\sigma_1 \in \Delta(C_1)} u_1(\sigma_1,\sigma_2)$，$v_2 = \min\limits_{\sigma_1 \in \Delta(C_1)} \max\limits_{\sigma_2 \in \Delta(C_2)} u_2(\sigma_1,\sigma_2)$。

③ 第三种情形就是考虑可信威胁情形，导出 v 的表达式，将放在本研究第五部分。

令技术转让交易问题 (F,v) 存在可行的实向量 $\boldsymbol{\Phi}(F,v)$，其释义与上文起初对 (F,v) 的定义是一回事，它代表双方的成功交易。$\boldsymbol{\Phi}(F,v)$ 作为 F 是可行配置集，且 v 是分歧点的条件下局中人交易的均衡结果。因此，交易问题等价为在实向量集中寻找解向量 $\boldsymbol{\Phi}(F,v)$，映射成 R^2 中支付配置集，R^2 是指非负实数集。设 $\boldsymbol{\Phi}_i(F,v)$ 为 $\boldsymbol{\Phi}(F,v)$ 的第 i 个分向量，则有 $\boldsymbol{\Phi}(F,v)=(\boldsymbol{\Phi}_1(F,v),\boldsymbol{\Phi}_2(F,v))$。设定：$x \geqslant y$ 等价于 $\{x_1 \geqslant y_1, x_2 \geqslant y_2\}$；$x > y$ 等价于 $\{x_1 > y_1, x_2 > y_2\}$。给出以下定理（Nash），确保谈判博弈均衡解函数的存在性：

定理 1：$\boldsymbol{\Phi}(F,v) \geqslant v$。

定理 2：若有常数因子 $\lambda_1 > 0$、$\lambda_2 > 0$，$G=\{(\lambda_1 x_1+\gamma_1, \lambda_2 x_2+\gamma_2) \mid (x_1, x_2) \in F\}$，且 $w=(\lambda_1 v_1+\gamma_1, \lambda_2 v_2+\gamma_2)$，必有 $\boldsymbol{\Phi}(G,w)=(\lambda_1 \boldsymbol{\Phi}_1(F, v)+\gamma_1, \lambda_2 \boldsymbol{\Phi}_2(F, v)+\gamma_2)$ 成立。此处，常数因子 λ_1 是对引进方在任一次交易成功时的可行支付值 x_1 实施线性变换的正系数，使 x_1 按 λ_1 的比例发生变化；λ_2 是对转让方在任一次交易成功时的可行支付值 x_2 实施线性变换的正系数，使 x_2 按 λ_2 的比例发生变化；γ_1 是任一实数，是对引进方在任一次交易成功时的可行支付值 x_1 实施线性变换的常数项；γ_2 是任一实数，是对转让方在任一次交易成功时的可行支付值 x_2 实施的线性变换的常数项。G 是对谈判博弈可行支付组合集 F 中的 (x_1,x_2) 实施线性变换后的新可行集，因此性质上与 F 完全一致，也是有界闭凸集；w 是对谈判博弈双方在交易分歧情况下的支付组合 v 实施的线性变换，该线性变换完全等同于对 F 实施的线性变换，即两次线性变换的常数因子项 λ_1、λ_2 和常数项 γ_1、γ_2 完全一样。

定理 3：对于有界闭凸集 G，若 $G \subseteq F$，$\boldsymbol{\Phi}(F,v) \in G$，必有 $\boldsymbol{\Phi}(G, v)=\boldsymbol{\Phi}(F, v)$。

定理 4：若 $v_1=v_2$，$\{(x_2,x_1) \mid (x_1,x_2) \in F\}=F$，则有 $\boldsymbol{\Phi}_1(F, v)=\boldsymbol{\Phi}_2(F, v)$ 成立。

定理 5：若有 $x \geqslant \boldsymbol{\Phi}(F,v)$，那么 $x=\boldsymbol{\Phi}(F,v)$ 成立。

6.3.3 模型分析

技术转让交易中，总是会比较支付值大小，常用以下两种思路，一种是平等主义，即双方在交易谈判中各让一步。对于交易谈判问题 (F,v)，平等主义解 x^{*1} 满足 $x^{*1}{}_1 - v_1 = x^{*1}{}_2 - v_2$。

另一种是功利主义，技术转让方强制引进方高价购买，源于卖方认为其获利额大于买方亏损额。对于交易问题 (F,v)，功利主义解 x^{*2} 满足 $x^{*2}{}_1 + x^{*2}{}_2 = \max\limits_{y \in F}(y_1+y_2)$。

给定 λ_1、λ_2、γ_1、γ_2，且 $\lambda_1 > 0$、$\lambda_2 > 0$，则

$$L(y) = (\lambda_1 y_1+\gamma_1, \lambda_2 y_2+\gamma_2), \forall y \in R^2 \tag{6-3}$$

$L(y)$ 是对不同于 x 的另一次技术转让成功交易时获得的可行支付配置组合 y 实施

线性变换的函数式，具体地就是同时对 y_1 及 y_2 各进行一次线性变换，详细内容为：此处，常数因子 λ_1 是对引进方在不同于 x 的另一次交易成功时的可行支付值 y_1 实施线性变换的正系数，使 y_1 按 λ_1 的比例发生变化；λ_2 是对转让方在不同于 x 的另一次交易成功时的可行支付值 y_2 实施线性变换的正系数，使 y_2 按 λ_2 的比例发生变化；γ_1 是任一实数，是对引进方在不同于 x 的另一次交易成功时的可行支付值 y_1 实施线性变换的常数项；γ_2 也是任一实数，是对转让方在不同于 x 的另一次交易成功时的可行支付值 y_2 实施线性变换的常数项。

$\forall y \in R^2$ 意指博弈双方在在不同于 x 的另一次技术转让交易成功时的可行支付值 y_1 及 y_2 为非负实数。

设 $L(F)=\{L(y)|y\in F\}$，则有 $\{L(F),L(v)\}$ 的平等主义解 $L(x^{*1})$ 满足 $\lambda_1(x^{*1}{}_1-v_1)=\lambda_2(x^{*1}{}_2-v_2)$。

同理，功利主义解 $L(x^{*2})$ 满足：$\lambda_1 x^{*2}{}_1+\lambda_2 x^{*2}{}_2=\max\limits_{y\in F}(\lambda_1 y_1+\lambda_2 y_2)$。

随着 λ_1 递增和 λ_2 递减，平等主义解 $L(x^{*1})$ 的技术转让方支付递减、技术引进方支付递增，平等主义解曲线代表了个人理性的帕累托弱有效边界；然而，功利主义解 $L(x^{*2})$ 却有完全相反的变化，技术转让方支付递增，技术引进方支付递减，其解曲线代表了交易系统的帕累托弱有效边界。

定义使 $x^{*1}=x^{*2}$ 成立的正数 λ_1 及 λ_2 是纳什谈判博弈的自然比例因子，此时平等主义解与功利主义解重合，称其为折中主义解。不难推导出其具有如下特征：

命题：若有 $x\in F$，$x\geqslant v$，存在纳什均衡解 $x^*=x^{*1}=x^{*2}$ 的充要条件为：必有 $\lambda_1>0$、$\lambda_2>0$，使 $\lambda_1 x^*{}_1-\lambda_1 v_1=\lambda_2 x^*{}_2-\lambda_2 v_2$ 及 $\lambda_1 x^*{}_1+\lambda_2 x^*{}_2=\max\limits_{y\in F}(\lambda_1 y_1+\lambda_2 y_2)$ 都成立。

6.4 基于支付让渡权的交易博弈分析

支付让渡权是指某个交易方有权将其自己的支付值转让给其他人（包括另一个局中人或博弈问题外部任何人），也有权直接放弃而并未转让给其他任何人。令 $\boldsymbol{\Gamma}=(N,(C_i)_{i\in N},(u_i)_{i\in N})$，是具有可转让收益的谈判博弈，$N$ 是指技术转让谈判博弈的局中人及接受到该博弈局中人支付值无偿转让的外部其他人的总数，该数量与支付让渡权密切相关。上式等同于：$\hat{\boldsymbol{\Gamma}}\left\{N,\left(\hat{C}_i\right)_{i\in N},\left(\hat{u}_i\right)_{i\in N}\right\}$，其中 $\hat{\boldsymbol{\Gamma}}$ 是指加入支付让渡权假设后的新博弈问题，$\hat{C}$ 是指在支付让渡权假设下局中人的新策略集，$\hat{u}$ 代表双方在支付让渡权假设下的新支付值函数。

对每个局中人 i 均有：$\hat{C}_i=C_i\times R_i^N$，$R_i^N$ 是指对博弈局中人的原先策略集 C_i 进行变换的因子，通过 R_i^N 的积变换，使得局中人 i 的原先策略集 C_i 变为加入了支付值转让他人（$N-1$ 个其他人，包括局中人 j）和直接放弃支付值这两种新策略的新策略集 $\hat{C}_i$ 。

$$\hat{u}_i((c_j,x_j)_{j\in N}) = u_i((c_j)_{j\in N}) + \sum_{j\neq i}(x_j(i) - x_i(j)) - x_i(i)$$

此处 j 是指代不同于局中人 i 的其他局中人。$x_j = (x_j(k))_{k\in N}$，k 是指接受局中人 j 的支付值转让的外部其他人，该人并不直接参与技术转让谈判博弈。若 $k \neq j$，$x_j(k)$ 是交易方 j 转让给他人 k 的收益；$x_j(j)$ 是交易方 j 直接放弃的收益而并未转让给他人。$\hat{u}_i$ 与 x_j 线性相关暗示着各方所持的风险中性态度。可行集 F' 必定满足：

$$F' = \{y \in R^2 | y_1 + y_2 \leqslant v_{12}\} \tag{6-4}$$

此处的 F' 与上文两处用到的 F 含义基本相同，也是有界闭凸集，代表在支付让渡权假设下的新谈判博弈的局中人可行支付组合集，意指局中人达成包含支付让渡的合作性随机策略下的双方支付值。

v_{12} 是交易谈判过程中最多可转让支付。如果在有效的技术转让协议的控制下，则有式（6-5）成立：

$$v_{12} = \max_{\mu_i \in \Pi(C)} (u_1(\mu_1) + u_2(\mu_2)) \tag{6-5}$$

$\Pi(C)$ 是指所有局中人策略组合的集合，对于本例的 2 位交易方就是 4 种策略组合。$\mu_i \in \Pi(C)$ 就是指穷尽所有的局中人策略选择组合下的指示值 μ_i。若式（6-4）成立，根据纳什交易均衡解与 λ_1、λ_2 的关系，必有 $\lambda_1 = \lambda_2$，否则 $\max_{y\in F} (\lambda_1 y_1 + \lambda_2 y_2)$ 就会是无穷大。于是，$\boldsymbol{\Phi}(F', v)$ 满足如下条件：

$$\boldsymbol{\Phi}_1(F', v) - v_1 = \boldsymbol{\Phi}_2(F', v) - v_2, \quad \boldsymbol{\Phi}_1(F', v) + \boldsymbol{\Phi}_2(F', v) = v_{12}$$

联立求均衡解为

$$\boldsymbol{\Phi}_1(F', v) = \frac{v_{12} + v_1 - v_2}{2}, \quad \boldsymbol{\Phi}_2(F', v) = \frac{v_{12} + v_2 - v_1}{2} \tag{6-6}$$

6.5 考虑可信威胁的交易博弈均衡

局中人 1 的技术转让谈判博弈纳什均衡解收益 $\boldsymbol{\Phi}_1(F, v)$ 与局中人 2 在交易分歧局势下所得 v_2 负相关，那么所达成的技术转让交易契约中引进方收益高低可能取决于在达成契约前的交易分歧点情形下引进方对转让方支付的侵占程度。每个局中人都尽力创造对自己更有利的分歧点，不得不提前确立冷漠的心理距离或敌对态度。

令 $\boldsymbol{\Gamma} = (\{1, 2\}, C_1, C_2, u_1, u_2)$ 为技术转让交易问题的任一有限策略型博弈，并令 F 为针对 $\boldsymbol{\Gamma}$ 的可行支付组合集，F 要么通过式（6-1），要么通过式（6-4）或式（6-5）而推演得到。若双方在商洽前，都先要从 $\Delta(C_i)$ 里随意确定某种威胁 τ_i 用以对另一方进行威慑。假定：若交易谈判未能成功，双方都不得已实施其在交易谈判之初就选定的 τ_i。那么，分歧点将是 $(u_1(\tau_1, \tau_2), u_2(\tau_1, \tau_2))$。令 $w_i(\tau_1, \tau_2)$ 表示局中人 i 在这个分歧点下的纳什交易均衡解的支付值，此处另设支付值函数 w 的原因在于此处影响支付值的变量是威胁 τ_i，而不仅仅是前面所述及的策略 c。而且，$u(\tau)$ 只是代表双方在分歧点上的支付值，并未达到均衡状态，而均衡态的双方支付值则理应用新的函数表示，也就是 $w_i(\tau_1,\tau_2)$，即 $w_i(\tau_1,\tau_2)=\boldsymbol{\Phi}_i(F,(u_1(\tau_1,\tau_2),u_2(\tau_1,\tau_2)))$

假设 τ_i 必须满足：$w_1(\tau_1,\tau_2)\geqslant w_1(\sigma_1,\tau_2)$，$\forall\sigma_1\in\Delta(C_1)$

且 $w_2(\tau_1,\tau_2)\geqslant w_2(\tau_1,\sigma_2)$，$\forall\sigma_2\in\Delta(C_2)$

即在可信威胁条件下，原纳什谈判博弈均衡将演变成为如下的威胁博弈：$\boldsymbol{\Gamma}^*=(\{1,2\},\Delta(C_1),\Delta(C_2),w_1,w_2)$ 的一个均衡。

图 6-1 形象地展示了较为通用的可行集 F 及其被若干射线分割的情形，对于可行集 F 中的任一交易分歧情况下的支付配置点 v，（F,v）的谈判均衡解必定是穿过 v 的射线与 F 的交点，也就是该条射线的箭头点、上顶点。

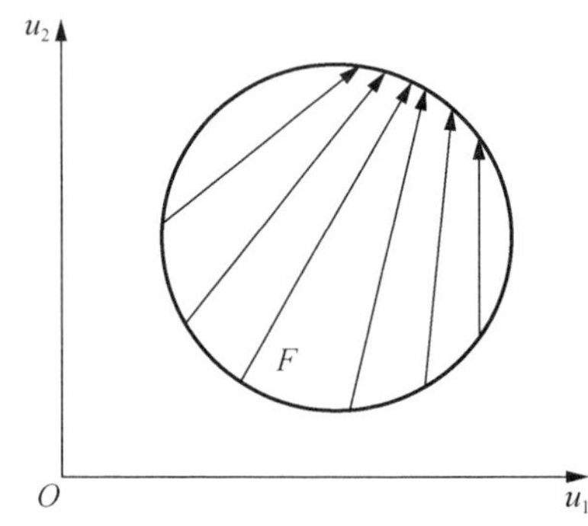

图 6-1 可信威胁条件下技术转让纳什谈判博弈的可行配置集

考虑可信威胁，技术引进方偏好于 τ_1 这样的威胁举动，能够使得交易分歧点 $(u_1(\tau_1,\tau_2),u_2(\tau_1,\tau_2))$ 处于图 6-1 的可信威胁条件下谈判博弈可行配置集 F 中尽可能右下的那条射线上，从而取得局中人 1 的支付值的最大值；而局中人 2 要选择其威胁策略 τ_2，使得交易分歧点处于图中尽可能左上的那条射线上，从而获得局中人 2 的支付值的最大值。

当支付让渡权假设成立时，对可信威胁的分析会比较简单：F 的有效边界变成斜率为−1 的直线。因此，前文中述及的分割 F 的若干射线就相应地变成斜率为 1 的一组平行射线。根据式（6-6），可通过对原谈判博弈 $\boldsymbol{\Gamma}=(\{1,2\},C_1,C_2,u_1,u_2)$ 作出如下变换而得出均衡态的双方支付值：

$$w_1(\tau_1,\tau_2)=\frac{v_{12}+u_1(\tau_1,\tau_2)-u_2(\tau_1,\tau_2)}{2},\quad w_2(\tau_1,\tau_2)=\frac{v_{12}+u_2(\tau_1,\tau_2)-u_1(\tau_1,\tau_2)}{2}$$

其中 v_{12} 如同式（6-5）所定义的一样。由于 v_{12} 是一个常数，所以最大化 $w_1(\tau_1,\tau_2)$ 就等于最大化 $u_1(\tau_1,\tau_2)-u_2(\tau_1,\tau_2)$，而最大化 $w_2(\tau_1,\tau_2)$ 也就等于最大化 $u_2(\tau_1,\tau_2)-u_1(\tau_1,\tau_2)$。这对我们的启示是若 $\boldsymbol{\Gamma}$ 的谈判博弈中赋予双方都拥有支付让渡权，τ_1、τ_2 指代各方有能力实施的可信威胁举动，这完全等价于如下表述：(τ_1,τ_2) 是受让双方完全不存在一丝合

作可能的技术转让的严格竞争博弈$\boldsymbol{\Gamma}^{**}=(\{1,2\},\Delta(C_1),\Delta(C_2),u_1-u_2,u_2-u_1)$的均衡解，易见得在$\boldsymbol{\Gamma}^{**}$的支付结构下，技术转让具有纯竞争性。根据$\boldsymbol{\Gamma}^{**}$的特有构造，对其可命名为$\boldsymbol{\Gamma}$所衍生出的差分形，顾名思义$\boldsymbol{\Gamma}^{**}$的任一博弈主体的得益都取决于在$\boldsymbol{\Gamma}$博弈中的自身得益减去对方得益之剩余。

综上所述，分析技术转让谈判博弈$\boldsymbol{\Gamma}$，至少可借用三种逻辑框架下的不同数理工具或计算方法求出一个分歧点下的博弈均衡：$\boldsymbol{\Gamma}$的一个焦点均衡、最小化最大值法及可信威胁。

6.6 交易博弈的实证分析

6.6.1 实例背景介绍

为了对这些谈判分歧点加以比较，给出我国汽车公司奇瑞的实例，该公司拥有民族品牌，在技术获取方面，是外包给研发组织，以掌握汽车设计及制造方面的高端技术，而不采取大多数国内汽车公司的合资之路。在技术引进过程中，该公司派出技术团队参与研发，从而在谈判中获取主动权。为了吸引高水平研发组织为其服务，奇瑞可以让渡其支付，即提供根据市场收益给予提成的诱饵，符合本研究的支付让渡权假设。同时，如果接包研发组织对新技术转让价格或接包条件有较高要求，奇瑞可以在其开发外包服务中发出强有力的更换研发接包商或撤回自己研发团队的防卫威胁；如果接包研发组织因为担心研发项目失败而过于保守，在高端技术研发方面投入人力和资金不足，而只选择市场导向型技术开发或简单化产品改造，即偏向于选择防卫策略，则奇瑞会发出攻击性威胁信号甚至执行攻击策略，由公司承担更大成本，冒着较高风险开发新品，即使亏损也不能退缩，但如果成功，则接包研发组织的收益将会很小。

为了充分掌握奇瑞公司与其选择的接包研发组织之间的技术转让情况，笔者尝试系统性调研奇瑞设立的外部接包研发组织的概况，包括接发包动机及接包研发组织的研发现状，综合奇瑞及接包研发组织对谈判局势的预判，来探究双方的谈判博弈支付情形。

6.6.2 作为技术转让方的接包研发组织确定

本研究以奇瑞与接包研发组织的技术转让谈判博弈为研究实例，接包商样本的选取原则如下：①与奇瑞合作时间超过5年；②专注于汽车或核心部件研发；③合作成功车型（当年销量排名国内小轿车系列前十）超过3款。经过2013年1～6月半年时间的调研并征求奇瑞中高层意见，研究者进行层层筛选，最终选择佳景公司、Altair公司作为接包研发代表企业。

佳景公司当属奇瑞“外包开发”的首位合作方，从事轿车设计，至今从业13年，核心班底来自东风汽车技术部轻轿团组，成功之作有爱丽舍。集体跳槽创业后，助力奇瑞的民族创新战略，首秀当属佳景成立之初就推出并热卖的奇瑞QQ。

Altair 公司加盟奇瑞则始于 2009 年，双方正式签署《底盘开发平台能力建设联合开发》合同。其实，多年来奇瑞一直将后悬架、底盘、PDM 系统及仿真平台等开发项目外包给科研实力强大的 Altair 公司，其雄厚的技术能力及工程经验，为奇瑞轿车开发作出了重要贡献。

6.6.3 数据搜集及博弈矩阵构建

本研究安排下述三方面工作以搜集尽可能客观的技术转让数据：

（1）2013 年 7～8 月，研究者电话联系奇瑞 4 大事业部负责人、研发业务相关负责人和骨干员工、佳景公司及 Altair 公司的中高层、研发部门管理者展开调查，奇瑞 4 大事业部分别是经济型乘用车的旗云事业部、微车的开瑞事业部、商务车的威麟事业部和动力总成事业部。有效访问 29 人，问题涉及是否在技术转让中出现价格分歧，技术转让动因是什么，以及谈判分歧后双方态度如何，技术转让谈判中是否存在可信威胁，请评价竞合格局的建设性程度等。

（2）2013 年 9～12 月，研究者向电话调查中高层领导及受访部门传真问卷，注明由中高层领导本人及受访部门负责人完成后返回，接着由研究者向被调查者及被调查部门电话确认并跟进，回收有效问卷占比 64.72%。问卷首先解释了双方攻防策略含义，如 6.1 节所述及，接着让受测者对不同的技术转让竞合格局下双方得益或损失进行评判估计，即在双方互攻、双方互防、一攻一防、一防一攻共 4 种情形下奇瑞和接包商的得益或损失，如表 6-1 所示。该表是针对本实例研究而设计的博弈双方在谈判博弈中的支付矩阵调研问卷。

表 6-1　奇瑞公司的技术转让实例中纳什谈判博弈支付矩阵问卷

引进方奇瑞公司的策略 C_1	转让方（接包研发机构）的策略 C_2	
	进攻或防卫 a_2	防卫或进攻 b_2
进攻 a_1	（进攻，进攻）	（进攻，防卫）
防卫 b_1	（防卫，防卫）	（防卫，进攻）

此处设计了 a_1 表示引进方的进攻策略，b_1 表示引进方的防卫策略，a_2 表示转让方的进攻或防卫策略，b_2 表示转让方的防卫或进攻策略，因此这 4 种策略与模型构建时设定的双方策略集 C_1、C_2 存在如下的被包含与包含关系：$C_1=\{a_1,b_1\}$，$C_2=\{a_2,b_2\}$。

表 6-1 中，对进攻或防卫的判断可根据支付值的比较而得出，如引进方采取进攻策略 a_1 意味着引进方冒的风险更大，那么在转让方采取 a_2 时引进方的支付值与转让方采取 b_2 时引进方的支付值的差的绝对值必然比引进方采取防卫策略 b_1 时更大，对于转让方同理可分辨出进攻或防卫策略。

（3）更进一步地，基于电话及问卷调研的初步成果，研究者对奇瑞四大事业部及两家研发接包商实施更为深入的现场调研，以深度访谈为主，辅以搜集汽车技术转让的大量详细资料，包括接包商研发总体情况、双方年报、内部文件、双方谈判备忘录与纪要、媒体相关报道，还在访谈时与奇瑞及接包商的研发部门负责人、谈判工作小组成员就技术转让类型、转让技术性质、技术研发成本、谈判交易成本、转让收益及利润、交互策略、竞合格局等关键问题进行历史回顾、细致探讨及预设性展望。这一工作从2014年1月延续到5月。

最终得出表6-2所示的完全信息静态博弈，且具有可让渡支付及局中人可信的攻防威胁，用以刻画奇瑞公司与接包研发组织的技术转让交易事件，设为$\boldsymbol{\Gamma}$。表中的引进方奇瑞公司就是本研究模型构建部分的局中人1，因此相关变量和向量都用下标1来指代，转让方（接包研发机构）就是本研究模型构建部分的局中人2，因此相关变量和向量都用下标2来指代。下面就比较求均衡解的三种理论——非合作均衡理论、最小化最大值理论以及可信威胁理论。求解方法分别是完全信息静态博弈的常规均衡分析方法、最小化最大值法以及差分博弈法。

表6-2 支付让渡权条件下技术转让纳什谈判博弈的支付值矩阵

引进方奇瑞公司的策略 C_1	转让方（接包研发机构）的策略 C_2	
	a_2	b_2
a_1	10，0	−5，1
b_1	0，−5	0，10

首先，根据严格下策反复消去法的基本分析思路与方法，该谈判博弈有且仅有一个纯策略纳什交易均衡解$\boldsymbol{\Phi}(F,v)=(0,10)$，技术引进方采取策略$b_1$，转让方采取策略$b_2$时达到，此时双方不合作，转让方的研发机构高价转让汽车底盘技术或新车研发设计方案，从而夺走了所有转让收益，而引进方没有收益，保持盈亏平衡。

接着，再运用最小化最大值法来求得各自的交易价格分歧点：引进方的最小化最大支付值$v_1=0$，此时引进方采取防卫策略b_1，以回应转让方的攻击威胁b_2，正如背景部分所介绍的，接包商意欲哄抬交易价格而威胁奇瑞，奇瑞采取防卫策略寻求其他替代性研发服务机构。再看转让方的最小化最大支付值$v_2=1$，这是当转让方采取b_2作为最优的防卫性策略，而引进方选择a_1作为最优化的攻击威胁以对抗b_2时得到，正如上文所述的保守型接包研发机构畏惧于新产品开发项目失败而选择防卫策略，但是奇瑞为了提升自身研发水平，赶超世界级汽车公司的先进技术，会不惜代价地冒风险开发新品，对转让方发出攻击性威胁，一旦成功，则接包研发机构的收益为0，而奇瑞获取全部收益，即10个单位。因此，本例博弈中，所能实现的最大可让渡总支付值为$v_{12}=10$，代入式（6-6），可得$\boldsymbol{\Phi}(F,v)=(4.5,5.5)$，此时双方保持了较好的竞合关系，几乎平均分享了技术转让的总收益（10个单位）。

第三种情形，构造$\boldsymbol{\Gamma}$所衍生出的差分形$\boldsymbol{\Gamma}^{**}$而进行可信威胁分析，$\boldsymbol{\Gamma}^{**}$的局中人支付值组合矩阵见表6-3。表6-3是指从表6-2的技术转让谈判博弈问题$\boldsymbol{\Gamma}$导出的可信威胁假设下的谈判博弈$\boldsymbol{\Gamma}^{**}$中，全部纯策略组合而得出的局中人支付组合（w_1,w_2）。奇瑞及接包研发机构各有两种策略可选，它们在分歧点下分别取得支付为（w_1,w_2）。可求出可信威胁下技术转让谈判博弈均衡为（a_1,b_2），它对应于$\boldsymbol{\Gamma}$的交易分歧点$v=(-5,1)$，如表6-2所示，故具有可信威胁的纳什交易均衡解是$\boldsymbol{\Phi}(F,v)$=(2,8)，如表6-3所示。

表 6-3　从表 6-2 的谈判博弈而导出的威胁博弈

引进方奇瑞公司的策略 C_1	转让方（接包研发机构）的策略 C_2	
	a_2	b_2
a_1	10，0	2，8
b_1	7.5，2.5	0，10

这三种理论的相同点在于都建议转让方 2 在所有的分歧情境下应该选择 b_2 策略，无论源于接包研发机构在技术转让交易中以 $\max u_2$ 而强化其防卫力度，或者接包研发机构出于攻击性态势巩固而在技术转让交易中追求 $\min u_1$，b_2 相对于 a_2 都是严格上策和绝对占优的。也就是说在防卫的交易态势下，引进方既可以增加自己的支付值，还能削弱转让方在攻击性策略下的支付值，弱化转让方在技术转让交易中的攻击性势力。

这三种理论的差异表现为作为局中人 1 的引进方的理性策略选择的不同：根据非合作博弈均衡理论及其常规博弈均衡求解法，技术引进方在交易分歧事件下的策略选择以最大化 u_1 纯防卫目标作为其决策依据，因此引进方选择 b_1，这样使得转让方获得最高的可能支付值。然而，根据最小化最大值理论，引进方有权作出两类可信威胁决策：有可能减少 v_2 的能够对转让方构成威胁的可信性攻击策略实施企图，以及有助于增大 v_1 的同样对转让方构成威胁的可信性防卫策略实施企图，这两种可能性同时存在。最后，在考虑可信威胁的技术转让谈判博弈均衡理论下，引进方面向攻击/防卫的双重技术转让竞合目标权衡及总体优化，被局限于选择或实施单一类型的可信威胁，而不是两种可信威胁的可能性，故他选择 a_1，因为 a_1 的威胁策略能够使得目标 $\boldsymbol{\Phi}_1(F,v)$（即 $\frac{10+u_1-u_2}{2}$，或者简单地就是 (u_1-u_2)）实现最大化，这一目标正是其攻击目标与防卫目标合二为一的一个综合性、双重目标。

非合作均衡理论的适用情境：技术转让交易双方不愿意事先承诺在各种分歧点上作出怎样的策略选择，直到分歧成为现实才考虑其攻防策略选择。反之，假如在交易双方谈判前，他们都愿意承诺在分歧情境下只采用攻击或防卫两种既定策略，也愿意告知对方以下信息：当自己面对不同的分歧点时，会选择攻击还是防卫策略，此时最小化最大值理论是适合的。

最后，对比最小化最大值理论及可信威胁理论，对于引进方而言，前者更优，奇瑞公司获得了 4.5 的收益，高于后者的 2 个单位收益，说明两种威胁优于一种威胁的效果，即可信威胁类型增多，有助于引进方收益增加，使得技术转让竞合格局越发有利于引进方。

6.7　小　结

梳理相关研究，就技术转让建立纳什谈判博弈模型，对败德行为下的均衡解进行三种处理：焦点均衡、支付让渡权条件下最小化最大值法、基于可信威胁的差分博弈法，对比三种均衡解及其竞合格局，得出如下结论。

（1）通过比较平等主义解和功利主义解的局中人支付水平，能推演出纳什谈判博弈均衡解的折中主义属性，因此分歧出现时，更为中庸的折中主义往往利于均衡实现和竞合格局形成，但是对于各方孰优孰劣则无法断定，这也是折中主义的本质性缺陷。技术水平相对落后的我国企业作为引进方，是否在交易中采纳这一原则，应保持谨慎而非盲从。

（2）在技术转让交易规则方面，支付让渡权引入后对技术转让竞合格局的建设性作用很显著。没有支付让渡权的情形下，交易双方不愿意事先透漏分歧出现时的攻防威胁策略选择思维，非合作均衡理论是适用的，对于技术引进方而言，这一情境是不利的。引入让渡权之后，交易双方愿意作出分歧下选择攻击策略还是防卫策略的承诺，这适用于最小化最大值理论，谈判博弈均衡点的支付值结构从转让方独占转变为几乎双方平分，这有利于更具建设性的技术转让竞合格局形成，引导受让双方开展长期合作式交易及可持续创新。

（3）可信威胁对于技术转让竞合格局也具有积极作用。如果引进方将可信的防卫或攻击威胁作为技术转让交易谈判的最后一道防线，用以规避导致一方绝对损失或没有收益的最差情境发生，那么受让双方都情愿缩小交易价格分歧，拉近交易条件的差距，在交易谈判中保持适度的竞合格局，尽早达成技术转让协议，而非利用悬殊的实力差距去压榨处于弱势的一方，乘人之危的行为能得到扼制。但是，可信威胁带给技术引进方的好处较有限。

（4）对于技术引进方而言，支付值让渡权比可信威胁对技术转让竞合格局的作用更加显著，在技术转让交易中属于最关键的影响转让成功的因素，可认定其为具有杠杆效应的交易规则条款。二者差异表现为转让方的攻防策略选择，也是最小化最大值理论与可信威胁理论的差别所在。可信威胁下虽然生成了新的差分博弈，但是其威胁必须是单一类型的；而让渡权下威胁具有攻或防的二重性，这正是扭转技术转让竞合格局的关键点，即可信威胁类型的数量与技术转让竞合格局中的地位具有正相关性。让渡支付在交易谈判层面上创造出受让双方的合作关系，而非零和交易的敌我关系，拓宽了转让收益分享的渠道，以支付让渡权为诱饵，也为局中人提供机会去搜寻和吸引新的交易伙伴。

本章的研究是基于单一转让方和引进方的博弈研究，有明显局限性，面对我国政府反复强调避免重复引进，我国企业更应该联合谈判引进发达国家的先进技术，因此今后应考虑集体谈判博弈下技术转让竞合格局形成条件和关键因素。文中局中人都具有完全理性，但是现实中往往是有限理性的，下一步研究可以松动假设，将技术转让竞合格局的演化性作为探究对象。

第7章 基于中间品进口的外资技术扩散与内外资企业合作创新

本章选取外资技术扩散的常见路径之一——中间品进口贸易，运用演化博弈论分析内外资企业在核心零部件交易基础上的本土化产品合作定制路径演化特征及关联因素。首先通过博弈模型显示个体交易策略对种群分布的影响；其次探讨合作定制收益增量及共享比例、合作定制成本及分摊参数、因技术外溢效应和吸收能力而引致的逃逸收益等因素与最优均衡实现的关系；最后基于算例实验，提出最优的合作定制均衡实现的策略建议。发现，内外资企业间核心零部件交易合作路径收敛于简单交易或合作定制状态，借助参数设置能摆脱不理想的前者，改进交易合作路径，激发双方构建稳定的合作定制关系；确定公平的收益共享及成本共担比例是合作定制长期持续化的重要条件；违约金对于合作定制具有绝对的约束作用，能彻底消除背叛，确保双方只会选择交易合作路径。

7.1 引　言

面对知识爆炸时代及互联网信息经济时代来临，且受到新技术革命性浪潮的猛烈冲击以及世界区域一体化经济效应的普遍波及，我国相当数量的内资企业主动灵活应变，不断适应复杂善变环境及现代市场经济的要求，在长期历练中已然成长壮大为新型敏捷虚拟组织[258]、学习型网络组织[259]或创新型联盟组织[260]，近年来完全能够接受实力雄厚的MNC巨头的强势挑战以及承受世界顶级外资企业的巨大竞争压力，当然这也得益于我国政府积极稳健的扩大开放政策和科学合理的产业振兴规划，尤其是在开发性较高、全方位市场竞争的领域，如汽车、家电、手机、PC、通信设备、装备制造、航空、高铁等高端交通运输设备。内资企业不但应该走出去开拓国际市场，更要在本土市场大本营有尚佳的表现，凭借对国人需求的系统深入掌握，持续快速地定制出具有竞争优势的本土化新产品，相比MNC更好地满足国内用户的特定需求，占据较大的本土市场空间。但是，不少离散型产品的核心零部件仍然由技术领先的外资企业掌控，进口依存度极高，如集成电路、液晶显示器[261]、CPU[17]，这一问题普遍存在于汽车[262]、摩托车、机器人[263]、机床、电子通信制造业（手机、路由器、交换机及光传输设备等）、PC等IT加工装配业[264]、装备制造[265]、机电产品、高新技术产品、战略性新兴产业。

内资方简单引进外资方的核心零部件，虽然能帮助内资方加工装配的成品迅速接近世界水平，但是被动式引进而缺乏整机产品的自主创新，会使得内资方陷入“引进—落后—再引进—更加落后”的恶性循环及不良境地中。另外，单靠内资方的有限科技资源投入，是不足以承担并完成高风险的产品创新定制项目的，且高昂的定制成本也会使许多内资方望而却步。内资方若能改变与外资方之间传统的核心零部件简单交易关系，双方共享优质的产品定制研发资源[266]，探求创新型虚拟组织[267]，实施交易合作策略，就能解决上述本土化产品定制中单打独斗的诸多问题。

外资方参与本土化产品定制创新不但能节省内资方的研发费用，还能加强对内资方的知识转移[268]，使内资方从外资技术扩散溢出中获取充足的收益增量，加快产品定制速度[269]，表现出很高的创新绩效[270]。再者，内外资方通常能构建核心零部件的长期交易合作关系，在此基础上的中国市场本土化产品协作定制对于双方的利益都会有显著贡献[271]。所以，在外资技术扩散环境下，本土化产品定制中垂直的外资方合作比水平化跨组织合作开发更有利于内外资各方，是面向大规模定制的有效合作路径[272]。联想、华为、中兴、清华同方、富士康、陕鼓、永济电机[273]、一汽、东风、上汽、北汽、广汽、陕汽、奇瑞、比亚迪[274]、吉利、英业达、格力、海尔、美的、TCL、江苏亚威机床、秦川机床、上海新时达机器人、安川首钢机器人等都是近年来在引进外资方核心零部件的基础上进一步与国外供应方牵手展开了相得益彰且行之有效的本土化成品定制的成功合作范例[275]。数理模型及相关案例研究发现，内外资企业若能构建适宜的本土化产品定制合作机理，必定能提升产品定制成功率、压缩定制合作成本[276]，信息空间理论研究也支持上述结论[277]。

内外资方共同为国内用户定制本土化产品的过程具有知识创造的性质，本质上是一个社会化嵌入过程[278]。科学化、高标准的跨部门、跨公司的业务流程管理能为可持续性本土化产品合作定制提供必要的组织支撑[279]，它通过降低定制复杂性[280]、集成新技术[281]、保持流程一致性来支持内外资方的定制协作。鉴于合作定制中内资方的技术水平[282]、人力资本存量[283]、跨企业创新合作的治理制度和形式的不同[284]，内外资方的合作成本及定制绩效也会受到影响。因此，研究者分别对外资方的合作程度[285]、双方合作氛围[286]、外资方评估选择[287]、相互信任因素[288]展开了探究。还有文献从知识管理的新视角对企业间产品定制合作展开研究，涉及知识管理过程[289]、知识流失管理[290]、知识地图建构[291]、知识集聚与配置[292]等。

首先，现有文献宽泛地研究企业间产品研发或定制协作，对于极为现实的内外资方的本土化产品定制合作的具体性研究不足。其次，实证研究局限于个别因素，如技术、人力、伙伴选择、资源配置、任务分工等，并未系统考虑基于核心零部件交易合作的本土产品定制协作的整个过程，内外资方的长期互惠性交易合作路径研究存在缺失。第三，现有研究采用经典博弈论，但是在纷繁复杂的环境中，内外资方不是完全理性的。而基于有限理性的演化博弈模型能真实刻画内外资方有差异的学习模仿能力，更适合于分析本研究。

本章基于前人研究，运用演化博弈技术，对内外资方交易关系做出分类，设计核心零部件交易及产品定制合作参数，分析外资技术扩散视角下内外资方种群间核心零部件交易及本土化产品定制合作行为的演化机理以及合作定制的演化路径，辨识产品定制合作成功的要因所在，探究内资方引进核心零部件且协作定制本土化产品的成本共担、收益共享、行为约束及奖惩激励机制，丰富外资方在华研发合作理论，为内资方通过互惠型交易合作方式获取外来优质零部件和快速高效完成本土化产品定制提供思路和策略。

7.2 演化博弈模型及均衡条件

本章分析内资方种群与外资方种群之间的核心零部件交易及本土化产品定制合作博弈，可用策略为{简单交易，合作定制}。若双方不能在本土化产品定制中进行合作，则只保持核心零部件的简单交易关系，即内资方只是向外资方采购核心零部件。约定变量下标 f 代表外资方，d 代表内资方。π_f、π_d 各指外资方和内资方在不合作时只交易核心零部件的利润或附加值。若双方签约合作定制本土化产品，则成功定制的总收益增量为 R，k 为外资方的收益增量分享比例，$k \in (0,1)$；C 指合作定制总成本，j 为外资方的承担比例，$j \in (0,1)$。因合作定制优于独立研制，故假设 $R > C$。若某个局中人在定制合作中途退出，则要承担违约金 P，因技术外溢效应和吸收能力，使其获取逃逸收益 E_f 或 E_d。此处约定，违约金将支付给坚持合作的对方。若外资方退出合作，内资方继续寻求其他合作方来定制本土产品，还需追加投入定制成本 C_d，其单独完成定制后的收益为 W_d；若内资方退出合作，外资方仍然能寻求其他中国制造型企业作为下游厂商，继续开展本土化产品定制合作，外资方尚需追加投入定制成本 C_f，其单独完成定制后的收益为 W_f。按常理，受到对方违约的负面影响，坚持本土产品定制的另一位合作型局中人为了重新构建新的跨企业定制合作团队，势必会付出更高的合作及管理成本，致使继续完成本土产品定制会给其带来亏损，故 $W_f < C_f + jC$，$W_d < C_d + (1-j)C$。该支付矩阵如表 7-1 所示。

表 7-1 内外资方交易博弈的支付矩阵

外资方 \ 内资方	简单交易	合作定制
简单交易	π_f，π_d	$\pi_f + E_f - P$， $\pi_d + W_d - C_d - (1-j)C + P$
合作定制	$\pi_f + W_f - C_f - jC + P$，$\pi_d + E_d - P$	$\pi_f + kR - jC$，$\pi_d + (1-k)R - (1-j)C$

设外资方选择简单交易的比例是 x，内资方选择简单交易的比例是 y。求出内外资方的复制动态方程如下[293]：

$$\frac{\mathrm{d}x}{\mathrm{d}t} = x(1-x)[y(C_f - W_f + kR - E_f) + E_f - P - kR + jC] \quad (7\text{-}1)$$

$$\frac{\mathrm{d}y}{\mathrm{d}t} = y(1-y)\{x[C_d - W_d + (1-k)R - E_d] + E_d - P - (1-k)R + (1-j)C\} \quad (7\text{-}2)$$

当 $E_f - P < kR - jC$、$E_d - P < (1-k)R - (1-j)C$（逃逸利润小于合作利润）且 $P < \min[C_f + jC - W_f, C_d + (1-j)C - W_d]$（违约金不足以弥补坚持合作者继续定制的净损失）时，系统有 5 个均衡点：O（0,0），U（0,1），Q（1,0），V（1,1），

$T([(1-k)R-(1-j)C-E_d+P]/[C_d-W_d+(1-k)R-E_d], (kR-jC-E_f+P)/(C_f-W_f+kR-E_f))$。图 7-1 表明内外资方会同时趋于两个 ESS（演化稳定策略），即合作定制或者简单交易。若双方的交易起点在区域 $OUTQ$，则会演化到 O 点，即两个种群稳定于合作定制；若在区域 $QVUT$，则会演化到 V 点，稳定于简单交易。

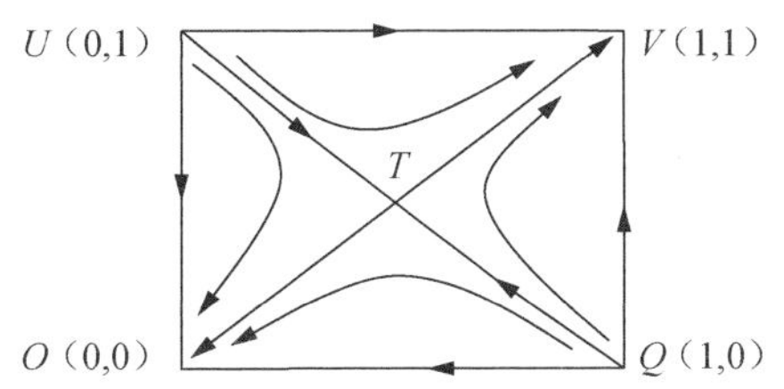

图 7-1　内外资方交易博弈的均衡相位图

7.3　影响合作定制均衡的参数分析

O 点和 V 点都有演化稳定性，究竟向哪个点演化的概率更大，取决于 $OUTQ$ 及 $QVUT$ 区域面积大小。影响合作定制均衡的因素，就是影响区域 $OUTQ$ 面积的因素，见式(7-3)：

$$S_{OUTQ}=\frac{1}{2}(x_T+y_T)=\frac{1}{2}\left[\frac{(1-k)R-(1-j)C-E_d+P}{C_d-W_d+(1-k)R-E_d}+\frac{kR-jC-E_f+P}{C_f-W_f+kR-E_f}\right] \quad (7\text{-}3)$$

可见，影响因素有 9 个，它们与区域 $OUTQ$ 面积的相关性为 $\frac{\partial S_{OUTQ}}{\partial R}>0$，$\frac{\partial S_{OUTQ}}{\partial C}<0$，$\frac{\partial S_{OUTQ}}{\partial P}>0$，$\frac{\partial S_{OUTQ}}{\partial E_d}<0$，$\frac{\partial S_{OUTQ}}{\partial E_f}<0$，$\frac{\partial S_{OUTQ}}{\partial C_d}<0$，$\frac{\partial S_{OUTQ}}{\partial C_f}<0$，$\frac{\partial S_{OUTQ}}{\partial W_d}>0$，$\frac{\partial S_{OUTQ}}{\partial W_f}>0$。因此，能给出如下重要结论：

（1）内外资方合作定制的可能性与双方简单交易核心零部件的利润或附加值大小无关。

（2）如果内外资方合作定制的总收益增量越大、总成本越小、逃逸违约金越高、逃逸收益越小、坚持合作者的追加定制成本越小、坚持合作者继续定制的收益越大，双方合作定制的可能性就越大。

（3）有最佳且唯一的收益增量划分方式，促使内外资方以最大概率进行合作定制。

证明：

$$\frac{\partial S_{OUTQ}}{\partial k}=\frac{1}{2}\left\{-\frac{R(C_d+(1-j)C-W_d-P)}{[C_d-W_d+(1-k)R-E_d]^2}+\frac{R(C_f+jC-W_f-P)}{[C_f-W_f+kR-E_f]^2}\right\}$$

S_{OUTQ} 对 k 的一阶导数的正负不能确定，令其为 0，可求出 S_{OUTQ} 的极值条件为

$$\frac{(1-j)C-(W_d-C_d)-P}{[(1-k)R-E_d+C_d-W_d]^2}=\frac{jC-(W_f-C_f)-P}{[kR-E_f+C_f-W_f]^2} \tag{7-4}$$

再求 S_{OUTQ} 对 k 的二阶导数，发现 $\frac{\partial^2 S_{OUTQ}}{\partial k^2}<0$，故而 S_{OUTQ} 取得极大值，使内外资方以最大概率进行合作定制，得证。

式（7-4）的拓展性含义：内外资合作定制收益增量的分享和各自承担的合作定制成本份额保持正向相关，这理应是研发联盟平稳运行的通用规则。内资方是本土定制化产品的最终厂商，只要外资方违约，内资方就要承受再次搜寻新合作者的转移费用，其复杂性很高；而且内资方也是本土化新产品定制创新风险的最后负责方，所以内资方在合作定制中承担的成本比例必定大于外资方，不难理解其理应相比外资方对合作定制的收益增量占有更大比例。因此，按照式（7-4）来分享收益增量会使双方满意度最大化，也加强了他们定制合作的动因。

（4）内外资方在合作定制中的成本承担比例与其收益增量分割呈正向相关。证明如下：

求 j 的导数，公式为

$$\frac{\partial S_{OUTQ}}{\partial j}=\frac{1}{2}\left[\frac{C}{C_d-W_d+(1-k)R-E_d}+\frac{-C}{C_f-W_f+kR-E_f}\right] \tag{7-5}$$

当 $(1-k)R-E_d-(W_d-C_d)>kR-E_f-(W_f-C_f)$ 时，$\frac{\partial S_{OUTQ}}{\partial j}<0$，若内资方在合作定制中的收益增量扣除其逃逸收益及单方坚持合作的净收益高于外资方，则其在合作定制中的成本承担比例要增大，才有利于合作定制稳定性；当 $(1-k)R-E_d-(W_d-C_d)<kR-E_f-(W_f-C_f)$ 时，$\frac{\partial S_{OUTQ}}{\partial j}>0$，若内资方在合作定制中的收益增量扣除其逃逸收益及单方坚持合作的净收益低于外资方，则其在合作定制中的成本承担比例要减小，才有利于合作定制稳定性。对于外资方也是如此，得证。

恰巧地，对 j 的分析结果与对 k 的拓展性分析结果相吻合，意味着只有内外资方的合作定制成本分担份额与合作定制收益增量扣除逃逸收益及单方坚持合作者净收益之差保持正向相关，局中人才会觉得公平合理，该博弈将以更大概率朝着合作定制收敛，产品定制的跨国合作体系才会具有稳定均衡性。其实，这也非常符合美国心理学家亚当斯早期提出的公平理论。

总之，要使内外资方的交易行为向本土化产品合作定制收敛，而不是简单交易核心零部件，其收敛速度受合作定制收益增量、合作定制成本、定制合作契约的违约金、技术外溢效应的影响；各自对对方技术的吸收、学习及模仿能力越强，会催生更高的合作逃逸收益，反而对他们的交易合作行为起到不利的抑制作用；公平的合作定制成本分摊与收益增量分享规则能加强他们定制合作的动因。

7.4 合作定制的约束机制

根据上文的参数分析，内外资方合作定制的逃逸违约金越高，双方合作定制的可能性就越大。可推断，违约金提高到某一程度，就能确保该博弈的稳定均衡点只有点 O，也就能约束内外资方都不会选择简单交易。当 $E_f - P < kR - jC$ 、 $E_d - P < (1-k)R - (1-j)C$ 且 $P > \min[C_f + jC - W_f, C_d + (1-j)C - W_d]$ 时，唯一的演化稳定结点就是点 O。因此，违约金提高到足够弥补任一坚持合作方继续完成本土产品定制的亏损时，内外资方种群的演化稳定策略都是合作定制。

假定起始状态是内外资方都选择简单交易，在本土产品的市场化利益诱使下，双方会察觉到，若在核心零部件交易的基础上合作定制本土化产品并取得成功，就能满足大量中国用户的需求，获取非常可观的收益增量，于是双方会调整交易策略，转而走向合作定制之路。若起始阶段为某个局中人合作，另一个局中人不合作，前者会收到违约金作为奖赏，坚定地进行本土化产品合作定制，后者因无力承受高昂的违约金而克制其简单交易动机，也转变为定制合作者。无论如何，内外资交易博弈的稳定格局就是合作定制本土化产品，双方成功合作后将共同分享市场所赐予的定制化产品收益增量。

7.5 实验结果及分析讨论

7.5.1 合作定制最优解

我国关天经济区比亚迪集团是民营家用轿车制造企业，采购外资方的刹车系统，双方合作定制本土化中高端 SUV 轿车，本研究将以其为实验对象，设定 $\pi_f = \pi_d = 1$，合作定制的收益增量为 10，$k = 0.3$，合作定制的总成本为 3， $j = 0.2$， $E_f = E_d = 2$，违约金为 0.2， $C_f = 1.8$， $W_f = 2$， $C_d = 0.6$， $W_d = 2.5$。

根据上述赋值，可得内外资方的合作定制概率为 0.8266，外资方的合作定制净利为 3.4，内资方为 5.6，此时的收益增量分割比例是双方谈判所确定的，并非最优。因此，借助式（7-4），求出 $k^* = 0.3953$，使得 S_{OUTQ} 取得极大值，让内外资方合作定制的可能性最大，如表 7-2 所示。

表 7-2 内外资方净利及合作定制概率

$k = 0.3$			$k^* = 0.3953$		
外资方净利	内资方净利	S_{OUTQ}	外资方净利	内资方净利	S_{OUTQ}
3.4	5.6	0.8266	4.353	4.647	0.8731

根据上文的参数分析，要确保唯一稳定的演化均衡只有内外资方都从事基于核心零部件交易的合作定制，则必须提高违约金，使得 $P > \min[C_f + jC - W_f, C_d + (1-j)C - W_d]$。可算出：$P > 0.4$ 时，两位局中人的博弈行为都会演化为合作。

7.5.2 参数影响的模拟实验

针对影响内外资方合作定制概率的参数进行模拟分析，如表 7-3 和表 7-4 所示。表 7-3 右侧的 k^* 和 S^*_{OUTQ} 是指求出的合作定制概率最大化时的收益增量划分比例及其对应的合作定制最大概率。可见，合作定制成本下降、逃逸收益弱化、合作定制收益增量强化、单方坚持合作定制者的净收益增大，都会促进交易博弈向合作定制路径演化；表 7-3 左列的各种参数变化的同时，都有对应的最优收益增量划分比例，这一适值的 k^* 使内外资方的合作定制可能性趋于最大。

表 7-3　影响内外资方合作定制概率的参数模拟

参数		S_{OUTQ}	k^*	S^*_{OUTQ}
C	3.2	0.7758	0.3836	0.8251
	3.1	0.8012	0.3885	0.8489
	3.0	0.8266	0.3953	0.8731
	2.9	0.8520	0.4052	0.8977
	2.8	0.8774	0.4215	0.9232
E_f, E_d	2.5	0.6090	0.4004	0.8293
	2.0	0.8266	0.3953	0.8731
	1.5	0.8814	0.3903	0.8990
	1.0	0.9079	0.3852	0.9161
	0	0.9349	0.3751	0.9373
R	8	0.4118	0.3818	0.7395
	9	0.7375	0.3893	0.8293
	10	0.8266	0.3953	0.8731
	11	0.8696	0.4002	0.8990
	12	0.8952	0.4043	0.9161
$W_d - C_d$	1.7	0.7992	0.3788	0.8375
	1.8	0.8125	0.3857	0.8543
	1.9	0.8266	0.3953	0.8731
	2.0	0.8417	0.4100	0.8947
	2.1	0.8578	0.4367	0.9212
$W_f - C_f$	0.10	0.7849	0.4100	0.8500
	0.15	0.8046	0.4035	0.8610
	0.20	0.8266	0.3953	0.8731
	0.25	0.8516	0.3845	0.8865
	0.30	0.8802	0.3691	0.9019

7.5.3 收益共享及成本共担参数对合作定制概率的联合影响

根据式（7-4），求出不同的 k 对应于不同的 j^*，很明显，当二者增减同步时，内外资双方对合作定制最为满意，S_{OUTQ} 实现最大化，能最大限度加强他们定制合作的动因，如表 7-4 所示。当 k 小于 0.3953，k、j^* 与 S_{OUTQ} 正相关，即当外资方的收益份额不足时，其分摊的合作定制成本也应该较低，合作定制对外资方缺乏足够的吸引力，因此提高 k 能强化外资方对合作定制的动力，有利于合作定制均衡的实现；当 k 大于 0.3953，k、j^* 与 S_{OUTQ} 负相关，即当外资方能瓜分到较高的合作定制收益时，其分摊的合作定制成本也应该较高，外资方在合作定制项目上获取的过高收益反而对内资方积极参与合作创新产生抑制作用，因此适当降低 k 能强化内资方对合作定制的动力，有利于合作定制均衡的实现。

表 7-4 内外资方不同的合作定制收益划分情况下成本分摊最优比例及合作概率

k	0.20	0.25	0.30	0.35	0.3953	0.40	0.45	0.50	0.55	0.60
j^*	0.134	0.135	0.144	0.167	0.2	0.204	0.246	0.278	0.295	0.300
S_{OUTQ}	—	0.625	0.8266	0.865	0.873	0.873	0.863	0.828	0.720	—

根据式（7-5），当 k 小于 0.415，j 与 S_{OUTQ} 负相关，即当外资方的收益份额不足时，外资方分摊的合作定制成本越低，其合作定制的积极性就越高，内外资方合作定制的可能性越大；当 k 大于 0.415，j 与 S_{OUTQ} 正相关，即当外资方能瓜分到较高的合作定制收益时，外资方分摊的合作定制成本越高，其参与合作创新的积极性就越高，从而增大了内外资方合作定制的可能性，如表 7-5 所示。

表 7-5 收益共享及成本共担参数对合作定制概率的联合影响模拟

参数	j	S_{OUTQ}
$k=0.3$	0.14	0.9101
	0.17	0.8683
	0.20	0.8266
	0.25	0.7571
	0.29	0.7014
$k=0.4$	0.14	0.8802
	0.17	0.8766
	0.20	0.8730
	0.25	0.8671
	0.30	0.8611
$k=0.5$	0.10	0.7451
	0.15	0.7865
	0.20	0.8279
	0.25	0.8693
	0.30	0.9107

7.5.4 拓展性探讨

进一步地，在影响合作定制概率的灵敏度方面，收益增量 R、逃逸收益 E_f 及 E_d、收益划分比例 k 及成本分摊比例 j 对合作定制路径演化的影响尤其灵敏，如表 7-3～表 7-5 所示，尤其是收益划分及成本分摊比例，略加调整这两个参数，就能对内外资方的合作定制行为起到立竿见影的干预效果，如表 7-4 和表 7-5 所示。

7.6 小结

本章运用演化博弈论分析内外资在核心零部件交易的基础上采纳本土化产品合作定制路径的演化稳定性及关联因素，重点探讨合作定制收益增量及其共享比例、合作定制成本及其分摊参数、因技术外溢效应和吸收能力而引致的逃逸收益等因素与最优均衡实现的关系，文中独到之处还在于引入单方违约金制度，证实了其对于合作定制所起到的约束作用。基于算例实验，提出最优的合作定制均衡实现的双方策略建议。指导性的结论包括：

（1）引导各种影响核心零部件交易及合作定制博弈 ESS 的关联因素的取值变化，能帮助内外资方得到优质的交易合作伙伴。

（2）当逃逸利润小于合作利润且违约金不足以弥补坚持合作者继续定制的净损失时，增加合作定制总收益增量、减少合作定制成本、抑制技术外溢效应、降低吸收能力而引致的单方逃逸收益、增加单方坚持合作者继续定制的收益、削减单方坚持合作者继续定制所追加的成本，都能激发内外资方构建稳定的合作定制关系。

（3）确定公平的收益共享及成本共担比例参数是合作定制长期持续化的重要条件，有利于内外资方在跨组织技术创新合作中得到互惠双赢之结果。

（4）当违约金提高到足够弥补任一坚持合作方继续完成本土产品定制的亏损时，内外资方种群的 ESS 都是合作定制。意味着在强有力的约束机理的作用下，双方投机动因会被抑制，本土化产品定制研发将向最高效的跨国合作模式演化，合作定制体系将演化为帕累托最优。

第8章 基于专利权技术贸易的外资技术扩散与内外资企业合作创新

深化改革时期，中国的扩大开放政策将比以往更加追求实质性绩效，中国企业更渴求引进先进技术，以加速技术进步和转型升级，专利权转让及商业化应用的合作会频繁出现在跨业态、实力及规模差别明显的非对称内外资方之间。而实际中，非对称内外资方的专利权互惠式转让交易及商用转化合作往往是短命的。运用演化博弈论分析非对称内外资专利权转让交易系统的演化稳定性，揭示相关影响因素，基于算例仿真，提出最优的互惠交易均衡实现的双方策略建议。发现，互惠交易行为受到专利研发投资额、交互资助力度、交易费用及外资方报价的影响，可控因素的理想赋值能促进市场向互惠交易均衡演化。

8.1 引　言

近 20 年来，专利权转让交易已经成为外资技术扩散的重要路径之一，对于促进外来技术扩散转移、加快科技成果有效转化、推动我国内资企业技术进步有着很大贡献，尤其是在中国加入 WTO 后，国内外专利权交易被极大地激发，专利权市场更加活跃，专利权转让交易无论从规模上还是质量上都保持连年大幅提升之势。《与贸易有关的知识产权协议》（TRIPS 协议）明确界定专利权属于知识产权，因此，专利权转让交易就是专利权转让人与引进人关于法律所赋予的专利独占权的让渡交易行为及其相关活动[294]。这最早可以追溯到美国 1980 年出台的《拜杜法案》（Bayh Dole Act），该法授权大学等学术研发组织享有其所承担的纵向科研项目所产生的发明成果的所有权、转让权，这使得美国各大学、医院、实验及研究机构的 R&D 及其专利权转让的积极性空前膨胀，专利权交易在后续 30 年间得到井喷式增长：仅美国大学专利权授予数就从 20 世纪 80 年代初的年均 200 余件猛增到 2010 年的 4400 余件，其中转让高达 4300 次，占比 95.9%，由此产生了 24 亿美元的交易额，专利权转让在 ICT、生物医药等行业尤为频发、突出，对美国新兴产业快速发展具有难以估量的支撑及推动效应[295]。不仅如此，该法案颁布实施及专利权市场空前活跃也同时催生全美大学科技经理人协会（Association of University Technology Managers，AUTM）的成立，AUTM 旨在促进美国各类科研机构的专利权转化，在美国科技产业振兴及大学科研成果快速转化方面发挥着极其重要的作用。以 AUTM 统计数据粗略估算显示，从 1980 年《拜杜法案》颁布至 2000 年，近 200 家美国及加拿大的研究组织的专利权转让交易额及其衍生的经济效益共计超出 400 亿美元，吸纳劳动力近 30 万人[296]。另据 AUTM[297]的 2008 财年专利调研报告披露，20 世纪 90 年代初至 2008 年期间，美国高校专利权授予数年均增长率为 14%，其中专利权转让数年均增幅也是高达 10%；1980～2008 年，全美高校为加速专利权转化新成立高科技企业近 6300 家，统计时点运营良好者约 3400 家，占比 54%；2011 年，美国 153 家学术性高校的专利权许可量近 5300 项。

再回顾近年来国内专利权转让发展轨迹，在“转变发展方式、调整产业结构”的国家科技兴国战略指引下，技术交易不断向高层次、定制化、新领域及前沿性挺近，新型技术转化系统日臻成熟。2011 年，全国技术合同交易额高达 4764 亿元，延续了多年的高速增长。虽然，近 6 年来（2006～2011 年）国内技术转让额在所有技术交易额（开发、服务、转让、咨询）中的比例仅为 20%，但是所有技术转让的一半几乎都是专利权转让，6 年间平均比例为 48.2%，可见专利权转让占据技术转让的主导地位。专利权一直是技术转让市场的主要交易标的，专利权转让额已经由 2006 年的 135 亿元增长到 2011 年的 357 亿元，年均增幅 27%，当年占全国技术合同交易额的 7.5%；2011 年专利权转让数量也是高达 5565 项，同比增幅 31%[298]。然而，国内专利权向科技产品成功转化的实际比率却徘徊在低水平，国内虽然年均产出省部级技术成果的数量逾 3 万，但是能真正产业化却仅有一成而已或更低；年均授予专利权数量逾 7 万，而成功转化为适销产品者也才占区区一成，这显然是专利权资源的非理性配置与极大浪费[299]。反观 AUTM 的全美高校会员，虽然近年来获得专利权数量仅是中国高校的 12%，但它们的专利权转让数量却高达我国高校的 2 倍多，创造出 45 倍于我们高校的转让收益。我国专利权转化成功率低的根源在于专利权转让交易双方缺乏合作，视野限于短期交易而非长期合作，导致专利权转让方与引进方对于专利权进一步转化为商用技术或产品的终极目标缺乏客观充分、前瞻深入的认知，专利权的真正市场价值不能体现，转让行为未能对该交易标的物的后续财富增值或生产力促进起到应有作用[300]。因此，专利权转让需要供应链上下游交易双方的开放、协同、合作，而非短期机会主义行为，才能推动技术再创新及专利权益持续高企，满足专利权相关方的长期价值最大化，对技术进步及经济增长更有利[38, 301]。专利权交易或授受双方开展合作不但能共担先期开发成本与后期商用转化成本或二次开发成本，更有意义的是为各方科技人才构建知识与信息平台，推动新技术不断涌现，提升技术外溢性及知识扩散效应[302]。尤其是在当前经济全球化及我国深化改革时期，我国内资企业面对前所未有的不确定性全球经济环境及复杂严峻的技术革新环境，专利权生命周期日益缩短，开发及转让的风险性凸显，单一企业的专利权运营能力有限，无力独立完成专利权运营全过程——申请、审查、授权、市价评估、转让谈判、权益交割或运用诀窍创建新企业，唯有开展合作[303, 304]或构建联盟[305]才是企业专利权战略的理性选择，其中专利权转让的竞合关系及行为更是利益关键点，尤其是专利权转让中互惠交易行为已是很多学者的研究焦点。

8.2 非对称内外资方专利权转让的互惠交易理论分析

8.2.1 专利权转让交易合作绩效的相关影响因素

许多学者的实证研究围绕着专利权转让有效性[306]、转让绩效水平测度[307]、评价指标体系等[308, 309]，也有零星的实证研究涉及专利权转让的利益关键点——专利权价值[310-312]，但更有价值的发现还是影响专利权转让交易的多方面相关因素：Dechezleprêtre等认为专利权转让在全球温室气体排放量削减方面具有关键作用，应用1995～2007年96个国家的专利权数据，抽取出促进或阻碍气候友好型（气候变化减缓）专利权技术全球范围扩散的要因，松弛的知识产权体制有很强的负面影响，国际贸易及FDI约束也会阻碍专利权技术扩散。他们还惊奇地发现区域性技术能力趋向于阻止专利权转让及技术扩散，而广义的技术能力指标则利于扩散，这源于对区域性技术能力的专用性界定，致使当地专利权与外来者替代效应的存在[313]。欧盟委员会（Europen Commission）[314]对公共研究机构知识转移调研发现，专利权转让有利于体现其商用价值，提升实施方运营系统和新产品研发速度，应该从转让数量及金额两方面度量转让效益。Caldera和Debandeb[315]采用西班牙大学的专利权转让数据，探究人力资本对专利权转让绩效的影响，发现二者存在正向关系。Fukugawa[316]对日本地方公共科技中心的实证研究发现各方合作投入资源能促进专利权转让活动。郭炬等[317]构建专利权的投入产出VAR模型，基于国内最近20年的科技指标统计，度量投入端多因素作用下专利权转让的变化，发现专利权转让具有产出属性，转让行为对研发投入有反向刺激作用，且前者具有正反馈机制，可实现内生增长，同时研发投入量增加也能加速转让活动，可得出专利权的投入产出要素之间具有良好交互性的结论。张寒等[318]对近12年来我国985院校的研发高投入数据及专利权产出作回归分析，发现总体经费划拨拉动了专利权转让的发展，但是从效应上，数量强于金额，其专利权商业价值有待商榷追问及印证，纵向资金投入并没有带来专利权转让数及金额的明显增加，并被解释为资金投入的国家层面战略导向意义而非商业利益追求。饶凯等[319]区分了国家及省级研发投入，发现后者对专利权转让的拉动力更强，而且来自企事业单位的研发资金更能刺激专利权转让交易规模扩大。

还有用于研究专利权转让下技术扩散的其他前沿性实证工具包括以Bass、MI、SW模型为代表的复杂网络模型或者社会网络分析法，Bronwyn和Christian[320]探究了大型MNC在“生态专利权共享计划”下90项发明的238项绿色技术专利权特性，这些专利权向实施专利第三方免费开放，比较了同种技术或同一家MNC的质押型专利权与其他类型专利权价值，以及专利权共享机制对气候变化相关技术革新及扩散的潜在激励作用，发现质押环境下专利权对环境友好型技术能够有保护作用，但其价值低于其他类型专利权价值；基于专利权引证网络测度，发现专利权免费开放并不能带来技术扩散显著增强，以此揭示专利权转让对于绿色技术开发及技术扩散的作用。

可见，实证研究文献数量虽然很多，但是对有限的个别因素研究偏多，如专利宽度、政府投入、专利权技术开发资金来源渠道、知识产权体制、技术能力、人力资本、融资模式等，适用范围上存在局限性，而对专利权转让的完整交易过程、交易双方竞合水平及后期产业化竞合机理的研究成果存在缺失，对于互惠型转让交易过程及关键性环节研究更是显得不足，即对专利权转让交易的合作性谈判以及中后期的成果商业性转化合作是否顺畅、互信程度、存在障碍等并未深究。

8.2.2 专利权转让交易合作行为的博弈特征分析

专利权转让具有明显的策略依存性、行为选择性及竞合特性，适宜进行博弈研究，能有力揭示授受各方行为特性及转让的深层机理，评判各种转让交易方式优劣性。欧训民等在宏微观双层博弈模型基础上分析具有现实迫切性的低碳专利权转让问题，发现国际第三方组织的专项补贴最具推动力，对引进方补贴效应优于转让方；政府宏观层面可以从放松规制、加大补贴、税费优惠等方面作出努力，这也印证了上文述及的专利权转让并非简单讨价还价谈判或一次性交易，其绩效改善需要交易双方构建积极的长期互惠型关系，更需要相关各方保持长期竞合发展关系[321]。贺京同等[322]设计了专利权宽度及技术差距向转让模式的传导机制，通过动态两阶段博弈求出专利权宽度作用下 4 种均衡态的转让收益并做出比较，发现专利权宽度应该与技术差距呈负相关为宜，技术差距大时直接引进并二次开发，反之则采用专利权许可引进并自主学习，最后诠释了专利权差异化宽度的公共政策含义。肖延高等[323]构建了专利权转让三阶段不同转让交易方式相对支付的理论架构，运用序贯博弈分析发现在引进过程中，引进方技术能力提升会同步增强其转让交易的谈判能力及地位。耿子扬等[324]发展了专利权转让的委托代理理论体系，基于成本动因而考虑专利权转让基础上的技术再开发合作关系可能性，通过合作博弈均衡分析发现专利权价值越高，转让方责任应该越重；基于信息租设计了抑制败德行为的专利权技术转让合同，相比没有败德行为时，转让方责任减轻且支付增加，引进方责任增加且支付减少，即引进方应收回合作创新主控权。

现有研究手段多数采用基于局中人完全理性的经典博弈论，有脱离现实世界之嫌。而基于有限理性的演化博弈模型能很好地克服上述缺陷。当前，演化博弈工具已经延伸用于网络协同战略、从众心理实验、股权拍卖、产学研跨国联盟等领域的研究。

8.2.3 专利权转让交易合作关系的定性分析

定性研究主要针对专利权转让法理及实施程序、专利权内核与制度设计、转让交易系统及商业转化的国际[325]或地域[326]比较研究、交易风险[327, 328]等，也有对专利权价值的思辨性研究或影响因素集成研究。梁志文[329]从竞争及制度视角揭示常见的专利权价值低于费用的亏损现象，论证专利权对创新程度的甄别能力，分析专利权转让途径对专利权组合质量提升的重要性，并设计适合国情的专利权制度框架。郑素丽和宋明顺[330]采用文献计量法，发现专利权人因素影响专利权价值，结合本研究，外资方以其更大规模，理应持有更高价值的专利权，其成果转化的商业经济报酬及维系周期大于我国内资方同类专利权的概率估计也会更高；还发现合作研发能促进专利权价值提升，但不利于后续商业性转化工作，认为专利权转让中的合作关系应谨慎处置。

8.3 相关假设及演化博弈模型

整理现有关于专利权转让的中外文献，多数集中于某一技术领域（如低碳、农业）、某个地区（如欧盟、中国台湾）或某种组织（如大学）的专利权转让，未考虑转让方及引进方的实力对比因素，过于理想地假设专利权转让交易双方实力接近，对于跨地界、业界或实力差别较大的转让方与引进方之间转让专利权（非对称专利权转让）的探索性不足。现有研究在非对称内外资方专利权转让及商业性转化合作的短命问题的发生根源、深层机制及路径依赖方面存在明显薄弱之处。

本章基于前人研究，运用演化博弈技术，分析深化改革期和外资技术扩散视角下，非对称内外资方种群间专利权转让交易竞合行为的演化机理以及双方互惠型交易演化路径，为我国企业在非对称情境下通过互惠型转让交易方式获取外来优质专利权技术提供竞合决策依据和建设性思路。

8.3.1 相关假设及符号说明

（1）假设专利权转让交易发生于两家非对称企业——外资方（用 W 表示）和内资方（用 N 表示）。双方在专利权交易中的可选策略都是{简单型交易，互惠型交易}。简单型交易是指在专利交易市场上追求每笔专利权交易实现获利最高的短期或一次性交易，其交易行为具有机会主义特征，该交易主体不愿投入资源与对方构建战略性合作关系，在专利开发及转化方面也没有互惠互利的长期商业伙伴，表现为内外资双方互不资助，只是简单地进行专利权交易。该种交易的内外资方用下标 1 表示，即 W_1 及 N_1。

相反地，互惠型交易是指在专利交易市场上主动投入资源构建战略性合作关系，在专利开发及转化方面有相对固定的互惠互利型长期商业伙伴，最初只在专利交易市场上出现一次，之后只与互惠型交易伙伴共同进行专利权开发、交易及转化等活动，表现为内外资方相互资助，即在专利交易的先期，外资方进行专利开发过程中，内资企业给予一定资助以加快开发进程、改进研究手段等，期望获取更高价值的新型专利；同样地，在双方专利交易的中后期，内资企业进行专利商用转化过程中，外资方也给予一定资助以加快产业化进程、提升专利应用效应等，期望获取更长远、更可观的市场效益。该种交易的内外资方用下标 2 表示，即 W_2 及 N_2。

（2）假设简单交易型的外资方提供的专利权价值为 V，互惠交易型外资方提供的专利权价值为 S。鉴于专利技术不断更新换代，基于 B-S 模型[331]，专利权价值自然会逐年递减，则有复利公式可用：

$$V = v + (1-\alpha)v + (1-\alpha)^2 v + \cdots + (1-\alpha)^{n-1} v$$

$$S = s + (1-\beta)s + (1-\beta)^2 s + \cdots + (1-\beta)^{m-1} s$$

其中，v 及 s 分别指两种交易模式下专利权的初始年份价值；α及β分别是介于 0 和 1 之间的专利价值年衰减系数；n 及 m 分别是专利权的生命周期，即转化为商用的预期年限。据上文所描述的两种交易模式，可知$v < s$，$\alpha > \beta$，$n < m$。因此，必有$V < S$。

（3）简单交易型外资方的额外交易费用：简单型交易下外资方在专利权交易前及其进行中所额外支出的费用，用于不断搜寻新的内资方进行短期交易、专利权的相关商业文书制作、更麻烦的交易谈判、频繁地对短期交易活动展开风险评估等，用 A 表示。而互惠型交易的外资方几乎不需要变换交易伙伴，故而该项费用可不予考虑。

（4）简单交易型内资方的额外交易费用：简单型交易下内资方在专利权交易前及其进行中所额外支出的费用，用于不断搜寻新的外资方进行短期交易、对新的专利权人审查及短期交易活动风险评估等，用 B 表示。而互惠型交易的内资方几乎不需要变换交易伙伴，故而该项费用可不予考虑。

（5）外资方专利开发周期 D：简单型交易下外资方专利开发周期为 D_1，互惠型交易下为 D_2，均以年为单位，因互惠交易型内资方对外资方专利开发给予一定资助，会缩短外资方的专利开发周期，因此，$D_1 > D_2$。

（6）交易价格 P：已有研究发现，外资方不直接实施专利权技术，固定转让费模式对于外资方利益及我国社会福利都是最优的[332, 333]。设定内外资专利权交易设定内外资专利权交易起始阶段，内资方向外资方询价。通常情况下，外资方在技术发明上更为领先于内资方，外资方因对其开发并用于交易的专利权技术非常熟悉，故而有权确定较为合理的交易价（卖价），内资方如果需要这一专利，则只能接受对方的出价。两种交易模式下的价格分别为 P_1 和 P_2。因为互惠型外资方既要促成这次交易，还希望与内资方建立长期战略性合作关系，签得长期性专利交易契约，使双方结成稳定的专利联盟。因此，互惠型交易下外资方所开发并转让的专利无疑是质优价低的，即 $P_1 > P_2$。

（7）外资方的专利研发平均年度投资额 Q：专利研发的平均年度投资额决定了专利质量及未来的商业价值。因为互惠型外资方会提供更加优良的专利技术，所以，$Q_2 > Q_1$。

（8）专利开发资助因子 ε：互惠型内资方资助外资方专利研发，以提高专利开发成功率。按常理，专利交易价越高，则开发成本也会越高，即开发成本与交易价正相关，故而外资方专利开发资助额也应更高。令专利开发资助因子 ε 为专利开发资助额占专利交易价的比例。

（9）专利商用转化资助因子 λ：互惠型外资方资助内资方对专利进行商业化，包括人力、技术培训及支持、设备供应及咨询服务等。同样，内资方引入的专利价值越高，则后期商业化的投入资源会越多，商用转化成本也会越高，即专利价值决定了商用转化成本，故而内资方的专利转化资助额也应更高。令专利商用转化资助因子 λ 为专利转化资助额占专利价值的比例。

（10）内外资方的理性程度是有限的，在专利权转让交易的反复博弈中，学习及应变能力有限，复制动态方程能够非常贴切地模拟内外资的专利权转让交易策略动态变化。

8.3.2 内外资专利权转让交易的演化博弈模型

内外资方在专利权交易中的支付矩阵如表 8-1 所示。

表 8-1 内外资方专利权转让交易博弈的支付矩阵

外资方 W \ 内资方 N	简单交易	互惠交易
简单交易	$P_1 - D_1Q_1 - A$，$V - P_1 - B$	$P_1 - D_2Q_1 - A$，$V - (1+\varepsilon)P_1$
互惠交易	$P_2 - D_1Q_2 - \lambda S$，$S - P_2 - B$	$P_2 - D_2Q_2 - \lambda S$，$S - (1+\varepsilon)P_2$

设外资方 W 选择简单交易的概率，也就是 W_1 占 W 的比例是 x，那么 W_2 的比例就是 1-x；设内资方 N 选择简单交易的概率，也就是 N_1 占 N 的比例是 y，那么 N_2 的比例就是 1-y。求得内外资方的复制动态方程如下：

$$\frac{\mathrm{d}x}{\mathrm{d}t}=x(1-x)[y(D_1-D_2)(Q_2-Q_1)+P_1-P_2+D_2(Q_2-Q_1)+\lambda S-A] \tag{8-1}$$

$$\frac{\mathrm{d}y}{\mathrm{d}t}=y(1-y)\left[x\cdot\varepsilon(P_1-P_2)+\varepsilon P_2-B\right] \tag{8-2}$$

8.4 演化博弈均衡分析

8.4.1 静态分析

当 $A>P_1-P_2+D_1(Q_2-Q_1)+\lambda S$ 且 $B>\varepsilon P_2$ 时，或当 $P_1-P_2+D_2(Q_2-Q_1)+\lambda S<A<P_1-P_2+D_1(Q_2-Q_1)+\lambda S$ 且 $B>\varepsilon P_1$ 时，仅 $E_1(0,0)$为稳态均衡点，即内外资方都是互惠交易型。从式中可见，内资方若提高简单交易型外资方的额外费用 A、降低专利开发资助因子ε、增多简单交易型外资方变换内资方的频次，则能诱使外资方更多地从事互惠交易；外资方若提高简单交易型内资方的额外费用 B、降低专利商用转化资助因子λ、增多简单交易型内资方变换外资方的频次、降低两种交易价格的差价(P_1-P_2)、降低两种交易下专利研发平均年度投资额差额(Q_2-Q_1)、降低互惠交易型专利权价值 S，也能诱使内资方更多地与外资方构建长期互惠性专利交易关系。

这是因为，提高 A 可减少外资方的简单交易行为发生的概率，故而促使其互惠交易行为的概率增大。显而易见，提高 B 是内资方频繁变动外资方的结果，因此增多简单交易型内资方变换外资方的频次会加大内资方互惠交易行为的概率。短期内，这虽然使得简单交易型内资方的数量会更多，但是长期的话，内资方绝不会承受较高的 B。同样地，降低ε在短期内助长了内资方的简单交易活动，而长期效应却是互惠交易型内资方不断增多；λ的情况与之类似。两种交易模式下 P、Q 差额的缩小，也会激励交易者的互惠举动，增加长期互惠主义者的数量。

8.4.2 演化分析

当 $P_1-P_2+D_2(Q_2-Q_1)+\lambda S<A<P_1-P_2+D_1(Q_2-Q_1)+\lambda S$ 且 $\varepsilon P_2<B<\varepsilon P_1$ 时，求出 $E_1(0,0)$、$E_2(1,0)$、$E_3(0,1)$、$E_4(1,1)$及 $E_5\left(\dfrac{B-\varepsilon P_2}{\varepsilon(P_1-P_2)},\dfrac{P_2-P_1-D_2(Q_2-Q_1)+A-\lambda S}{(D_1-D_2)(Q_2-Q_1)}\right)$共计 5 个均衡点，相位图如图 8-1 所示，$E_1$ 和 E_4 为稳态结点（ESS，进化稳定策略），E_2 和 E_3 为非稳态结点，E_5 为鞍点。此时，内外资方都会演化为简单交易者或者互惠交易者。交易情况 $Z=\left[(x,1-x),(y,1-y)\right]$，跟踪 Z 的变化就能掌握局中人在交易博弈中的策略演化趋势、路径和稳定性。

若内外资方的起始交易状态位于 $E_4E_2E_5E_3$ 区域，则交易将演化并稳定于 E_4，内外资方都会开展简单交易，无法获取最优收益，任一交易者都不愿改变交易策略，致使专利交易市场陷入不利境地。众多简单交易者的出现会使专利交易市场变得低效、无序，甚至会失灵、瓦解。此时，专利权市场必须接受政府强行管制及外界干预。若内外资方的起始交易状态位于 $E_1E_2E_5E_3$ 区域，则交易将演化并稳定于 E_1，内外资方都会开展互惠交易而获取最大支付值，有利的双赢局面会达成，专利权市场得以高效运行，政府可放松管制、取消干预行为。

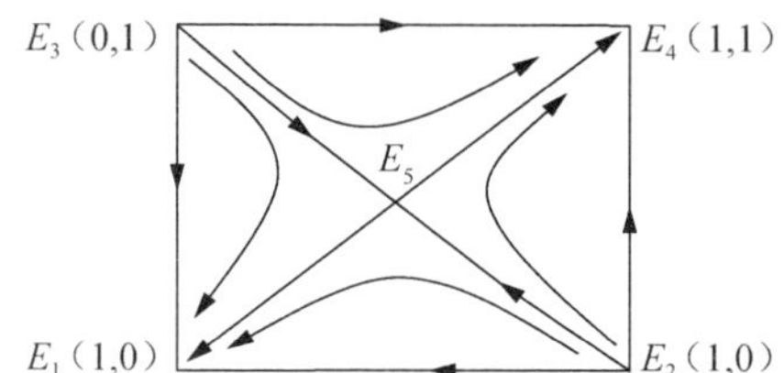

图 8-1　内外资方交易博弈均衡相位图

8.4.3　R&D、交互资助、交易费用及价格对互惠交易的影响

虽然 E_1 和 E_4 都有演化稳定性，但是究竟向哪个点演化的概率更大，分别取决于 $E_1E_2E_5E_3$ 及 $E_4E_2E_5E_3$ 区域的面积大小。互惠交易实现的影响因素，就是影响区域 $E_1E_2E_5E_3$ 的面积的因素，列式如下：

$$S_{E_1E_2E_5E_3}=\frac{1}{2}(x_{E_5}+y_{E_5})=\frac{1}{2}\left[\frac{B-\varepsilon P_2}{\varepsilon(P_1-P_2)}+\frac{P_2-P_1-D_2(Q_2-Q_1)+A-\lambda S}{(D_1-D_2)(Q_2-Q_1)}\right]\tag{8-3}$$

可见，影响因素有 11 个，它们与该区域面积的相关性为 $\frac{\partial S_{E_1E_2E_5E_3}}{\partial D_1}<0$，$\frac{\partial S_{E_1E_2E_5E_3}}{\partial D_2}>0$，$\frac{\partial S_{E_1E_2E_5E_3}}{\partial Q_2}<0$，$\frac{\partial S_{E_1E_2E_5E_3}}{\partial Q_1}>0$，$\frac{\partial S_{E_1E_2E_5E_3}}{\partial S}<0$，$\frac{\partial S_{E_1E_2E_5E_3}}{\partial \varepsilon}<0$，$\frac{\partial S_{E_1E_2E_5E_3}}{\partial \lambda}<0$，$\frac{\partial S_{E_1E_2E_5E_3}}{\partial A}>0$，$\frac{\partial S_{E_1E_2E_5E_3}}{\partial B}>0$，$\frac{\partial S_{E_1E_2E_5E_3}}{\partial P_1}<0$。

若 D_2、Q_1、A、B 增大，D_1、Q_2、S、ε、λ、P_1 减小，则互惠交易的概率就会增大。这与静态分析中 Q_1、Q_2、S、ε、λ、A、B 对互惠交易的影响完全一致。

交易价格 P_2 的影响非单调，列式为

$$\frac{\partial S_{E_1E_2E_5E_3}}{\partial P_2}=\frac{1}{2}\left[\frac{B-\varepsilon P_1}{\varepsilon(P_1-P_2)^2}+\frac{1}{(D_1-D_2)(Q_2-Q_1)}\right]\tag{8-4}$$

令上式为 0，可求出 P_2^*，再求得 $\frac{\partial^2 S_{E_1E_2E_5E_3}}{\partial P_2^2}=\frac{B-\varepsilon P_1}{\varepsilon(P_1-P_2)^3}<0$，可见 P_2^* 是 $S_{E_1E_2E_5E_3}$ 的极大值点，即互惠交易型外资方的最优专利权交易价格。

8.5 汽车“蓝驱”技术专利权交易算例仿真

8.5.1 算例资料及调研计划

为了对文中的内外资方专利权转让的互惠交易行为及简单交易行为作出比较研究，拟提供我国内资汽车企业上海大众与外资方德国大众公司就汽车涡轮增压的“蓝驱”专利权交易实例调研资料。上海大众蓝驱是上海大众引入德国大众汽车集团日趋成熟的先进蓝驱技术专利权，应用于上海大众新款汽车，当下已推出三款蓝驱版上海大众汽车：帕萨特蓝驱技术版、途观蓝驱技术版以及朗逸蓝驱技术版[334]。

严格意义上来说，蓝驱技术是一个众多先进技术的整合，搭载蓝驱技术的车型都配有德国大众最新研发的高效能 TSI 涡轮增压直喷发动机或 TDI 涡轮直喷增压发动机，结合传输效率极佳的 DSG 双离合器变速系统，使车辆有更低的油耗表现与二氧化碳排放量。而 TDI 柴油发动机车型也标准配备 DPF 柴油微粒过滤器，将发动机烟尘控制到最低的排放程度[335]。

上海大众公司虽然走合资之路而起家，但是拥有独立的内资品牌，在国内汽车同行中处于技术领先地位，尤其在整车开发及装备升级方面表现卓越。该公司紧抓德国大众转让汽车涡轮增压的高端专利权技术，已确定在以后很长时间里继续深化执行蓝驱战略，推出更多应用这一前瞻科技的蓝驱版涡轮增压发动机的车型，推动我国汽车业以科技领跑未来的节能减排风潮。

在蓝驱技术引进方面，上海大众派出业务骨干团队全程参与专利权转让交易，在专利权交易谈判桌上争得主动性及话语权，确保关键技术引进的合理性、科学性及可实施性。为了激励对方公司德国大众加快最新蓝驱技术开发进程、改进完善研究手段，转让出更高商业价值的新型涡轮增压动力及减排环保技术专利权，我国内资方汽车企业上海大众的谈判代表承诺为德国大众的最前沿的蓝驱系统提供充分而有力度的全过程研发资助。同样地，外资方的德国大众作为该先进专利权开发者，深谙发动机启停技术是蓝驱系统的最大亮点，可有效提升燃油经济性，同时配合有蓝驱系统的另两项技术，即能量回收技术及装配地滚阻轮胎技术，使得蓝驱型车辆将更加环保，德国大众集团作为外资方也当然预见到该专利权技术在未来环保车及高效能驱动力汽车市场的巨大市场空间，必将引来世界瞩目[336]。据调查，“蓝驱”标志代表了省油和驾驶乐趣，“蓝驱”并不意味着为追求燃油效率而牺牲驾驶乐趣，德国大众汽车已通过全线产品安装 TDI、FSI（汽油直喷发动机）以及 TSI 等类型发动机，完美地实现了驾驶享受的最大化和燃油消耗的最低化。这三款发动机在技术上目前都远远领先于世界水平，未来的发展还将这三款发动机技术融为全新的合成燃料驱动技术，而本案例中的交易标的“蓝驱”专利权正是这个发展领域的先驱者[337]。因此，德国大众在蓝驱专利交易谈判时，很理智地主动提出在蓝驱专利权转让及合资汽车产业应用过程的中后期，愿意给予上海大众一定资助以加速蓝驱系统专利商用转化过程，加快蓝驱版汽车的产业化进程，提升蓝驱专利的新车型应用效能，期望携手我国内资方企业获取更长远、更可观的节能减排轿车市场效益。结合以上的内外资方专利权转让交易情境描述，本案例符合本章的博弈局中人的互惠交易行为假设。

为了完全掌握上海大众与德国大众针对蓝驱技术专利权转让交易的第一手资讯及准确的技术经济数据，课题组成员深入调研上海大众通过互惠型交易方式获取德国大众的优质蓝驱专利权的全过程、交易进展的细节情况及专利权产业化应用的实际状况，试图摸底双方的互惠交易动机及上海大众引进蓝驱专利后的二次研发及新款汽车应用现状，综合内外资方对趋于成熟的涡轮增压专利权交易谈判的不同展望及预期，来研究局中人的交易博弈得益情况。

8.5.2 数据调查及博弈矩阵参数赋值

课题组考虑并完成以下几项重点工作，从而确保得到足以表征专利权转让交易行为不同特性（简单型交易行为或互惠型交易行为）的定量化数据。

（1）2014 年 5～6 月，课题组正式致电上海大众汽车上海安亭总部、安亭一厂、安亭二厂、安亭三厂、南京工厂、仪征工厂、乌鲁木齐工厂、宁波工厂、长沙工厂的技术负责部门、蓝驱专利权引进项目组、技术开发部门经理及关键岗位技术员，有效获取回复的被调查者为 38 人，开放式问题包括蓝驱技术专利权转让交易中的谈判分歧程度及重要性描述，蓝驱技术的中方引进及外方转让的具体动因揭示，交互资助后内外资方的交易态度变化情况，单方取消蓝驱专利权转让中资助行为的威胁度及可信度评估，简单交易及互惠交易对内外资方的不同影响程度评价，交易中互惠格局对蓝驱技术后期新车应用的贡献度预测等。

同时，以陕西的 10 家在册上海大众经销商样本为专利权价值调研对象（包括：新丰泰、陕西汽贸、西安明达、唐都燕华、航天众和、富源、四方、元泰、航天九州、嘉悦），电话或实地调研经销部负责人，收集蓝驱版高效能 TSI 涡轮增压直喷发动机的市场价值及搭载蓝驱系统的新车销售预测数值等。

（2）2014 年 7～9 月，我方研究小组根据电话采访技术部门领导以及专利权引进团队的大体成果，正式给上海大众的这些部门发出调查量表（表 8-2）传真，在量表开头部分作以特别说明，要求技术部领导、专利权引进工作相关负责人亲自填写好并给予研究者，紧跟着，研究人员逐次对该项专利权引进的相关部门致电，确认传真量表收到并期盼按期返回，基于研究者的主动跟进，本次传真调研的可信量表回收率高达 75.83%。我方发出的量表完全根据本章第三部分的交易博弈相关假设中所解释的控制变量而作出量化设计，一开始就对两种交易模式下被转让的蓝驱系统专利权价值差异、简单交易下的中德双方需支付的额外交易费用、外资方德国大众受资助下的专利开发周期变化、两类交易价格、德方在互惠交易下蓝驱技术专利研发投资额年度平均增幅、中德在蓝驱技术专利权转移合作中的交互资助强度等作出了专业性且易于被企业方面人员充分理解的阐释和注解。

表 8-2 研究者向上海大众公司及其工厂调研所用量表

调查项目	单位	请尽量填写准确数据或估值
简单交易下德国大众的蓝驱技术专利权初始年份价值 v	美元	
简单交易下德方的蓝驱技术专利权价值年衰减系数 α	%	
简单交易下德方的蓝驱技术专利权的生命周期(即转化为新款汽车的预期销售年限)n	年	
简单交易下德方的专利权价值 V	美元	
互惠交易下德国大众的蓝驱技术专利权初始年份价值 s	美元	
互惠交易下德方的蓝驱技术专利权价值年衰减系数 β	%	
互惠交易下德方的蓝驱技术专利权的生命周期 m	年	
互惠交易下德方的专利权价值 S	美元	
简单交易下德方的额外交易费用 A	美元	
简单交易下上海大众的额外交易费用 B	美元	
简单交易下德方的蓝驱技术专利权开发周期 D_1	年	
互惠交易下德方的蓝驱技术专利权开发周期 D_2	年	
简单交易下德方的蓝驱技术专利权转让价格 P_1	美元	
互惠交易下德方的蓝驱技术专利权转让价格 P_2	美元	
简单交易下德方对蓝驱技术专利研发的平均年度投资额 Q_1	美元	
互惠交易下德方的蓝驱技术专利研发的平均年度投资额 Q_2	美元	
互惠交易下中方向德方专利研发提供资助占专利交易价的比例 ε	%	
互惠交易下德方向中方专利转化提供资助占专利价值的比例 λ	%	

基于此，请上海大众的中层以上直接被测受众对以上两类技术专利权交易格局中的关键经济指标给予公正评估和近似计量，即课题组在作出数据保密承诺的基础上，由企业相关领导提供上海大众和德国大众分别在简单交易和互惠交易中的不同行为表现所引致的专利权价值、交易费用、交易价格、德方引发投资额、交互资助比例等，进而我方研究者结合第一阶段的电话调研或实地调研情况，对量表的数据信度作出判断，对收回的部分无效量表中的数据进行甄别筛选，从而基本得到了较为现实的该专利权交易博弈矩阵的重要参数赋值，以逼真地模拟中德就蓝驱技术专利权转让的互惠交易行为下的关键决策变量，也正是本章中算例仿真的参数取值结果的重要依据。

为了真实地再现 5 个不同性态的均衡点，并展示内外资方在专利权转让中的交易行为同时向简单交易或者互惠交易演化的趋势、路径及其稳态特性，笔者在对本次内外资方的汽车蓝驱系统技术专利权交易海量数据中的分析、评判和挖掘中，发现如果对实际的调研所得数值做出适当的归一化处理，也就是选取合适的比例同步缩小价格、费用、价值或投资额项目下的金额数值（以美元为单位者），那么就能选取出满足本章 8.4.2 节所分析的演化均衡条件的那种算例数值作为仿真实验对象，从而确保该蓝驱技术专利权交易算例的各个参数的最终处理后的取值在数值实验及仿真分析方面是绝对具有代表性的，具体结果如下：作为外资方的德国大众公司的相关决策参数的取值为 $P_1=5$，$P_2=4.5$，$D_1=3$，$D_2=2.5$，$Q_1=0.2$，$Q_2=0.4$，$A=1.95$，$V=8.5$，$S=9$，$\lambda=0.1$；

内资方相关参数的取值有 $B=1.9$，$\varepsilon=0.4$ 。以上取值都是源自课题组上述两个不同阶段对内资方向外方引进汽车专利权的真实交易调研取证而得，此处以纯数值表示，以略去实际货币金额或年份的单位含义。

（3）为了提高量表调研结果的信度及效度，从 2015 年 2～6 月，课题组在全面整理、深度总结前两个阶段的电话采访及量表传真调研结果的基础上，继续对上海大众总部及 8 家工厂展开更为细致及宽泛的实地调研，形式上采取了深度采访研讨以及重点人物约谈，辅助性调研的对象就是上海大众汽车引进先进的蓝驱专利权技术过程中的中德双方交易记录、签署互惠交易备忘录及若干次重要谈判纪要、多轮谈判下交易报价变动、交易契约资料、技术引进后新车应用项目日志及总结报告、二次技术开发的翔实历史卷宗及非保密性专利权技术资料、集团公司对该专利权技术实施及商用量产的内部管控文件，以此验证课题组通过上述两个调查阶段而得出的博弈局中人相关决策参数的拟实数值的真伪性及准确性。除此之外，还要调查上海大众所获悉的德方对该成熟技术的研发进展汇报、上海大众财务报表及上市年报、上海大众下辖工厂中涉及蓝驱版上海大众汽车研制的内部技术文件、主要媒体对蓝驱技术专利权交易的重要信息披露。最后值得一提的是，课题组同时还在与上海大众及德国大众的蓝驱专利权技术管理部门经理、两家企业的专利权交易谈判专家或骨干分子及中高端管理者访谈时，就蓝驱系统专利权技术交易特性、蓝驱专利权技术发展定位、该专利权研发过程投入各种关键资源、中德双方转让交易中多轮次谈判的实际发生的主要费用、中德各方通过互惠交易而获取的中长期利益或账面增加净值、互惠交易的可选策略组合、双方在不同交易模式下可能在中国轿车市场中形成截然不同的竞合关系及其偏好性路径走势等专利权转让的核心问题，重新展开历史性梳理归纳、细致深入地研讨挖掘、链条式逻辑推演及假设式预测期望。

8.5.3 算例仿真分析

以上海大众及德国大众就蓝驱技术专利权的交易为例，下面就通过该算例仿真，验证上文演化分析所得出的相关结论，进而探究各变量对互惠交易演化均衡的影响。

1. 内外资方简单交易者的起始比重对互惠交易演化均衡的影响

图 8-2 是简单交易型内资方起始比例为 0.2 时，外资方起始比例对互惠交易演化均衡的影响。当 x_0 较高时，则可能演化为简单交易的均衡态。当 x_0 较低时，交易市场会朝着最优的互惠交易均衡演化，而且 x_0 越接近均衡值 0，收敛速度越快。图 8-3 是 $y_0=0.8$ 时，x_0 对互惠交易演化均衡的影响，可见在专利交易起始期，简单交易型外资方的出现概率越大，就越可能使专利权市场陷入简单交易的低效境地。对照两图，发现内资方起始种群中简单交易者的比重对互惠交易演化均衡产生重大影响。引入专利权的内（外）资方通过积极引导、召开交易说明会、甄别外（内）资方交易意向等策略，能降低外（内）资方简单交易行为的起始比重，有助于交易博弈向互惠型的理想局面演化。政府在技术

引进的政绩要求下，应加强专利权交易市场监管，支持互惠交易，抵制短期性的专利权简单交易行为，维护专利权市场的有利环境，促进内外资双赢。

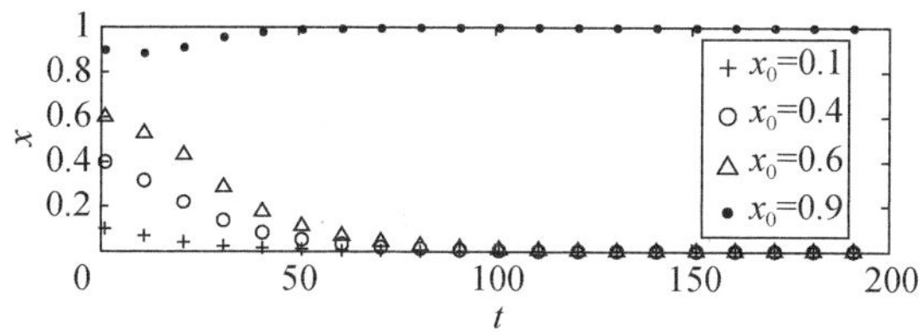

图 8-2 y_0=0.2 时 x_0 对演化均衡的影响

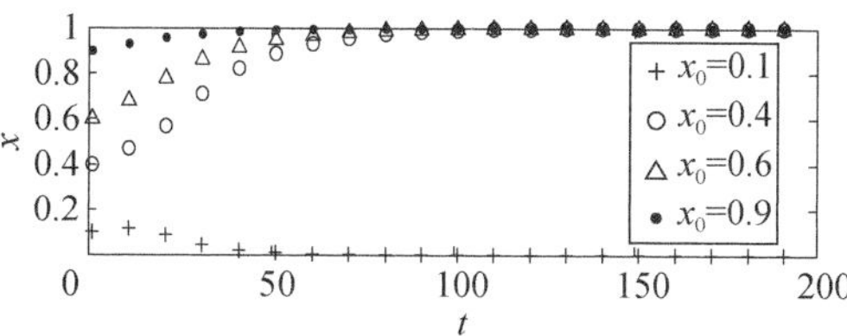

图 8-3 y_0=0.8 时 x_0 对演化均衡的影响

2. 额外交易费用对互惠交易演化均衡的影响

将 A 增大为 1.99，其余变量取值与图 8-2 一样，得到专利权交易博弈的演化结果，如图 8-4 所示。随着外资方的额外交易费用增加，其简单交易行为会得到克制，从而促进专利权交易市场向互惠交易均衡演化。将 B 减少为 1.81，其余变量取值与图 8-2 一样，得到额外交易费用 B 对互惠交易演化均衡的影响，如图 8-5 所示。内资方的额外交易费用降低，会助长其简单交易行为，从而加剧专利权市场向不好的简单交易均衡演化的趋势。

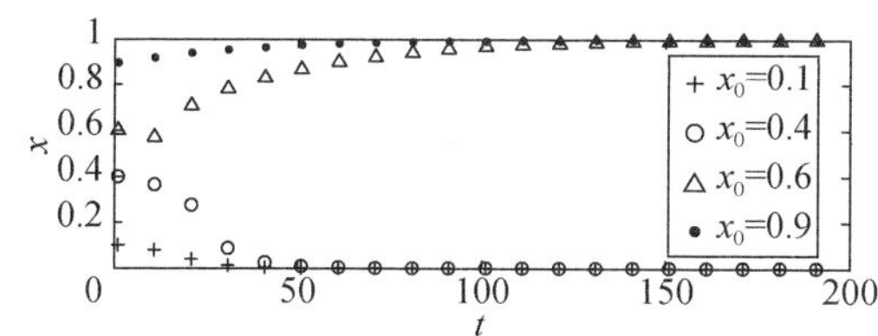

图 8-4 A=1.99 时专利交易的演化均衡

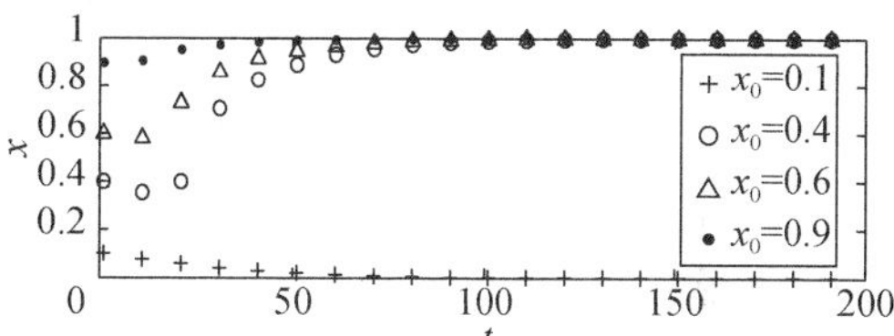

图 8-5 B=1.81 时专利权交易的演化均衡

3. 交互资助强度对互惠交易均衡的影响

将λ提高到 0.105，其余变量取值与图 8-2 一样，得到专利权交易博弈的演化结果，如图 8-6 所示。一旦外资方对内资方的专利商用转化的资助比例提高，会因为削减了外资方的利益而挫伤外资方的互惠交易积极性，反而出现更多的简单交易型外资方，致使专利权市场向不利的简单交易均衡状态演化。将ε降低为 0.39，其余变量取值与图 8-3 一样，得到交互资助强度ε对互惠交易均衡的影响，如图 8-7 所示。对比发现，若内资方对外资方专利研发的资助比例减小，反而会推动外资方的互惠交易积极性，涌现出更多的互惠交易型外资方，促使专利权市场向最优的互惠交易均衡态演化。换言之，有序高效的专利权市场使得内资方更便捷地获取高技术产品专利，它们不必要对实力强的外资方实施高投资。

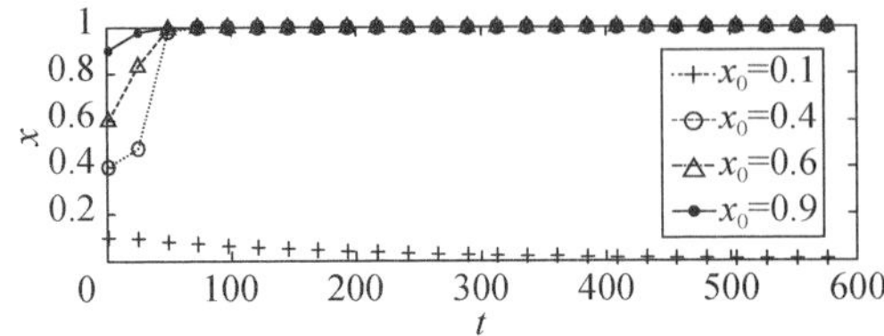

图 8-6 λ=0.105 时专利交易博弈演化情况

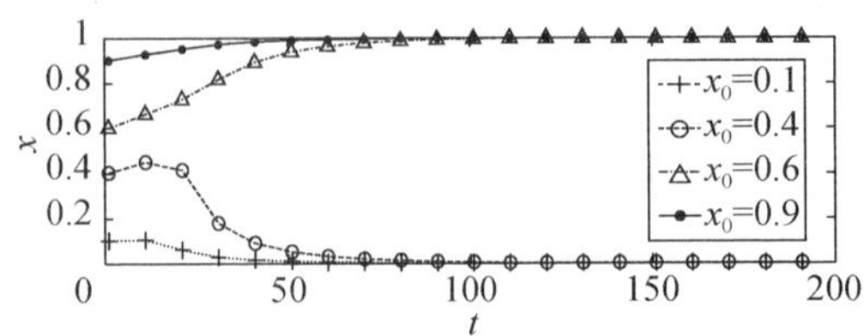

图 8-7 ε=0.39 时专利交易博弈的演化情况

4. 专利研发对互惠交易均衡的影响

缩小两种交易模式下外资方的专利研发平均年度投资额的差距，将 Q_2 改变为 0.385，其余变量取值与图 8-3 一样，得到专利研发投资额对互惠交易均衡的影响，如图 8-8 所示。若外资方削减专利研发的平均年度投资额，会促进外资方的互惠交易积极性，引导专利权市场发展为互惠交易均衡状态。这也意味着，外资方有意识地缩小两种交易模式下专利研发平均年度投资额，有助于专利权市场的优化发展。将 S 降低为 8.6，其余变量取值与图 8-3 一样，得到专利权交易博弈的演化路径，如图 8-9 所示。对比发现，若互惠型外资方适度降低或保留其所转让的领先或优秀的专利成果的一部分价值，能对其互惠交易行为产生合理的补偿效应，反而会提高外资方互惠交易行为的概率，激发出更大比例的互惠交易型外资方，促使专利权市场向最优的互惠交易均衡态演化。换句话说，外资方所开发的高水平、前沿性专利权的价值适度下降并没有对专利权市场交易带来负面影响，反而对互惠型市场交易均衡有催生作用。对于我国内资企业来说，一味地期望互惠型外资方提供廉价却又优秀、高附加值的专利权成果，是不公平的，从长期来看也不利于实现内外资方共赢。

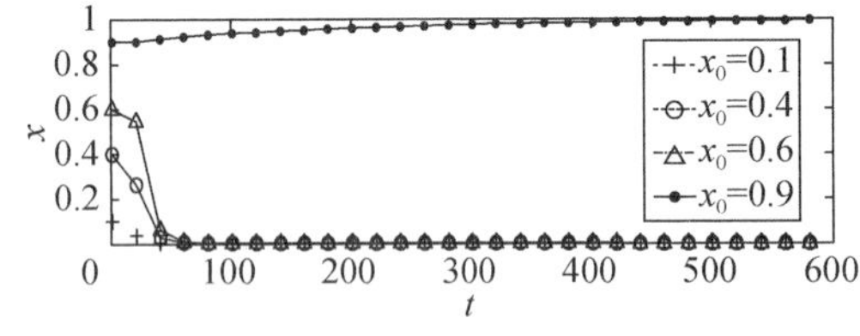

图 8-8 Q_2=0.385 时专利交易博弈的演化情况

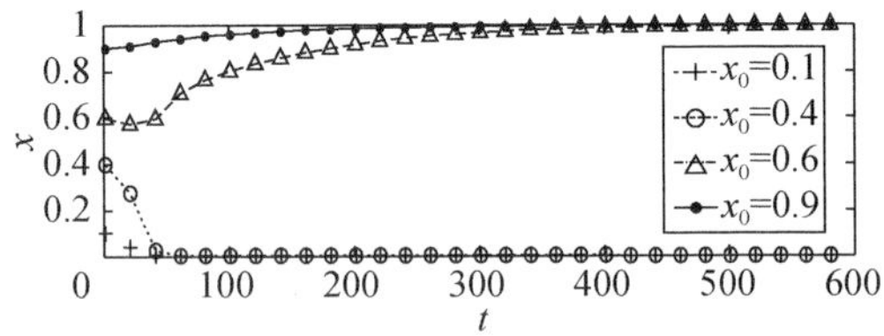

图 8-9 S=8.6 时专利交易博弈的演化情况

5. 专利交易价格对互惠交易均衡的影响

降低 P_1 为 4.6，其余变量取值与图 8-3 一样，得到专利权交易博弈的演化路径，如图 8-10 所示。若简单交易型外资方降低专利权的较高报价，就会弱化其简单交易的动机，引导专利权市场发展为互惠交易均衡状态。即外资方若在专利权交易中摈弃短期牟利的功利主义，不抱有短视思想，消除专利权交易中的投机行为，追求专利权开发、交易及转化的可持续发展，就会促使专利权市场向最优的互惠交易均衡态演化，实现内外资方共赢。

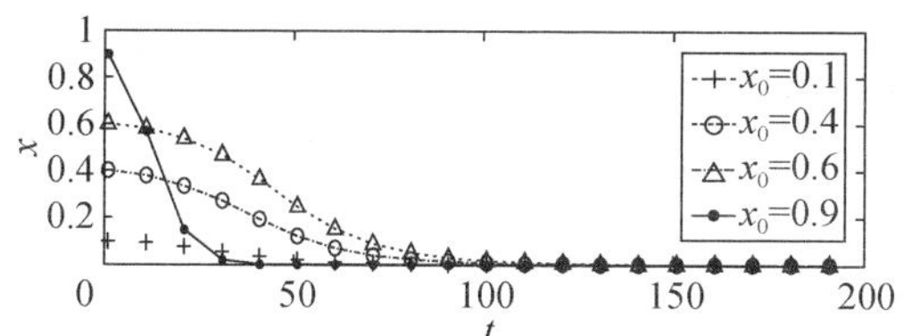

图 8-10 P_1=4.6 时专利权交易博弈的演化情况

若 P_1=5 维持不变，由式（8-4），求出互惠交易型外资方的最优专利权交易价格 $P_2^* = 4.842$。对比该价格与算例的 P_2 初值，上升幅度很明显，已经接近于简单交易型外资方起初的高报价 P_1，以至于两类外资方已经难以清晰划分了。显而易见，如此提高了的专利交易价格 P_2^* 才能真正吸引外资方致力于长期互惠互利型专利交易，并会促使专利权市场以更高概率向最优的互惠交易均衡态演化，有利于内外资方共赢。因此，技术密集型外资企业根本不需要靠低报价来维持专利权转让的互惠交易。

以上算例仿真支持本章的演化均衡分析结论，反映出影响交易博弈 ESS 的专利研发、交互资助、交易费用及价格等诸多因素，探讨了这些变量对互惠交易均衡产生影响的深层机理，给出了理想均衡实现的可控因素赋值取向。

8.6 小 结

本章运用演化博弈论分析非对称内外资专利权交易策略的演化稳定性及其影响因素，基于算例仿真，提出双方的互惠交易策略。主要研究结论包括以下几点。

（1）内外资方都能通过设置各种决策变量的取值而发展互惠交易。若增加简单交易型内资方的额外费用、减少专利权商用转化资助、降低两种交易下专利研发平均年度投资额差额、削减互惠型交易的专利权价值、缩小两种交易模式的专利权报价差距、增加简单交易型外资方的额外费用、减少专利研发资助，就能促使内外资方构建长期互惠性专利交易关系。

（2）专利交易起始期，简单交易型内外资方的比重越小，就越有助于交易体系向互惠型交易的理想均衡局面演化，且速度会加快，所以政府应加强专利权市场交易主体及其行为监管，抵制短期性的专利权简单交易者及其短视行为。

（3）互惠交易型外资方的最优专利权交易价格相比该类型外资方的专利权转让初始报价有明显的上升幅度，甚至接近于简单交易型外资方的高报价。因此，技术密集型外资方根本不需要靠低报价来维持互惠交易。

但是，本研究考虑的是大量内外资企业之间专利权交易系统演化，寡头企业的有限次数专利权交易必然不符合本章假设及模型。即使长期互惠型交易关系构建对内外资方都有利，但是在初期也需要双方有较为高昂的费用投入，而本章对此做了忽略处理，这也值得商榷，尤其是在高交易费用普遍存在的信息和通信技术产业更不成立。内外资企业除了自行在专利权市场上展开长短期交易，还可求助极其重要的一种中介渠道——技术转让办公室 TTO、技术转移中心[324]等，这理应是未来的研究情境。最后，本章只是利用传统的 B-S 模型给出随时间呈几何式衰减的专利价值，未引入外资方在华专利权价值的复合期权模型，也忽略了专利存续期对于专利价值的影响，专利技术宽度同样有必要列入专利价值公式中[338]。

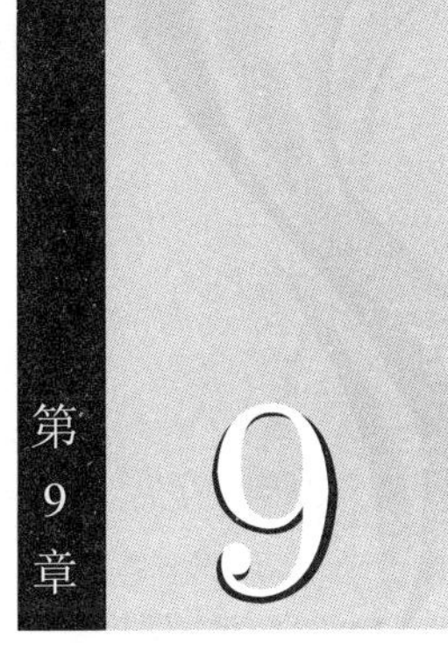

第9章 基于FDI的外资技术扩散与内外资企业间交易合作

9.1 引言

作为获取外国先进技术的一种重要途径，FDI在当今全球性技术创新扩散浪潮中始终保持活跃态势[315]。近年来，在全球FDI发生较大波动的背景下，中国利用FDI基本保持了稳定的增长趋势。据《2012年世界投资报告》显示，中国2011年FDI流入量达到1240亿美元，世界排名第二，仅次于美国（2269亿美元）；同时，FDI流出量达到651亿美元，世界排名第九，次于美、日、英、法、俄等发达经济体。截至2011年年底，中国内向FDI存量约为7120亿美元，外向FDI存量约为3660亿美元。中国2012年FDI流入量仍然高达1211亿美元；2013年我国FDI流入量又与2011年持平；2014年，FDI流入量实现3%的温和增长，约1280亿美元，中国首次成为全球最大的FDI流入国；2015年，中国FDI再创新高，实际使用FDI金额1262.7亿美元，同比增长6.4%，同比增幅4.7%。

商务部2016年7月19日公布了2016年上半年“三外一内”（外贸、使用外资、对外投资及国内消费）相关情况：2016年上半年使用外资更加注重结构和质量的提升。上半年，我国实际使用外资金额4417.6亿元人民币，同比增长5.1%（未含银行、证券、保险领域数据）。其中，高技术服务业和高技术制造业吸收外资双增长，高技术服务业增幅较大，同比增长99.7%，因此高技术服务业对FDI的吸引力正在凸显。

可见，2016年上半年我国总体利用外资的情况是良好的。我们现在利用外资的结构调整主要是朝着高技术、高质量、高水平的方向在转变，因此上半年对华投资增长比较多的恰恰是欧美发达国家和地区。

从数据上来看，2016年上半年，美国对华投资增长142.6%，英国对华投资增长114.3%，德国对华投资增长97.6%。实际上，中国利用外资一直稳步增长，更加注重外资结构和质量的提升——美国、英国、德国对华投资增长较快的行业主要为信息传输、计算机服务和软件业、科学研究、技术服务和地质勘查业以及制造业等。

同时我国也在主动优化吸收外资的结构。从2016年上半年吸收外资的产业结构看，服务业实际使用外资在全国总量中的比重继续提高到70.4%；制造业实际使用外资的比重下降为28.3%。

从中国的FDI项目数量看，2002年为3.4万个，2003～2006年每年保持在4万个以上，2008～2011年年均2.7万个，2012年为2.5万个。中国利用FDI项目数总计37万个。

中国实际使用外资金额从2002年的550.1亿美元增至2012年的1117.2亿美元，总体呈现10年稳定增长的态势。2002～2012年，实际使用外资金额总计8859.5亿美元；截至2012年12月底，中国累计使用外资金额为8859亿美元。

显然，作为发展中国家的中国已经成为全球FDI流动中一股不容忽视的重要力量。现阶段伴随着“引进来”与“走出去”战略落地实施，FDI在推动我国技术进步和增强自主性技术创新能力方面将越发起到立竿见影的效果和举足轻重的作用。

查阅大量文献发现，20多年来国内外FDI相关研究一直是企业技术创新扩散领域中的重点内容，方兴未艾。从形式上，FDI可分为股权投资（可分为全部、多数、对等或少数控权）及非股权投资（包括许可交易、特许经营、合同安排、技术咨询、外包、OEM等）。如今，后者往往是众多MNC用于过渡到前者的股权式合资甚至独资经营的预备阶段，因此FDI股权投资价格始终是东道国企业（内资方、引资方、技术接受方）与MNC（外资方、投资方、技术扩散方）无法回避的谈判焦点与核心问题，也是近年来学者们的关注热点，研究价值颇高。虽然核定及估算股权投资价格的方法不少，例如股价收益比率法、股票期权计划等，但是解释FDI股权投资价格产生机制、演化路径的文献却很少。实际上，FDI股权投资价格产生机制的重要性远远超出估价方法，因为它不但可以反映FDI股权投资下的不完全动态信息，而且有助于深入探析被投资股权的真正市场价值，高效配置资金与技术等关键资源，优化投资效率及外资利用效率，最大限度发挥外资技术扩散溢出效应，实质性提升内资企业创新绩效。

竞标（招投标制度）无疑是市场经济条件下一种科学高效的交易方式，适用于不完全信息条件下动态博弈局中人的复杂商务要求，为FDI资金流动及技术扩散提供了理想的实现平台，有利于确定投资股权的实际市场价值。到底怎样分析技术扩散领域中极为重要的FDI股权投资竞标过程的交易价格产生机制？博弈论以其关注个体或群体间交互作用、反应及影响而著称，以彼此间对抗、依赖和制约为研究前提和出发点，在大规模、更集中的、强对抗或深度合作问题研究方面发挥了积极而不可替代的作用，学者们早已经将其应用于外国技术扩散研究。早期学者Reinganum[182]从博弈论视角剖析寡头垄断条件下的新技术扩散，提出寡头规模差别致使两个纳什均衡点[346]。Jensen和Thursby[183]考虑模仿或创新的投入，建立技术扩散的动态博弈分析框架，探讨内外资方的交互策略选择。Ziss等运用重复博弈研究FDI溢出效应对内外资合作性、合作方式及得益的影响，证实研发合作的得益最大。Kapup和Samdeep[186]基于博弈论分析社会性学习对技术扩散的影响机理。Klibanoff等基于竞合博弈模型，探析外在性和FDI的关系，揭示内外资不同竞合策略选择的溢出条件。邝国良等基于动态博弈剖析外资技术扩散机理及局中人策略的动态调整过程。李平和随洪光从时机及态度视角，考察东道国企业面对FDI的最优行为。

然而，相比传统博弈论，有限理性假设下的演化博弈论可能更适合分析FDI股权投资竞标问题。有限理性的外商投资方及东道国内资企业引资方面对复杂的FDI股权投资竞标决策问题及不确定性外部环境时，交互影响，讨价还价，引资方在竞标前打探竞争者情况，基于一定的统计分析能力和对不同策略效果的事后判断能力，不断调整报价策略，而且会在博弈过程中学习和改进，博弈方的下一次竞标策略调整会考虑上一次竞标过程及结果，最终学习过程停止，采用某种特定策略的比例和概率趋于稳定，局中人找到了本博弈更有效率的均衡[339-342]。彭纪生等曾经开展过类似研究，根据复制动态机制，分析FDI博弈方的交互影响，归纳出FDI强度的若干关键参量。可见，演化博弈论在分析FDI股权投资竞标策略调整过程、模式或机制、趋势、稳定性（均衡选择）方面比完全理性博弈更加优越，其分析框架兼顾了现实性与理论意义，不愧是可行、适用及简便的工具之一。

近年来，国内外学者在演化博弈论的应用研究方面卓有成效[306, 307, 343]。Santos等[344]在3种不同异质性水平的网络上研究三类经典博弈下的合作演化行为，仿真分析了网络结构异质性水平对合作行为演化的促进作用。Cai和Kock[345]从演化博弈论视角研究战略层电子协同强度，作出稳定性预测，在离散型博弈中引入社会性惩罚，在连续型博弈中考虑不完全信息，利用动态规划求解媒介选择博弈。Zagonari[346]建立了旅游专业人才供求的演化博弈分析框架，探求非最优的战略性长期均衡，提出了可能偏离非最优均衡点的教育战略。闫红珍[347]基于演化经济学分析FDI模式选择的囚徒困境博弈，验证了均衡支付对起始参数的敏感性，透析了各国FDI模式选择策略演化路径的战略性、共性与差异性。许婷[348]研究了工程采购供应链下采购方及承包方合作行为的演化趋势，分析了非契约条件下合作概率与成本收益、分配的关系，还为双方长期合作给出约束机制及对策建议。蒋国银和胡斌[349]基于演化博弈论，设计了团体成员协作的雪堆博弈模型，剖析团体内部策略交互性，模拟交互行为演化趋势，提出网络团队管理建议。梅强等[350]建立中小企业安全生产管制的演化博弈模型，分析了不同条件下群体交互策略及稳定性，仿真研究了决策变量及起始状态对管制均衡的作用，并提出有效的安监制度。刘晴[351]根据进化博弈论构造战略性新兴产业研发公私合作策略博弈模型，求得均衡解，探讨了各方研发投入策略演化路径及演化稳定策略。

总之，已有研究对于运用演化博弈论进行FDI股权投资竞标价格产生机制的研究有很好的启示，本章拟探析东道国企业竞标策略调整过程、趋势及稳定性，求出其演化稳定均衡解，展现FDI股权投资竞标价格产生机制，为我国企业的国际直接投资活动、引进FDI提供投融资决策依据，为政府主管部门给出FDI政策建议。

9.2 FDI股权投资竞标的演化博弈模型分析

9.2.1 理论假设

（1）首先约定本章研究的是进行FDI股权投资的一个外资企业和接受投资的两个东道国内资企业。外资方在FDI中计划投资或购买股权数为I，而两家内资企业的股权规模不同，也意味着引资能力不同。一般地，股权总数取决于企业规模、总股本数、近三年业绩、资金实力、产能等。如前所述，FDI不仅为发展中国家带来资金，而且还扩散先进技术，而影响FDI效果的关键因素就是内资方的吸收能力，即学习、理解、模仿及运用新技术的能力[231,238]。不妨令 W_1 指吸收能力较强的内资方，即大企业，能吸纳更多外资，总股权数 I_1；令 W_2 指吸收能力较弱的内资方，即小企业，吸纳外资较少，总股权数 I_2。因此，可知 $I_1>I_2$。

（2）假设两家内资企业的投资价值是无差异、可替代的。它们对各自股权的单股评估价值分别为 V_1 和 V_2，二者具有独立性，且服从同类统计分布。

（3）股权投资竞标中两家内资方互为竞争对手，既想要中标，又希望获利。作为第三个局中人的外资方是股权投资招标方，有权确定股权投标方的可选价格。外资方要求并告知两家内资方：可以选择且只能选择一个高价格和一个低价格出让各自股权，高价为 h，低价为 l，因此竞标博弈局中人的竞标价格决策就是选择 h 或 l。

（4）本章只讨论 FDI 股权投资下的内外资合资经营行为，即组建中外合资企业，而不考虑走外商独资化道路的 FDI 情形。根据我国的外资引进政策，中外合资企业的外资方股权比例不能超出 49%[352]。因此，假定东道国引资能力足够大，能确保实现 FDI 市场的出清，外资方投资股权（份）数量 I 不大于两家内资方股权数之和 I_s 的 49%，即 $I \leqslant 0.49(I_1+I_2)=0.49I_s$，不讨论超出我国外资引进政策规定界限的相反情况。

（5）作为第三个局中人的外资方是股权购买方，也有权确定招投标规则，其中极为重要的就是对竞标方（或投标方）的优选准则——三条准则，优先级排序为依次降低。

第一准则：价格最低化。外资在股权投资过程中，首选竞标价格低者的股权进行投资。

第二准则：管理及治理成本最小化。鉴于买入东道国企业股权后外资方需要参与合资企业的管理，包括派驻管理者、研发投入、科技资源共享、运营资金支持和人员培训等，必然会增大外资方的跨国经营成本。因此，在同等价格条件下，本章假定：如果买入一家内资方的股权就能够满足外资方的股权投资计划数，即该内资方（W_1 或 W_2）的总股权数的 49%大于外资方计划投资股权数 I，为了降低对中外合资企业的管理及治理成本，买入一家内资方的股权理应优于同时买入两家内资方的股权。

第三准则：总控制权最大化。外资企业在选择投标方的情境中，总是希望对东道国所有内资企业的总控股权最大，以求得到它在东道国合资企业经营管理及技术扩散中最大的控制权及话语权。如果外资方必须同时买入两家内资方的股权，才能够满足外资方的股权投资计划数，即外资方计划投资股权数 I 大于吸收能力较强的内资方 W_1 的最大出让股权数（即 $0.49I_1$），为了加强对技术扩散和合资企业经营管理的控制，外资方对两家内资企业的股权投资数量分配决策将以总股权比例最大化作为投资准则。

（6）两家内资企业归属于两类群体参与者（生物种群），它们的理性程度是有限的，在竞标的反复博弈中，也即两类种群的相互观察、学习和调整适应过程中，学习速度较慢，报价策略调整用生物进化的“复制动态”机制模拟。

9.2.2 模型构建

基于上述假设，给出两家内资企业竞标中不同股权报价形成支付的矩阵形式，如表 9-1 所示。

表 9-1 两家内资企业在 FDI 股权投资竞标中支付矩阵的一般形式

W_1 \ W_2	h	l
H	π_{hh}^1，π_{hh}^2	π_{hl}^1，π_{hl}^2
L	π_{lh}^1，π_{lh}^2	π_{ll}^1，π_{ll}^2

设 W_1 报价 h 的概率 p_1 用 x 指代，W_2 报价 h 的概率 p_2 用 y 指代，那么 FDI 股权投资竞标过程中双方策略类型比例变化复制动态的关系，在以两个比例为横纵坐标轴的正方平面图上可以表示出来。任一时刻两家内资方局中人的交互情况为 $P=\left[(p_1,1-p_1),(p_2,1-p_2)\right]=\left[(x,1-x),(y,1-y)\right]$，这都可用图中的对应点（$x, y$）来描述，跟踪 P 的变化就能掌握局中人在竞标博弈中的策略演化趋势、路径和稳定性。企业 W_1 报价 h 的期望得益为 $\pi_h^1=y\pi_{hh}^1+(1-y)\pi_{hl}^1$，报价 l 的期望得益为 $\pi_l^1=y\pi_{lh}^1+(1-y)\pi_{ll}^1$，故 W_1 的平均得益为 $\pi^1=x\pi_h^1+(1-x)\pi_l^1$；同样地，$W_2$ 报价 h 的期望得益为 $\pi_h^2=x\pi_{hh}^2+(1-x)\pi_{lh}^2$，报价 l 的期望得益为 $\pi_l^2=x\pi_{hl}^2+(1-x)\pi_{ll}^2$，故企业 W_2 的平均期望得益为 $\pi^2=y\pi_h^2+(1-y)\pi_l^2$。据演化博弈的复制动态机理，两家内资方竞标价格策略动态变化速度可用微分方程表示为

$$\frac{\mathrm{d}x}{\mathrm{d}t}=x(\pi_h^1-\pi^1)=x(1-x)\left[y(\pi_{hh}^1-\pi_{hl}^1-\pi_{lh}^1+\pi_{ll}^1)+(\pi_{hl}^1-\pi_{ll}^1)\right] \tag{9-1}$$

$$\frac{\mathrm{d}y}{\mathrm{d}t}=y(\pi_h^2-\pi^2)=y(1-y)\left[x(\pi_{hh}^2-\pi_{hl}^2-\pi_{lh}^2+\pi_{ll}^2)+(\pi_{lh}^2-\pi_{ll}^2)\right] \tag{9-2}$$

易算出该股权投资竞标演化博弈的均衡解（点）有 5 个：A(0,0)，B(1,0)，C(0,1)，D(1,1)，$E\left(\dfrac{\pi_{ll}^2-\pi_{lh}^2}{\pi_{hh}^2-\pi_{hl}^2-\pi_{lh}^2+\pi_{ll}^2},\ \dfrac{\pi_{ll}^1-\pi_{hl}^1}{\pi_{hh}^1-\pi_{hl}^1-\pi_{lh}^1+\pi_{ll}^1}\right)$。若要判断这些均衡点的演化稳定性，应借助上述微分方程组的 Jacobian 矩阵 **J**。

$$\mathbf{J}=\begin{bmatrix}(1-2x)\left[y(\pi_{hh}^1-\pi_{hl}^1-\pi_{lh}^1+\pi_{ll}^1)+(\pi_{hl}^1-\pi_{ll}^1)\right] & x(1-x)(\pi_{hh}^1-\pi_{hl}^1-\pi_{lh}^1+\pi_{ll}^1)\\ y(1-y)(\pi_{hh}^2-\pi_{hl}^2-\pi_{lh}^2+\pi_{ll}^2) & (1-2y)\left[x(\pi_{hh}^2-\pi_{hl}^2-\pi_{lh}^2+\pi_{ll}^2)+(\pi_{lh}^2-\pi_{ll}^2)\right]\end{bmatrix}$$

判断法则：与均衡点取值相应的矩阵 **J** 的行列式 Det（**J**）大于 0，且行列式的迹 Tr（**J**）小于 0，则该均衡点为 ESS；若迹等于 0，则为鞍点[353]。显然两家内资方在各种情形下的收益不同，就会产生不同的 ESS 和鞍点。结合 FDI 股权投资竞标中的不同供求状况，分别求出演化博弈均衡解，探讨演化路径、趋势及稳定性。

9.3 演化博弈均衡分析

首先，基于演化博弈均衡稳定性定理（1）～（4）[354]而展开本章的演化均衡分析；其次，结合本章的外资股权投资数及内资出让股权数的数值比较，分为三种不同条件来

分析两家内资方的博弈支付矩阵及相应的均衡点性态。

9.3.1 外商投资股权数小于较弱内资方的最大出让股权数

当$0<I\leqslant 0.49I_2$时，基于外资方对投标方优选的管理及治理成本最小化准则（第二条准则），此时任何一家内资方都能满足外资方的股权投资计划数I，即在同等竞标价格条件下，外资方应该只买入东道国小企业的股权或者只买入东道国大企业的股权，而不能同时买入两家内资方的股权。进一步地，前者和后者哪个是外资方的最优投资决策呢？再根据总控制权最大化准则，由于东道国小企业的总股权基数较小，当然选择购买具有较小总股权数I_2的内资方企业W_2更优。因此，在同等竞标价格下，外资方优选只买入东道国小企业W_2的股权。此种情形下，可得表9-2的具体形式，可以看出，此博弈矩阵无稳定均衡点。

表9-2 当$0<I\leqslant 0.49I_2$时两家内资企业的支付矩阵

W_1 \ W_2	h	l
h	$0, I(h-V_2)$	$0, I(l-V_2)$
l	$I(l-V_1), 0$	$0, I(l-V_2)$

9.3.2 外商投资股权数处于两家内资方最大出让股权数之间

当$0.49I_2<I\leqslant 0.49I_1$时，基于外资方对投标方优选的管理及治理成本最小化准则（第二条准则），此种情境下，只有大企业W_1才能满足外资方的股权投资计划数I，那么在同等竞标价格条件下，外资方应该只买入东道国大企业W_1的股权。内资方支付可转换为表9-3的具体形式。

表9-3 当$0.49I_2<I\leqslant 0.49I_1$时两家内资企业的支付矩阵

W_1 \ W_2	H	l
h	$I(h-V_1), 0$	$(I-0.49I_2)(h-V_1), 0.49I_2(l-V_2)$
l	$I(l-V_1), 0$	$I(l-V_1), 0$

如果$\pi_{hl}^1>\pi_{ll}^1$，即$h>\dfrac{I(l-V_1)}{I-0.49I_2}+V_1$，内资方1选择高价$h$，均衡点为$B$（1,0）；反之，如果$\pi_{hl}^1<\pi_{ll}^1$，即$h<\dfrac{I(l-V_1)}{I-0.49I_2}+V_1$，无稳定均衡点，但是内资方2的占优策略是低价。

9.3.3 外商投资股权数大于较强内资方的最大出让股权数

当$0.49I_1<I\leqslant 0.49I_s$时，基于外资方对投标方优选的管理及治理成本最小化准则（第二条准则），此种情境下，任何一家内资方都不能单独满足外资方的股权投资计划数

I，即在同等竞标价格条件下，外资方必须同时买入东道国小企业及大企业的股权；进一步地，对于外资方而言，先全部买入大企业的 49%股权再买入小企业的股权和作出相反顺序的投资哪个是最优决策呢？根据总控制权最大化准则，应该是后者更优，即先全部买入小企业的 49%股权再买入大企业股权才能实现外资方对东道国企业总控制权最大化，证明如下。

如果外资方先全部买入大企业 W_1 的 49%股权再买入小企业 W_2 的股权，那么总控股权比例为 $R_1 = 0.49 + \dfrac{I - 0.49I_1}{I_2}$，如果外资方先全部买入小企业 W_2 的 49%股权再买入大企业 W_1 的股权，那么总控股权比例为 $R_2 = 0.49 + \dfrac{I - 0.49I_2}{I_1}$，因此，两种相反的投资顺序所导致的外资方总控股权比例之差为

$$\Delta R = R_2 - R_1 = \frac{I - 0.49I_2}{I_1} - \frac{I - 0.49I_1}{I_2} = \frac{II_2 - 0.49I_2{}^2 - II_1 + 0.49I_1{}^2}{I_1 I_2}$$

$$= \frac{0.49(I_1 + I_2)(I_1 - I_2) - I(I_1 - I_2)}{I_1 I_2} = \frac{(0.49I_s - I)(I_1 - I_2)}{I_1 I_2} > 0$$

综上，在同等竞标价格条件下，外资方的占优投资决策是先全部买入小企业 W_2 49%的股权，再买入大企业 W_1 的部分股权，以满足外资方剩余的股权投资计划数。此种情形下，局中人的支付矩阵可变换为表 9-4。

表 9-4　当 $0.49I_1 < I \leqslant 0.49I_s$ 时两家内资企业的支付矩阵

W_1 \ W_2	H	l
h	$(I - 0.49I_2)(h - V_1), 0.49I_2(h - V_2)$	$(I - 0.49I_2)(h - V_1), 0.49I_2(l - V_2)$
l	$0.49I_1(l - V_1), (I - 0.49I_1)(h - V_2)$	$(I - 0.49I_2)(l - V_1), 0.49I_2(l - V_2)$

为了对支付矩阵归类为不同条件下的演化均衡分析，拟借鉴稳定性定理（1）～（4）。

1）当 $\pi_{hh}^1 > \pi_{lh}^1$ 时

如果 $\pi_{hh}^1 > \pi_{lh}^1$，即 $h > \dfrac{0.49I_1}{I - 0.49I_2}(l - V_1) + V_1$，该复制动态系统具有 4 个均衡点 A～D，仅 D（1,1）是 ESS，一并分析各个均衡点的演化稳定性，如表 9-5 所示。

表 9-5　$\pi_{hh}^1 > \pi_{lh}^1$ 条件下各均衡点的演化稳定性

均衡点	Det（J）及其符号	Tr（J）及其符号	判断
A（0,0）	$(\pi_{hl}^1 - \pi_{ll}^1)(\pi_{lh}^2 - \pi_{ll}^2)$，+or−	$(\pi_{hl}^1 - \pi_{ll}^1) + (\pi_{lh}^2 - \pi_{ll}^2)$，+or ?	不稳定 or 鞍点
B（1,0）	$(\pi_{ll}^1 - \pi_{hl}^1)(\pi_{hh}^2 - \pi_{hl}^2)$，−	$(\pi_{ll}^1 - \pi_{hl}^1) + (\pi_{hh}^2 - \pi_{hl}^2)$，?	鞍点
C（0,1）	$(\pi_{hh}^1 - \pi_{lh}^1)(\pi_{ll}^2 - \pi_{lh}^2)$，−or+	$(\pi_{hh}^1 - \pi_{lh}^1) + (\pi_{ll}^2 - \pi_{lh}^2)$，? or +	鞍点 or 不稳定
D（1,1）	$(\pi_{lh}^1 - \pi_{hh}^1)(\pi_{hl}^2 - \pi_{hh}^2)$，+	$(\pi_{lh}^1 - \pi_{hh}^1) + (\pi_{hl}^2 - \pi_{hh}^2)$，−	稳定（ESS）

续表

均衡点	Det（J）及其符号	Tr（J）及其符号	判断
E	$\dfrac{(\pi_{hh}^1-\pi_{lh}^1)(\pi_{ll}^1-\pi_{hl}^1)}{\pi_{hh}^1-\pi_{hl}^1-\pi_{lh}^1+\pi_{ll}^1}*\dfrac{(\pi_{hl}^2-\pi_{hh}^2)(\pi_{ll}^2-\pi_{lh}^2)}{\pi_{hh}^2-\pi_{hl}^2-\pi_{lh}^2+\pi_{ll}^2}$,?	?	非均衡（?）

注：第2～4列中均衡点 A、C 的 or 所指第一种情形发生于 $\pi_{lh}^2>\pi_{ll}^2$ 条件下，第二种则对应于 $\pi_{lh}^2<\pi_{ll}^2$ 条件。

此情形下的非对称博弈中，两家内资方群体通过复制动态学习及策略调整演化，最终的稳定均衡状态是双方都会采取高价竞标。小企业 W_2 以最大限度出让其总股权数的49%，即 $0.49I_2$；大企业 W_1 出让剩余股权数，即 $I-0.49I_2$，以满足外资方的股权投资计划。

2）当 $\pi_{hh}^1<\pi_{lh}^1$ 且 $\pi_{lh}^2>\pi_{ll}^2$ 时

如果 $\pi_{hh}^1<\pi_{lh}^1$ 且 $\pi_{lh}^2>\pi_{ll}^2$，即 $\dfrac{0.49I_2}{I-0.49I_1}(l-V_2)+V_2<h<\dfrac{0.49I_1}{I-0.49I_2}(l-V_1)+V_1$，该复制动态系统具有4个均衡点A～D，仅 C（0,1）是ESS，可以一并分析各个均衡点的性态，如表9-6所示。

表9-6　$\pi_{hh}^1<\pi_{lh}^1$ 且 $\pi_{lh}^2>\pi_{ll}^2$ 条件下各均衡点的演化稳定性

均衡点	Det（J）及其符号	Tr（J）及其符号	判断
A（0,0）	+	+	不稳定
B（1,0）	−	?	鞍点
C（0,1）	+	−	稳定（ESS）
D（1,1）	−	?	鞍点
E	?	?	非均衡（?）

此情形下的非对称博弈中，两类内资方群体通过复制动态学习及策略调整，演化到稳定均衡状态为大企业采取低价竞标，小企业采取高价竞标。大企业 W_1 以最大限度出让其总股权数的49%（$0.49I_1$）；小企业 W_2 出让剩余股权数（$I-0.49I_1$），以满足外资方的股权投资计划。

根据博弈论的箭头法，也可验证出该情境下的相对稳定性策略是 C（0,1）。不妨先从（高价,低价）开始，那么局中人1会单独改变策略以增加得益，使策略组合变为（低价,低价），接着，局中人2也会单独改变竞价策略以获得更多收益，使策略组合变为（低价,高价），此时哪一方单独改变竞价策略都是不划算的，因此 C（0,1）是稳定的策略组合；如果局中人2先改变，接着局中人1再改变，结果也是如此，不再赘述。

3）当 $\pi_{hh}^1<\pi_{lh}^1$ 且 $\pi_{lh}^2<\pi_{ll}^2$ 时

如果 $\pi_{hh}^1<\pi_{lh}^1$ 且 $\pi_{lh}^2<\pi_{ll}^2$，即 $h<\dfrac{0.49I_1}{I-0.49I_2}(l-V_1)+V_1$ 且 $h<\dfrac{0.49I_2}{I-0.49I_1}(l-V_2)+V_2$，该复制动态系统具有5个均衡点 A～E，均不具有演化稳定性，没有ESS。A～D 是鞍点，E 是中心。可以一并分析各个均衡点的性态，如表9-7所示。

表 9-7 $\pi_{hh}^1<\pi_{lh}^1$ 且 $\pi_{lh}^2<\pi_{ll}^2$ 条件下各均衡点的演化稳定性

均衡点	Det（J）及其符号	Tr（J）及其符号	判断
A（0,0）	−	?	鞍点
B（1,0）	−	?	鞍点
C（0,1）	−	?	鞍点
D（1,1）	−	?	鞍点
E	+	0	中心

此情形下的非对称博弈中，两家内资方群体通过复制动态学习及策略调整，双方不会稳定于任何竞标策略。大多数情形下，小企业 W_2 以最大限度出让其总股权数的 49%，即 $0.49I_2$；大企业 W_1 出让剩余股权数，即 $I-0.49I_2$，以满足外资方的股权投资计划，这会发生于 A（0,0）、B（1,0）及 D（1,1）三个均衡点。但是，也有可能出现大企业 W_1 以最大限度出让其总股权数的 49%，即 $0.49I_1$；小企业 W_2 出让剩余股权数，即 $I-0.49I_1$，以满足外资方的股权投资计划，这仅发生于小企业报高价且大企业报低价的策略组合的时候，即均衡点 C（0,1）。

该非对称博弈的两群体复制动态关系是不确定的，A（0,0）、B（1,0）、C（0,1）与 D（1,1）共计 4 个均衡点在演化过程中的性态都是鞍点，$E\left(\dfrac{\pi_{ll}^2-\pi_{lh}^2}{\pi_{hh}^2-\pi_{hl}^2-\pi_{lh}^2+\pi_{ll}^2},\dfrac{\pi_{ll}^1-\pi_{hl}^1}{\pi_{hh}^1-\pi_{hl}^1-\pi_{lh}^1+\pi_{ll}^1}\right)$ 为中心，没有 ESS，即两家内资方在交互影响下不会稳定于纯策略均衡点，两家内资方的竞标策略或者以方形运动轨迹进行演化，围绕着 4 个纯策略均衡点往复调整变化，也就是围绕着混合策略均衡点 E 作圆周演化运动。

9.3.4 演化博弈均衡的影响参数分析

上述三种情形下支付矩阵决定了截然不同的竞标策略转变渐进过程及演化系统各均衡点的稳定性，也就是说，两家内资方得益的比较关系是竞标博弈均衡情况差异化的充分条件。外资方作为股权投资招标者，期望两家内资方都提供低价的股权，即实现最优均衡点 A（0,0）的稳定收敛性，以此确保技术扩散方的最大得益，实现 FDI 系统的 Pareto 最优竞标方案。

1. 外资方投资股权数 I 对竞标系统收敛性的影响

对比前文三种情形下两个博弈方竞价策略渐进稳定于同时报出低价的 A（0,0）的条件概率大小，倒序排列后依次为：$0<I\leqslant 0.49I_2$，$0.49I_2<I\leqslant 0.49I_1$，$0.49I_1<I\leqslant 0.49I_s$。不难发现，当各竞标方的规模更大、吸收能力更强、总股本数更多或最大出让股权数更多，更能够独立满足外资方的股权投资需求时，就更倾向于以低价出让股权，竞标系统更倾向于向最优均衡态渐变，也更有利于技术扩散进程加速；反之则可能陷入不理想的竞标格局，投标方都报出高价。或者，从另一面的外资方来说，FDI 股权投资计划数越

小越有利，就越能以最低成本实现对东道国企业的最大控制权。

2. 竞标报价 h 及 l 对竞标系统收敛性的影响

在 9.3.2 节的情形（$0.49I_2<I\leqslant 0.49I_1$）中，如果 $h>\dfrac{I(l-V_1)}{I-0.49I_2}+V_1$，均衡点为 $B(1,0)$；反之，如果 $h<\dfrac{I(l-V_1)}{I-0.49I_2}+V_1$，无稳定均衡点，但是内资方 2 的占优策略是低价。可以看出，双方竞标报价策略向低价渐变的概率随着增大 l、减少 h 而增大。

再看 9.3.3 节的情形（$0.49I_1<I\leqslant 0.49I_s$）中的演化稳定性，如果 $h>\dfrac{0.49I_1}{I-0.49I_2}(l-V_1)+V_1$，$D$（1,1）是 ESS；如果 $\dfrac{0.49I_2}{I-0.49I_1}(l-V_2)+V_2<h<\dfrac{0.49I_1}{I-0.49I_2}(l-V_1)+V_1$，$C$（0,1）是 ESS；如果 $h<\dfrac{0.49I_1}{I-0.49I_2}(l-V_1)+V_1$ 且 $h<\dfrac{0.49I_2}{I-0.49I_1}(l-V_2)+V_2$，$A$～$D$ 是鞍点，E 是中心。可见，随着增大 l、减少 h，双方竞标报价策略向 A（0,0）渐变的概率会增大，收敛于 FDI 股权投资竞标系统的理想均衡点（低价,低价），即 A（0,0）的速度会趋于加快。

总之，无论何种情形，双方竞标报价策略向低价渐变的概率随着增大 l、减少 h 而增大。

3. 竞标方的股权估价 V_1、V_2 对竞标系统收敛性的影响

在 9.3.2 节的情形（$0.49I_2<I\leqslant 0.49I_1$）中，如果 $\pi_{hl}^1>\pi_{ll}^1$，即 $V_1>\dfrac{I\cdot l-(I-0.49I_2)h}{0.49I_2}$，均衡点为 B（1,0）；反之，如果 $\pi_{hl}^1<\pi_{ll}^1$，即 $V_1<\dfrac{I\cdot l-(I-0.49I_2)h}{0.49I_2}$，无稳定均衡点，但是内资方 2 的占优策略是低价。

再看 9.3.3 节的情形（$0.49I_1<I\leqslant 0.49I_s$），如果 $\pi_{hh}^1>\pi_{lh}^1$，即 $V_1>\dfrac{0.49I_1\cdot l-(I-0.49I_2)h}{0.49I_s-I}$，则有 D（1,1）是 ESS；如果 $\pi_{hh}^1<\pi_{lh}^1$ 且 $\pi_{lh}^2>\pi_{ll}^2$，即 $V_1<\dfrac{0.49I_1\cdot l-(I-0.49I_2)h}{0.49I_s-I}$ 且 $V_2>\dfrac{0.49I_2\cdot l-(I-0.49I_1)h}{0.49I_s-I}$，仅 C（0,1）是 ESS；再如果有 $V_1<\dfrac{0.49I_1\cdot l-(I-0.49I_2)h}{0.49I_s-I}$ 且 $V_2<\dfrac{0.49I_2\cdot l-(I-0.49I_1)h}{0.49I_s-I}$，$A$～$D$ 是鞍点，E 是中心。

综上，减少 V_1、增大 V_2 总是促使竞标方低价选择的比例向更大数值变化，竞价策略组合向 A（0,0）或 C（0,1）的低价竞标均衡渐变演化的概率随之增大，东道国较强内资方 W_1 的低价选择比例将达到 1，x 趋近于 0。

当 FDI 的投资强度较低，外资流入量较少（$0.49I_2<I\leqslant 0.49I_1$）的情况下，股权投资显得稀缺而难得，内资方估价水平对于中标起到决定性作用，内资方会竭力争取出让

股权而换取投资，以提升自力更生技术创新能力。为了获取竞标系统的最佳均衡 $A(0,0)$，吸收能力强的大企业 W_1 会有意识地放低股权估价 V_1，也就增大了引入外资的积极性及低价竞标的激励性。然而，在外资流入量较少情况下，吸收能力弱者 W_2 的估价 V_2 的高低与复制动态竞标系统向最理想均衡 A（0,0）的演化稳定性无关，主要是源于 9.2.1 节理论假设中第（5）条的竞标方优选准则二——管理及治理成本最小化准则，即 FDI 股权收购的东道国企业数量最小化的限制，外资方为了降低其对中外合资企业的管理及治理成本，偏好于只投资内资方 W_1，优先考虑只购买大企业 W_1 的股权，而非同时购买两家内资方的股权。

当 FDI 的投资强度较高，外资流入量较多的情况下，即 $0.49I_1 < I \leqslant 0.49I_s$ 时，虽然无法取得复制动态竞标系统的最理想均衡 A（0,0），但是减少 V_1 也能促使 A（0,0）成为鞍点。其中 V_1 对该演化博弈均衡点的稳定性的内在影响机理也类似于 FDI 投资强度较低的情形（$0.49I_2 < I \leqslant 0.49I_1$），分析内容与前述类似，不再赘述。

而且，在 $0.49I_1 < I \leqslant 0.49I_s$ 条件下，减少 V_1 的同时增大 V_2，有利于向 C（0,1）收敛，形成 ESS。此时，外资方更渴望获取东道国企业股权（即控制权）以加速技术扩散进程，两家内资方引资的可能性提高，投资竞标的竞争不会过于激烈，未必会形成双方同时低价竞标的局面。为了获取竞标系统的最佳均衡，吸收能力较强的内资方 W_1 主动减少 V_1，缩小与较弱内资方 W_2 的股权估价差距，提高自身的单股收益及预期收益，为自己选择低竞价做好铺垫，谋求“薄利多销”模式下的更大规模注资，实现总收益最大。此时，该类大企业种群在竞标中选择低价策略的可能性渐增，从而兼顾中标机会及得益大小，赢得投标主动权和外商注资优先权，尽最大可能首先中标，促使外资方先购入大企业 W_1 的最大股权出让数（即 $0.49I_1$），充分利用外资提升自身技术水平及创新能力。

总之，随着较强内资竞标方的股权估价 V_1 逐渐减小，该企业越有可能在竞标中报出低价，这对外资方的 FDI 很有利，当然也利于东道国快速获取外国先进技术。正如 C（0,1）的竞标行为演化均衡结果，既能满足外资招标方的投资需求，也能满足实力较强的内资投标方的战略性融资需求，也就能提高 FDI 的技术扩散效应以及基于技术进步的东道国总体福利。

然而，吸收能力弱的内资方应估价较高为宜，以主动降低单股收益，这也与外资方选购一家股权优于选购两家股权的投资策略有关。较弱内资方 W_2 有意识地选择高价竞标，可以与较强的内资方 W_1 在竞标中拉开差距，避免竞标中的恶性价格竞争。作为行业跟随者，较弱的东道国内资方（小企业 W_2）只需要有限地引入外资即可，量力而行且有限地提升自身技术水平及创新能力。所谓“有限的”意指内资方 W_2 对自身股权作出较高估价，就更有可能以高价竞标，从而 ESS 趋向 C（0,1），在此演化稳定均衡条件下，小企业 W_2 的外资引入量小于双方同时低价竞标的 A（0,0）均衡点条件下内资方的外资引入量，即 $I - 0.49I_1 < 0.49I_2$。

9.4 数值仿真实验

通过提供实际 FDI 股权投资竞标的相关数值，测度 x_0、y_0、I、h、l、V_1 及 V_2 对演化博弈均衡态势的影响，并结合影响行为演化稳定的因素分析及数值仿真实验，拟作出面向最优均衡状况的政策设计，以及给出博弈方招投标对策建议。设定 FDI 股权投资计划数 I 为 100 万股，W_1 的总股权数 I_1 为 240 万股，W_2 的总股权数 I_2 为 160 万股；V_1 为 6 元/股，V_2 为 4 元/股。根据布莱克-肖莱斯期权定价模型[336,355]，两家内资方股权估价都服从于对数正态分布（4,0.05），竞标价格 h 为 12 元/股，l 为 7 元/股。那么，$0.49I_2 < I \leqslant 0.49I_1$ 成立，局中人支付为：$(\pi_{hh}^1, \pi_{hh}^2)=(600,0)$，$(\pi_{hl}^1, \pi_{hl}^2)=(129.6,235.2)$，$(\pi_{lh}^1, \pi_{lh}^2)=(100,0)$，$(\pi_{ll}^1, \pi_{ll}^2)=(100,0)$。而且，该算例满足 $h > \dfrac{I(l-V_1)}{I-0.49I_2}+V_1$，因此均衡点为 B（1,0）。下面通过 Matlab 仿真竞标系统演化过程。

9.4.1 初始比例 x 和 y 对博弈均衡的影响

令吸收能力强的内资方 W_1 的高股价选择初始比例 x_0 分别取值为 0.1、0.4、0.6 及 0.9。吸收能力弱的内资方 W_2 的高股价选择初始比例 y_0 无论取值 0.2 还是 0.8，都会得出图 9-1 的演化曲线，与理论分析 9.3.2 节的结果一致的是该情境出现稳定的演化均衡点 B（1,0）。在本算例中，外资方的股权投资计划数介于两家东道国企业的最大出让股权数之间，因此，对于 FDI 的外资方而言，必然偏好于只购入内资方 W_1，即大企业的股权；而内资方 W_1 明晓这一事实，因此该企业主动提高竞标价格以期望获得更大的股权出让收益。两家内资方企业 W_1 和 W_2 分别以高价与低价出让各自股权，实现外资技术扩散过程中的稳定均衡，达到了各方在招投标中的最大满意度，B（1,0）的均衡格局既满足了外资方意欲降低管理难度的目标取向与利益追求，同时也使内资方 W_1 获取较高的股权交易回报。图中清晰地显示出内资方 W_1 在竞标过程中的竞价策略演化过程，也间接地揭示了内外资在技术扩散中彼此之间的竞争性与依赖交互关系。图中向稳定均衡点 B（1,0）的收敛进程有长短、快慢之分，这与初始比例 x_0 密切相关，初始值越接近稳定态均衡点，收敛越快。然而演化速度与 y 的初始值无关，不论 y_0 是 0.2 还是 0.8。这源于当外资方投资计划数介于两个竞标方的最大出让股权数时，外资方不考虑购入较弱内资方 W_2 的股权，因此 W_2 的竞标价对于 FDI 股权竞标演化稳定过程是没有影响的，无论其初始选择比例高低与否。

在竞标起始点，作为博弈方的东道国大企业 W_1 的报高价者初始比例 x_0 越大，其竞价策略越可能向最终均衡点 B（1,0）演化，演化速度越快。再比较图中 W_2 的报高价者初始比例 y_0 是 0.2 和 0.8，能发现当 $0.49I_2 < I \leqslant 0.49I_1$ 时，吸收能力强的内资方 W_1 的竞价策略演化方向和速度只与自身种群的竞价选择初始比例有关联，不会受到对手种群（吸收能力弱的内资方 W_2）的竞价选择初始比例 y_0 的影响。因此，作为招标方的外资方

的正面引导、声明发布等信息传递方式，以及激励较强的博弈方（内资方 W_1）适当降低竞标价的相应举措，都能够在一定程度上改变内资方竞价选择行为的初始比例值，进一步推动博弈方朝着预期的理想均衡快速有效演化。东道国政府在“引进来”战略统领和招商引资政绩压力下，应积极配合外资方加强竞价监管，倡导及鼓励适价或低价竞标，杜绝内资方私下勾结或恶意哄抬股权出让价或竞标价等不当牟利行为，为外资技术扩散提供有利的市场环境，也能加速本国技术进步，提升自主或二次技术创新能力，实现内外资长期双赢。

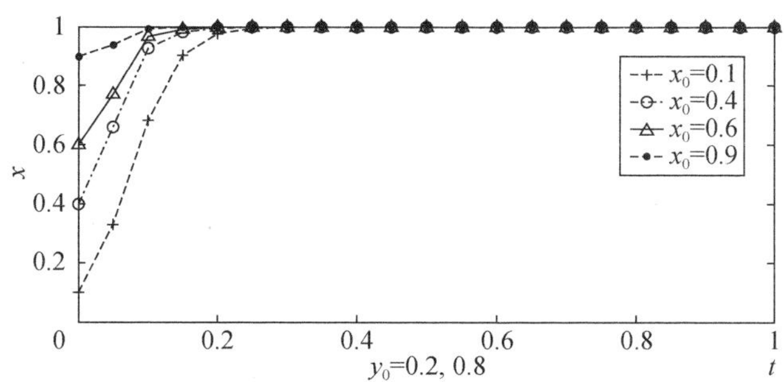

图 9-1　内资方竞价策略选择比例初始值对 FDI 股权竞标演化稳定过程的影响

9.4.2　FDI 股权投资计划数 *I* 对演化过程的影响

保持 y_0 为 0.2，使 I 减少到 90 万股，仍然满足 $0.49I_2<I\leqslant 0.49I_1$，得到图 9-2（1）的竞标行为演化情形。对比图 9-1 与图 9-2（1）发现，当外资方计划投资股权数减少，竞标均衡 B（1,0）转变为不稳定均衡，东道国大企业的高价出让股权策略最终演化为在低价与高价之间震荡，竞标系统有向最优化均衡 A（0,0）靠拢及演化的趋势。

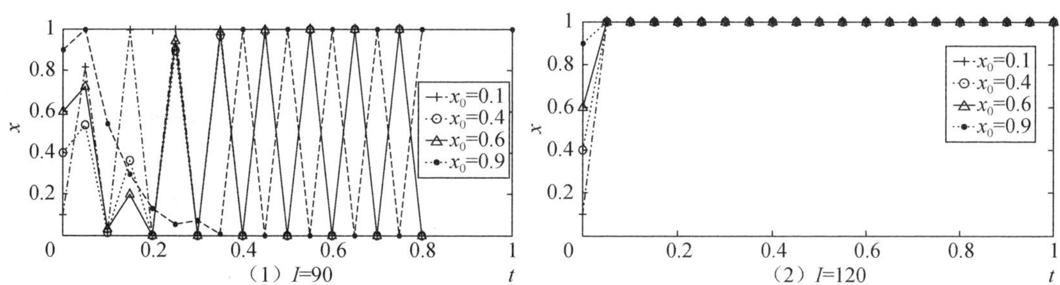

图 9-2　外资方股权投资计划数 I 对 FDI 股权竞标演化稳定过程的影响

再保持 y_0 为 0.2，使 I 增加到 120 万股，此时有 $0.49I_1<I\leqslant 0.49I_s$ 成立，而且有 $\pi_{hh}^1>\pi_{lh}^1$ 成立，则有 D（1,1）是 ESS，得到图 9-2（2）的竞标行为演化情形。对比图 9-1 及图 9-2（2），发现随着投资数 I 增加，更易落入不理想的双方出高价投标的 ESS，即 D（1,1），导致挫伤外资方股权投资积极性。为了加速外资技术扩散，固然应加大 FDI 力度，然而 FDI 并不是单次投资越多越有利，应依据实情而拿捏好投资的合理尺度及强度。FDI 股权投资计划数 I，若能改变大量少次投资为少量多次投资，每次投资数不超过内资方股权数较少者或吸收能力较弱者的股权出让数，更会实现东道国企业低价竞标的理想均衡。同时给外资方和东道国政府以启发：保密 FDI 股权投资数更能刺激内资方在竞标中让利，加强竞标方招商引资的股权价格竞争性。

9.4.3 竞标价 h 和 l 对演化过程的影响

保持 y_0 为 0.2，I 为 120 万股，先引入投标价上限 h 为 8.5 元/股，得到图 9-3（1）的竞标行为演化情形；再保持 h 为 12 元/股不变动，改变竞标低价 l，设置竞标价底限为 9.5 元/股，得到图 9-3（2）的竞标行为演化情形。对比图 9-2（2）与图 9-3，可见，减少 h，设置竞价上限低于两家内资方原先报出的高股价；同时提高 l，竞价底限设置应高于两家内资方原先报出的低股价，不但能使得内资方竞标交互行为发生改变，竞价在高低价之间往复震荡，有机会达到较为理想的低价竞标均衡点，有利于向 FDI 股权投资竞标系统最优均衡的低价竞标状态逐渐靠拢，避免各竞标方同时标出高价的不利状况。原因在于价格上限克制了竞标方不当牟利，价格下限又能增加东道国企业的股权出让补偿，如此公道合理的竞标规则设置必能驱使甚至激励竞标方以积极姿态出让各自股权，以低股价策略吸引并换取外商投资。总之，缩小东道国竞标企业报价区间，有利于 FDI 模式下外资技术扩散活动及整体综合效应。

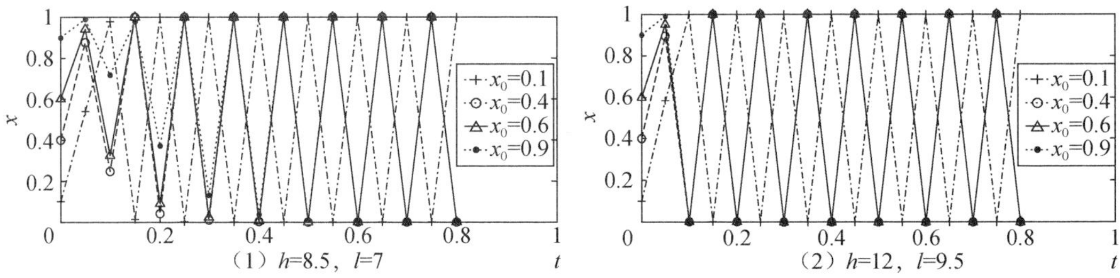

图 9-3 博弈方竞价上限 h、底限 l 对 FDI 股权竞标演化稳定过程的影响

9.4.4 内资方股权估价 V_1 和 V_2 对竞价行为调整过程的影响

对照图 9-1，仍然取值 y_0 为 0.2，I 为 100 万股，h 为 12 元/股，l 为 7 元/股，V_1 减少为 5.5 元/股，V_2 仍保持为 4 元/股，其余参数保持不变动，得到图 9-4（1）的竞标行为演化情形。因本算例符合 $0.49I_2 < I \leqslant 0.49I_1$，随着 V_1 减少，竞标博弈方报价选择比例已不是向原先的 ESS[即 B（1,0）]渐变，而转向不稳定均衡，一定程度上向着有利于 FDI 的“低价竞标”方向变化演进。对于较强内资方而言，竞标结果震荡于高低竞标股价交易的可变情境[图 9-4（1）]；对于较弱内资方，则震荡于低股价竞标与初始选择高股价竞标的子种群比例之间，即 y 震荡于 0 与初始选择高股价竞标的子种群比例之间。因此，当外资扩散量有限而稀缺时，较强内资方的理性选择是降低估价，积极争取外商投资，博弈方 1 的低估价对于低价竞标起到正向作用，推动 FDI 股权投资系统最优均衡的实现；反之，提高估价 V_1 只会使内资方 W_1 的进化稳定策略偏向于不利于 FDI 的高价竞标。

对照图 9-3（1），仍然取值 y_0 为 0.2，I 为 120 万股，h 为 8.5 元/股，l 为 7 元/股，

V_1保持不变，还是6元/股，只改变V_2，增加为6.97元/股，其余参数保持不变动，得到图9-4（2）的竞标行为演化情形。因本算例符合$0.49I_1 < I \leqslant 0.49I_s$，伴随吸收能力弱的内资方作出更高估价，该企业会青睐于选择高股价参与竞标策略；而较强内资方W_1则偏向于主动出击的低价竞标，尽可能先中标，赢得外商注资优先权，最大限度引进外资，促使外资方先购入W_1的49%股权（即最大股权出让数），充分利用外资提升自身技术水平及创新能力。此种情境下，C（0,1）是ESS，竞标活动趋向于被优化的可能性渐增，股权投资市场向着有利于外资方FDI及技术扩散的方向发展。

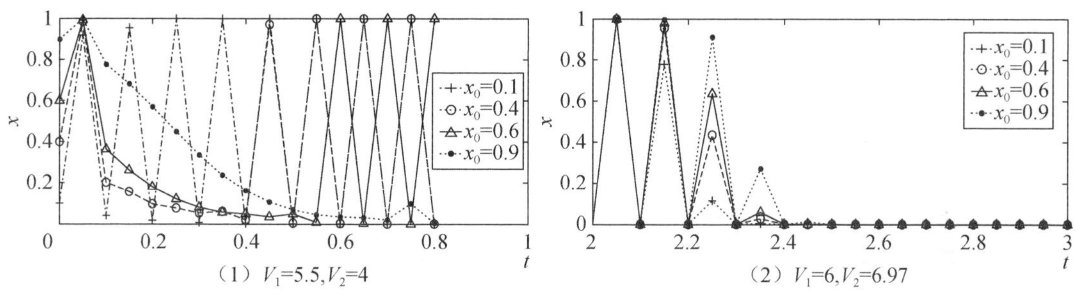

图9-4　博弈方股权估价对FDI股权竞标演化稳定过程的影响

总之，为了追求最优均衡，内资方应强化面向FDI股权投资的企业价值评估体系，可引入第三方权威估价机构，科学衡量公司价值，结合自身实力和FDI投资强度确定合理的股权估价。引资能力弱的内资方应始终持有较高估价，主要是出于量力而行及规避低价竞争的考虑；而引资能力强的内资方应放低估价以提高预期收益，并有利于低价竞标出让股权。两类企业都要确保股权估价的动态性、灵活性、系统性及可信度。同时，东道国政府适度介入，提高FDI股权投资竞标的公信力和透明度，为外资方提供公平、公正、公开的投资环境。

综上，仿真研究印证了本章构建的FDI股权投资竞标的演化博弈的复制动态特性及ESS的存在性，也支持9.3.4节提出的ESS的影响参数、影响机理及规避不理想均衡的参数选择。

9.5　小　结

本章基于演化博弈论研究FDI股权投资竞标策略的演化稳定性、影响因素及相关机理。考虑内外资企业的投融资数量差异，分别探讨三类情形下内资方博弈的竞价比例演化路径、趋势及均衡解稳定性，得出普适性规律，并给出算例验证，最后提出实现内资方竞标博弈的最优演化稳定均衡的对策建议。有价值的结论：ESS受到博弈方竞价选择起始比例、投融资数量差异、博弈方得益的多重影响。Pareto最优均衡态是指博弈方以低股价出让股权给外资方，提升外资利用效率，谋求技术扩散效应最大化。为实现博弈方低价竞标，可以调整竞标演化过程的以下影响因素，并设置如下竞标规则引导局中人向最优 ESS 变化。

（1）在股权换投资博弈的起始阶段，博弈方的低价策略选择比例越大，竞标过程向最优 ESS 点 A（0,0）发展的可能性越大，收敛速度越快，外资企业作为招标方有必要严把入门关，实施正面引导、发布声明等信息传递方式及激励博弈方的举措，尽可能提高低竞价博弈方的初始比例，有意识地优化博弈方种群结构，力排选择高竞价策略的内资方进入，力挺选择低竞价策略的内资方参与竞标。

（2）东道国引资部门也应配合外资方做好竞标监管，倡导及鼓励低价竞标，杜绝高价暴利，营造外资技术扩散的理想外部环境，也能提升自主或二次技术创新能力，助推本国技术进步。

（3）适当减少 FDI 的单次投资量，改变大量少次投资为少量多次投资，每次投资数以不超过内资博弈方的股权出让数较低者为宜，更利于实现投资市场最优均衡。

（4）鉴于最优均衡在外资股权投资数小于内资出让数较小者的条件下最易于实现，竞标前务必保密 FDI 股权投资数更能刺激内资方让利，加强竞标方的引资竞争性。

（5）设置低于内资方所报高股价的竞价上限，同时提高内资方报出的低股价，即缩小东道国竞标企业报价区间，能使内资方交互策略演化路径渐趋于最优均衡态，同时以低价出让股权而引入外商投资。

（6）博弈方应结合自身实力和 FDI 投资量确定合理的股权估价，引资能力弱的内资方应始终持有更高估价，而引资能力强的内资方应降低估价，如此才能有利于较强内资方低价出让股权，实现竞标结果最优，更有利于提高 FDI 的技术扩散综合效应及内外资各方的总体福利。

然而，本研究的理论假设及模型分析存在以下局限性：演化分析是基于包含大量内资方的种群而展开，对于仅有少数寡头的自然垄断产业的 FDI 活动，上述结论显然是不合适的；再者，资本市场的系统性风险、难预知性、强波动性及可操纵性是影响被投资企业股权竞价的现实因素，该演化博弈分析框架在此方面存在缺失和遗憾，也是无能为力去解决的；实际上，内资方竞标成本极大地影响着支付水平，该模型也未考虑，如果竞标费用很高，以上结论势必要修正；本章中三类支付矩阵只是依据投资数量而划分，但没有探讨较为现实的局中人可信威胁、信息传递机制等信息经济学的新问题或典型问题，因此适用范围较为有限；最后还有一点，内资方虽然面对 FDI 股权投资不断学习改进，进行反复的竞标博弈，但是没有对竞标过程再细分为常见的项目竞标中的技术标、价格标及服务标等多阶段，而分步骤、分标的地研究博弈方的 ESS，这也是未来研究有待突破的重点。

第10章 充分利用MNC技术扩散的对策研究

10.1 技术扩散的制约因素

改革开放初期，我国国内建设资金不足，因此利用外资主要注重量的扩张。随着我国经济的发展、国力的增强，经过了一段时间的资本积累，我国已经不再迫切短缺发展资金。目前，我国利用外资正从量的扩张向质的提高转变，特别是引进大型MNC的首要目标是利用MNC在我国的技术外溢效应，提高产业技术水平。

“十五”期间，中国加入了WTO，“十二五”期间，中国加入WTO已经10年，我国对外开放进入全面参与国际经济合作与竞争的崭新阶段，利用外资也迈上了新台阶。但是，MNC所带来的技术外溢作用不够突出。MNC为保持其在国际市场竞争中的优势地位，有意堵塞技术外溢的途径，还有一些外资企业滥用知识产权保护，阻碍了我国企业自主创新。因此，我们要特别关注技术外溢效应的制约因素，争取打破这些制约，最大限度地利用MNC的技术外溢效应。

10.1.1 市场环境

1. 东道国政府的政策

东道国政府针对外商投资企业的政策，对MNC技术转移的成效具有决定性作用。东道国政府的政策直接影响MNC技术转移的科技含量和技术档次。如果一国政府反对开放、进行市场保护、反对外商投资企业引入新技术，则技术外溢效应很难产生。相反，在政策积极的国家，MNC可以没有后顾之忧地进行新产品的研发与生产，使技术与国际领先水平接轨，从而为最大限度地产生技术扩散提供了保证。

2. 当地的经济与科技基础

东道国的经济增长持续稳定，居民的购买能力强，则市场潜力大，投资风险小，MNC就会非常愿意将先进的技术转移到该国生产或者建立研发中心，为技术扩散提供了基础。

还有，若东道国的市场经济不充分，市场竞争氛围不强，则会导致进入该国的MNC很容易拥有垄断性优势。MNC依靠其雄厚的实力在市场中居于主导地位，当地企业很难与之抗衡，这种竞争压力的不足抑制了MNC加快内部技术转让和技术更新的速度，从而制约了MNC的技术扩散的产生。

另外，当地的知识结构和水平、科技基础，也是影响技术扩散的重要因素。因为如果东道国科技基础差，则吸收、消化及配套的能力就弱，在技术外溢方面就无法保证技术外溢渠道的通畅。

10.1.2 MNC 对核心技术的控制

MNC 对核心技术的控制，在一定程度上阻碍了技术扩散的产生，影响了国内企业对其先进技术的获取。MNC 依靠其拥有的先进技术和管理经验的比较优势对外投资，对技术的垄断是 MNC 获得超额利润的首要因素。为实现自身利益的最大化，MNC 会尽可能保持这种垄断优势，从而控制技术特别是核心技术在东道国的外溢[356]。我国企业在与 MNC 合资或是业务来往时，获得的多数是标准化技术，我国企业是依靠先进的标准化技术的转移和外溢引导自主创新，实际上关键技术 MNC 会牢牢掌控在自己手中。另外，技术作为一种无形资产，具有难以量化的特点，而且技术外溢又是一种经济外部性的表现，不能通过市场机制反映，所以我国政府和企业很难对 MNC 在控制核心技术方面进行有效的评价和监督。这是阻碍技术扩散产生的一大重要原因。

中美上海施贵宝制药有限公司（SASS）是百时美施贵宝公司（BMS）在中国的投资企业，于 1982 年成立，是我国改革开放后成立的第一家中美合资的现代化制药企业。中美上海施贵宝以先进技术、现代管理、优良产品和良好业绩闻名全国。其主要产品施尔康系列、百服宁系列等已经在中国市场上获得了很大的成功。生物制药业属于精细化工行业，优新产品具有很高的科技含量。美国百时美施贵宝公司本土研发的日夜百服宁产品在中国合资药厂大规模生产，但是百服宁产品的一项核心技术——药力持续释放的缓释技术却始终处于保密状态。中方技术人员多年研究、试验、摸索始终无法实现技术突破，在药力缓释时间上总是达不到美国公司的水平。MNC 对技术的控制，极大阻碍了技术扩散的产生，我们在吸引外资时应充分认识到这种制约因素的存在。

10.1.3 技术吸收能力

技术吸收能力对于一国经济的发展具有十分重要的作用，发展经济学家钱纳利等人将吸收能力的约束归为制约一国经济发展的三大约束之一。“吸收能力的约束”又称技术的约束，即由于缺乏必要的技术、企业家和管理人才，无法更多地吸收外资和有效地运用各种资源，影响了生产率的提高和经济增长。

MNC 的技术外溢很大程度也受到东道国企业自身技术吸收能力的制约。MNC 技术外溢的强弱受东道国企业的规模、技术和管理水平等因素的影响。如果国内技术吸收能力不足，在科研水平上差距过大，即使 MNC 把最新最先进的技术带到中国，也不能形成有力的技术外溢效应。

改革开放后，特别是“十二五”期间，国家政策的引导、外资的强烈冲击、竞争的加剧等因素推动我国多数行业的技术密集度增强，技术创新和自主研发水平提高很快。但总体看来，国内产业的技术水平和科研能力仍与发达国家存在较大差距。产业技术水平落后是造成我国企业供应外资企业所需的中间产品能力不足的主要原因，直接影响了我国企业加入 MNC 全球价值链体系。它影响了内资配套产业的发展，还不利于本土企业与 MNC 展开充分的竞争以及本土企业的学习模仿，从而制约了 MNC 的技术外溢，妨碍了其对我国技术进步和产业升级的促进作用。

全球很多 MNC 在中国设立子公司，但是我国内资企业对 MNC 的溢出技术吸收、创新能力不足。主要是两方面的原因，一方面，为了垄断技术优势，MNC 不希望发生技术溢出，往往使其新技术内部化，严格控制技术的扩散。如关键技术的岗位均由母公司派出的技术人员担任，高层管理人员的本土化程度也相对较低。因此，外资企业在核心技术、关键技术方面的技术扩散效应很低。另一方面，我国内资企业的人力资本水平较低，研发投入不足，导致自身吸收能力较低，没有很好地吸收 MNC 的技术溢出效应。

国际经验表明，技术的消化吸收和模仿创新能力是后进国家发挥后发优势、实现经济和技术赶超的关键所在，没有对转移技术的消化吸收及在此基础上的模仿创新，东道国通过引进外资达到促进自主技术开发能力的提高和产业升级的目标就难以实现。中国产业的技术吸收和模仿创新能力距离产业发展的目标还有很大的差距。通过“十二五”期间的实践，我们已经认识到自身技术水平和创新能力低下直接影响了吸收 MNC 技术外溢效应，这是值得关注的一个制约因素[357]。

10.1.4 人力资本的水平

东道国要想从 MNC 的技术扩散中获益，其人力资本水平也是一个关键的制约因素。高水平的人力资本能够更加积极、敏锐、顺畅、充分地获得 MNC 的技术，并能充分利用这些技术进行改造和创新，从而带动整个行业技术水平的提高，给 MNC 研发和引入先进技术形成了压力，从而实现一个良性循环的过程，能够最大限度地诱导更多更新的技术外溢出来。

虽然在一些高新技术的研发领域，我国的年轻人才已经越来越表现出突出的才智和能力，但在其他很多领域的生产性操作人员、技术人员和管理人员与 MNC 的要求还存在较大差异。人力资本水平不高，一方面无法为外资企业高效率地产生效益，从而 MNC 不敢轻易在国内组建技术密集型公司。另一方面，本土企业自身人力资本的限制也阻碍了对先进技术、管理理念的吸收，抑止了技术外溢效应的产生。

同时，针对人力资源问题我们不能忽视的一个问题是，本土企业与外资企业间悬殊的收入差距，一定程度上抑止了人力资本向本土企业的回流，阻碍了技术外溢的一大途径。

10.2 充分利用技术扩散的对策

针对上述技术扩散产生的制约因素，作为东道国，应该采取积极应对的对策，尽可能排除制约和抑制。我国地区间差异较大，在外资经营历史较长、经济水平较高、市场竞争较为激烈的地区或城市，以上制约因素已经有了很大程度的改善。但是，对于大部分地区来说，这些制约因素仍很大程度上阻碍着技术扩散，特别是外溢效应的产生。我国实行西部大开发战略，在引进外资方面也在从东部向中西部转移，重点向关天经济区转移，因此认真对待这些制约因素，确保技术外溢效应更广泛地产生，对于我国提高自身技术水平和能力具有重要意义。

10.2.1 国家的引导

1. 完善东道国市场环境，强化内外资企业间竞争氛围

中国加入WTO之初，出于保护民族经济的考虑，我们可以适度降低市场进入门槛，将准备向外资企业开放的领域首先对内资企业开放，使国内企业在内部竞争中先培养起与MNC抗衡的实力，以避免外资迅速抢占大部分市场。但是，随着5年保护期的过去，很多高度垄断的行业，如金融业、电信业等领域要开始逐步放松管制，迎来国外竞争者的进入。我们要以此为契机，废除或削弱由于行政命令而造成的高度市场集中，营造有效竞争环境。只有竞争才能打破市场寡头垄断格局，在内外资企业充分竞争的环境中加强技术扩散的产生，利用外资公司争夺市场的竞争格局来促进外资最大可能地转让技术，从而导致溢出效应加大，寻求我国内资企业技术进步和企业实力提升。

应该在同一产业领域引进多家MNC投资，使它们之间存在足够的竞争强度。在一些技术水平要求很高的行业，如电子和精密仪器制造等行业，MNC由于掌握了远高于国内企业水平的技术，因此实质上其投资企业和内资企业在不同的竞争层次上，在这种情况下，要多引入同行业的其他MNC，以保证市场的充分竞争。只有MNC之间开展充分的竞争，才能对技术创新和技术升级形成压力，从而产生技术外溢效应。

2. 有规划、有选择地吸引外资

在产业导向上要根据国家产业政策、布局规划、市场状况和经济发展需要，适应经济全球化和世界产业结构调整加快的大趋势，加强对外商投资的引导，及时修订和发布引导外资投向的政策。

要采取各种有效措施，优化外商投资结构，有重点地鼓励外商投资侧重在技术含量高、附加值高的行业，促进产业结构调整。我国在与MNC合作时，要在引进技术、研发创新方面向MNC提出要求和条件，鼓励、促进MNC把最新、最先进的技术带到中国，并与我国本土企业研究机构及科研院所积极合作，带动技术外溢效应的产生。另外，在吸引FDI时，要注重地区集中性，争取形成整体合力，有利于产生良好的技术开发和交流氛围，为技术扩散创造条件。

3. 制定灵活的外资优惠政策

改革开放之初，为了吸引更多的外国投资，我国针对外商投资企业制定了一系列的税收优惠政策。尽管这些政策在当时起到了一定的积极作用，但是随着经济的发展，一些优惠政策的成本越来越高，而且在一定程度上导致了外资企业与我国国内企业的不公平竞争，阻碍了我国国内企业的发展。现在，为了在充分利用MNC优势，促进技术扩

散产生的同时更好地促进我国国内企业的发展和技术进步，我国要制定更为灵活、与时俱进的优惠政策。

优惠政策不应再无条件地作用于所有的 FDI 企业，而应该对那些具有领先技术优势、为我国技术进步做出重要贡献的外资企业进行优惠政策鼓励，这些重要贡献可以包括对我国国内企业进行现代化技术转移和技术溢出、优化我国产业结构、向中西部落后地区投资并促进当地企业生产率提高等。另外，优惠政策的实施，应当在贡献做出后，而不是在做出前。

我国新的外资优惠政策应当以财政税收激励机制为主要手段，以促进外商投资企业的技术转移和技术外溢为目标，以保护本国利益、维护公平竞争为原则，建立灵活稳定的、透明的政策体系。尤其值得一提的是，西部大开发战略实施以来，政府为西部经济发展，也为西部重点经济开发区的腾飞提供了有力支持，包括中央银行增加西部地区及主要经济开发区再贷款（再贴现）限额，支持西部地区金融机构增加信贷投放。政府还应积极推进西部大开发战略向纵深发展，完善对西部经济开发区的金融支持政策，继续提高金融服务水平和质量，引导金融机构合理加大对西部经济开发区的资金投入。

还有，积极地制定并出台灵活的优惠政策，促进外商企业在我国境内投资，加大外商资金的投入；同时提高 MNC 对本土企业转移先进技术的动机，从而可以更好地产生技术扩散，以此促进我国内资企业的长期技术发展。

10.2.2 加强人力资本开发，完善人才流动机制

关天经济区地区吸收能力的不足还表现在人力资本的匮乏，影响了 MNC 技术溢出的高低。在当今知识经济社会，最重要的投入要素是知识，因此高质量的人力资源成为吸引 FDI 的重要因素，成为进一步发挥 FDI 技术外溢效应的重要环节。较高的人力资本可以吸引 MNC 与我国本土企业开展技术更新、层次更高的合作，同时还可以提高我国企业学习消化外国先进技术的能力，为模仿创新和自主创新提供了基础。

加强人力资本开发，第一，政府应继续大力支持高等教育的发展，提高我国内资企业基础研究和应用研究的水平，加大教育投入。近年来，随着我国和西部地区政府对高等教育的重视，一批又一批的科技人才相继在经济开发区涌现出来，活跃在各地经济开发区的高科技产业领域，对促进我国内资企业吸收技术外溢及国内各大经济开发区的区域自主创新能力做出了重要的贡献。尤其中西部重要省份应加大教育投资，注重人力资本的开发和培训，不断地提高知识存量。第二，我们还必须深化教育体制改革，针对市场需要进行教育改革，培育适应市场需要的人才。第三，我国内资企业应着手于加大人才的培养，提高内资企业对 MNC 技术的吸收能力，而人才的培养离不开政企对教育的共同投入。第四，我们要逐步完善人才市场的人员流动机制，降低人才的搜寻成本，促进人才的流动，使高级人才“双向流动”，而不是仅由内资企业向外资企业单向流动。要实现高水平的人力资本从外资企业向本土企业回流，我们要降低国内企业与外资企业的薪酬差距，加强对员工绩效评价系统的建立，更新管理理念、提高管理水平，为人才搭建价值实现的平台。尤其是掌握技术人员的流动是国外先进技术获取的极佳通道，如

温州大虎打火机厂 1993 年从韩国聘请打火机高级工程师，直接指导“大虎”为德国人 Intergel 创牌生产 SOLO，使“大虎打火机”的生产技术与管理水平有了很大提高。国内经济开发区内部同行业的内资企业之间也要在竞争中不断地学习和模仿，促进相关技术的交流及人才的引进。第五，在人才的引进方面，政府还应发挥积极的作用，应在高科技领域提供高薪、高职位，创造良好的环境，积极地引进人才，吸引留学生归国及 MNC 的高科技人才向本地企业流动，增加国内经济开发区的知识资本，强化我国经济开发区的内资企业对 MNC 技术的吸收能力，帮助本地企业更多地获取 MNC 技术扩散的溢出效应，从而在充分利用外部因素的基础上，逐渐改善内部因素，提高我国本土企业的核心竞争力，带动国内重要经济开发区的相关产业的发展，促进我国经济开发区的经济和社会事业和谐发展。第六，还要培育创业环境，加强风险投资业的发展，以财税政策和金融政策鼓励技术人员和管理人员的创业活动，促进外国先进技术外溢在国内经济开发区的优先实现。

10.2.3 积极鼓励 MNC 在华设立研发机构

MNC 是先进技术的载体和绝大多数前沿技术的创新者，也是世界技术转移与技术外溢的主体。吸引 MNC 在国内经济开发区设立研发机构，与之开展卓有成效的合作，是国内经济开发区内资企业获取先进技术、提高区域技术创新能力的重要渠道。引进 MNC 研发机构本身不是目的，最终目的是加强 MNC 研发机构在我国经济开发区的外溢效应，充分发挥研发机构对经济开发区经济增长的带动作用。

首先，应建立良好的研发和技术创新环境，鼓励 MNC 在国内经济开发区本地设立研发机构。其次，针对 MNC 在国内经济开发区的研发活动，要鼓励其与国内经济开发区本地的企业、科研教学单位、高等院校建立联合研发机构，进行合作研发活动，进行基础技术、技术信息等方面的交流。还要加强国内经济开发区本地配套企业与 MNC 的合作，充分利用 MNC 的技术力量提高配套企业的技术水平。再次，可以采取 MNC 研发机构与国内经济开发区本土研发机构联合承担研发课题的方式促进技术的外溢。国内经济开发区的当地政府还要积极完善技术交易市场，以便于研发成果的扩散[358]。通过与 MNC 在国内经济开发区设立离岸研发机构或外资技术中心的合作，可以了解其研究动向、研究思路和研究方法。通过合作可以实现自主研发的早期参与，为我国国内经济开发区本土企业的自主创新提供了切入点。

以国家级经济区——关天经济区为例，目前，国内已有多家知名 MNC 在关天经济区设立子公司，特别是将其研发中心、技术服务中心、后台支持中心等放在西安高新区，呈现出一派技术水平高、辐射面广的特征。因此，我国本地的企业等应积极地加强与 MNC 研发中心的联系与合作，加强科技信息交流和技术咨询，以扩大其技术扩散和溢出效应，充分掌握 MNC 的新技术，提高经济区当地企业的知识存量和技术水平。

10.2.4 提高我国内资企业对国外先进技术的吸收能力

对 MNC 技术扩散来说，只有地理位置相近的企业和相关的企业才能享受到 MNC

技术扩散所带来的好处。由于一些本地企业的技术水平偏低，导致其对先进技术不够敏感、吸收不足。尤其是一些本来可能与外资企业配套的厂商由于水平达不到外资企业的要求而白白丧失了利用国外先进技术的机会，阻碍了本土企业加入到全球价值链体系中，从而无法利用技术外溢效应提升自身的技术水平。

另外，国内某些经济开发区内资企业与 MNC 在技术水平上差距过大，会使 MNC 对来这些经济开发区进行投资的战略产生顾虑。如果国内某些经济开发区内资企业的技术吸收能力不足，即使 MNC 把最新、最先进的技术带到这些技术较不发达的经济开发区，也不能形成有力的技术外溢效应。

实际中，国内很多经济开发区从事科研工作的主要集中在研究机构和高等院校，企业研发投资偏少，科研人员缺乏。因此，国内经济开发区的当地政府应优化区内科研环境，激励经济开发区内资企业加大研发投入，加强经济开发区内资企业的研发能力，不断地提高技术创新水平，增强自主性技术创新能力，从而积极提高对国外技术的技术吸收能力，减少与 MNC 之间的技术差距，突破能产生技术外溢效应的临界点，形成技术水平不断提高的良性循环，积极地促进 MNC 的技术扩散，充分吸收 MNC 先进技术扩散带来的溢出效应。

首先，要改变以往政府作为科研投资主体的格局，使内资企业真正成为科研活动的主体。我国科研费用都是由政府投资的，而国外的发达国家，投资费用主要是由企业投入的。我国引进新技术的科研环境也存在诸多问题，如整体科研水平较低，配套设施不完善等。为此，要进一步给研发财政上的大力支持，并要使用包括税收、金融在内的财政倾斜来鼓励国内经济开发区内资企业进行技术投资，创造本土良好的科研环境和基础。而且，国内经济开发区的当地政府应该鼓励高等院校、科研机构与企业充分接触，面向市场开展研发活动，尤其在技术、工程、管理等应用科学领域更应将教育和应用紧密联系在一起，促进科研成果向市场转化的力度，提高本地企业的技术水平和技术吸收能力。再者，国内经济开发区内资企业还要加强内部努力，包括生产经验积累等。例如，宝钢股份有限公司冷轧厂为了保证汽车板的光洁度，根据生产过程中出现的问题提出了 140 多个技术控制点，一个个攻关，有人发现在某工序进行前用刷子刷钢卷可以明显改善钢板的成品率。在具有复杂工艺技术的设备引进中，需要技术人员投入大量的努力去挖掘技术诀窍。最后，相关联的企业也要不断地提高自身的技术能力，不断地满足 MNC 对上游产品、零件的要求，对下游销售情况的满意要求，建立与 MNC 积极紧密的联系，促使 MNC 对我国本地企业提供更多的技术帮助、管理培训、质量控制和标准化，缩小内外资企业间的技术差距。

总之，提升国内企业技术能力的关键在于充实企业的技术库，技术库的知识存量丰富了才能反过来促进企业识别技术、选择技术、获取技术、吸收机理、利用技术、保护技术的综合能力。

10.2.5 丰富内资企业获取外部技术知识的非正式途径

研究小组针对关天经济区及广东若干高新区的外资技术扩散与内资研发投入现状

进行了大量扎实的专项调研工作，我们认为，还应从知识管理的视角考虑提升我国内资企业技术能力。正式渠道获取技术转移是有限的，困难也很多，也不现实。但是非正式渠道的技术溢出是不可避免的，大多数技术转让都是通过非组织、非正式的途径。很多韩国和中国台湾的计算机制造商要在美国的硅谷建立一个小型子公司，作为观察美国技术的“窗口”。同样，很多美国和欧洲的MNC也在日本建立小型子公司，目的是为总部搜集情报、监视日本的技术发展，以便可以先发制人以对付竞争对手，维护自己在全球市场上的优势地位。在国内的诸多经济开发区，外资的进入在加剧市场竞争的同时，也丰富了知识存量，促进了知识流动。因此，研究小组建议国内各大经济开发区的本土企业要抓住机遇，丰富获取国外先进知识的非正式途径。

第11章 结论与展望

前面各章的分析探讨已经基本涵盖了本研究的内容，完成了本研究的任务。本章将回顾各主要章节的研究重点，概括提炼出全文的主要观点和研究结论。同时，本研究不可避免地存在很多不足之处，因此有必要对这些研究不足之处进行总结分析，并在此基础上展望今后可行的研究方向，为日后的研究工作做好准备。

随着全球化的到来，市场竞争的加剧，各国对技术的关注程度逐步提高，科技竞争日益成为国家间竞争的焦点。近年来，我国科技型内资企业在以人为本、全面协调、可持续的科学发展观指引下，增强自主创新能力，已成为区域经济及科技发展的战略基点，成为调整产业结构、转变增长方式的中心环节。

在信息时代，技术的研发、传播速度越来越快。我国作为发展中国家，在技术研发和创新方面与发达国家有一定差距。内资企业的这种差距并不妨碍其通过模仿和学习领先国发达企业的先进技术实现经济向领先国发达企业的靠拢。充分利用全球化带来的契机，积极引入外资、加入到 MNC 全球产业价值链中，加强合作，通过技术扩散，获得 MNC 技术转移和技术外溢效应，是我国内资企业提高技术水平、创新能力的一条捷径。

在我国内资企业科技创新的发展过程中，虽然对外资技术扩散的引导和利用还存在一定的不足，但这不足以否定外资技术扩散对内资企业创新发展的巨大效能和作用。技术扩散的效果取决于 MNC 的技术输出水平和我国内资企业的技术吸收能力两个方面。我国内资企业的技术吸收能力与其技术发展水平和学习能力紧密相关。

11.1 主要工作与结论

本研究在外资技术扩散视角下以内外资企业间交易合作为研究对象，将外资技术扩散的多元化路径作为研究内外资企业间交易合作的关键切入点，通过交易理论重新审视外资技术扩散路径，挖掘并阐释外资技术扩散多元化路径的交易特性本质，在内外资企业间交易合作博弈模型中引入外资技术扩散效应变量，借助博弈均衡分析，探索出国际技术扩散视角下内外资企业间交易合作行为及策略的交互影响、双方交易合作演化路径稳定性，并通过实证检验或数值模拟实验来验证模型分析结论，从而揭示内外资企业间贸易合作关系如何影响国际技术扩散效应的促进机制和强化路径。本研究的理论分析和博弈模型推导，以及实证检验和数值模拟，指引笔者得到如下主要的较为合意的研究结论。

（1）本研究从有关 MNC 技术扩散的理论出发，结合国内外学者的研究成果，探究了 MNC 技术转移和技术外溢的机理，论证了内资研发投入对外资技术扩散影响的门槛效应；系统地剖析了供应链合作下我国内资企业获取的 MNC 技术外溢效应；分析了中国 FDI 的技术扩散情况、MNC 研发全球化与技术扩散的关系、外资技术扩散对我国内资企业研发投入的各种正面和负面的影响。

（2）本研究以国家级经济区——关天经济区为例，对外资在华技术扩散与内资研发投入的交互影响展开实证研究和经验研究，首先通过对关天经济区基本区情、区域经济发展现状、陕西省 FDI 历年发展状况及陕西省技术扩散现状的全面深度调研，认为关天经济区外资技术扩散与内资研发投入存在问题：科研成果与经济建设关联度差、技术贸易与技术合作现状不太乐观，并分析现存问题的主要根源所在：技术贸易的不可实现性、技术合作的不可实现性、经济增长与创新产出反馈机制难以维持，基于此提出促进关天经济区外资创新技术溢出和内资企业自主创新的重要思路，建议关天经济区技术政策制定者有必要准确认识技术外溢对于区域创新体系建设的促进作用，还设计了外资技术扩散、内资研发投入与经济开发区经济增长的正向自反馈机制。

（3）基于非零和静态博弈的内外资方交易合作行为研究发现，纳什谈判博弈均衡解是功利主义原则和平等主义原则的折中；对于引进方而言，支付让渡权及可信威胁条件下的新均衡解都优于一般均衡解，而且支付让渡权相对于可信威胁对引进方更有利；三种均衡解的差异性根源于三种基础性均衡理论，三种基础性均衡理论分别适用于不同的技术转让谈判情境，并产生了竞合格局的差别。此研究结论有助于设计技术转让攻防策略及可信威胁，强化技术转让竞合格局，提高技术转让绩效，推动引进方技术进步。

（4）在本研究的主体分析部分，针对外资技术扩散最常见的三种路径——中间品进口贸易、技术贸易和 FDI，分别运用演化博弈论分析内外资企业在三类常见的技术扩散路径上的合作策略演化特征，探讨最优演化均衡稳定实现的影响因素、机理及规避不理想均衡的参数选择，并用数值研究加以印证。

① 本研究运用演化博弈论分析内外资企业在核心零部件交易基础上的本土化产品合作定制路径演化特征及关联因素，发现内外资企业间核心零部件交易合作路径收敛于简单交易或合作定制状态，借助参数设置能摆脱不理想的前者，改进交易合作路径，激发双方构建稳定的合作定制关系；确定公平的收益共享及成本共担比例是合作定制长期持续化的重要条件；违约金对于合作定制具有绝对的约束作用，能彻底消除背叛，确保双方只会选择交易合作路径。

② 针对专利权转让及商业化应用的合作会频繁出现在跨业态、实力及规模差别明显的非对称内外资方之间，本研究运用演化博弈论分析非对称内外资专利权转让交易系统的演化稳定性，揭示出相关影响因素，基于算例仿真，提出最优的互惠交易均衡实现的双方策略建议，以解决实际中非对称内外资方之间专利权互惠式转让交易及商用转化合作的短命问题。研究发现，互惠交易行为受到专利研发投资额、交互资助力度、交易费用及外资方报价的影响，可控因素的理想赋值能促进市场向互惠交易均衡演化。

③ 在合资型 FDI 模式下，内外资企业间股权换投资的简单交易具有向非零和跨国交易合作发展的动力和趋向。本研究展开了合资模式下内资股权换外商投资的交易合作演化博弈分析，结果显示：演化稳定策略的实现受到博弈方竞价选择起始比例、投融资数量差异、博弈方得益的多重影响。通过正面引导、声明发布等信息传递方式及激励举措可以改变内资方竞价选择行为的初始比例值。为了引导内资方向低价竞标的 Pareto 最

优均衡态演化，外资方应保密 FDI 股权投资数，调整股权投资计划数，以及设定较低的竞价上限与较高的竞价下限；实力较强的内资方应降低股权估价值，而实力较弱者应提高股权估价值；政府也应加强竞价管制。

（5）本研究阐释了我国内资企业利用外资技术扩散的制约因素，同时提出了引导技术扩散的主要对策建议，对应于第 10 章。

本研究对 MNC 技术扩散的研究主要是理论分析和总结，同时引用了一些学者已经做出的实证研究结果。在本研究过程中，也对关天经济区、关中高新带和广东若干高新区进行了样本企业调研，还对我国医药行业和汽车行业进行了自主调研，获得了一手信息和资料，得出了扩大开放、利用外资、获得技术扩散的正面结论。但受到时间和条件的限制，对实证的研究还不够全面和充分，在未来的研究中，需要通过对更多企业或行业进行实证的、量化的分析，以进一步证明 MNC 在华技术扩散与内资企业研发投入之间的交互效果和动态演化效应。希望本研究能够对西部地区乃至全国的内资企业及地方政府加强国际合作、积极吸引外资提供智囊支持，也能激励内资企业更快更好地加入到 MNC 全球产业价值链，为其利用外资技术外溢效应提供指引和方向。

11.2 本研究的不足之处及未来研究展望

本研究对进出口贸易和 FDI 技术扩散路径下形成的内外资企业间交易合作博弈均衡、演化稳定性和关键影响因素进行了理论分析、实证检验和数值仿真实验，得到了一些有意义的结论。但由于个人能力、选题难度、时间限制等主客观原因，本研究仍然存在一些明显的不足之处，所进行的研究也只是这一庞大课题的冰山一角。因此，此处分析总结本研究的不足之处，并提出今后的研究方向，试图起到抛砖引玉的作用。

第一，本研究中的内外资方交易合作的非零和静态博弈研究是基于单一转让方和引进方的博弈研究，有明显局限性，面对我国政府反复强调避免重复引进，我国企业更应该联合谈判引进发达国家的先进技术，因此今后应考虑集体谈判博弈下技术转让竞合格局形成条件和关键因素。本研究的局中人都具有完全理性，但是现实中往往是有限理性的，下一步研究可以松动假设，将技术转让竞合格局的演化性作为探究对象。

第二，内外资企业间交易合作的影响因素繁多，交易合作博弈中的策略交互行为影响机理较为复杂。进一步从不同角度对内外资企业间互惠交易形成过程的影响因素进行聚类分析，以及引入更多的变量，包括控制变量，进行分析，需要我们在今后的研究中深入分析。

第三，本研究从外资技术扩散视角下分析内外资方专利权转让的互惠交易行为演化特性，考虑的是大量内外资企业之间专利权交易系统演化，寡头企业的有限次数专利权交易必然不符合本研究假设及模型。即使长期互惠型交易关系构建对内外资方都有利，但是在初期也需要双方有较为高昂的费用投入，而本研究对此做了忽略处理，这也值得商榷，尤其是在高交易费用普遍存在的信息和通信技术产业更不成立。内外资企业除了自行在专利权市场上展开长短期交易，还可求助极其重要的一种中介渠道——即技术转让办公室 TTO、技术转移中心等，这理应是本研究未来的研究情境。最后，本研究只是利用传统的 B-S 模型给出随时间呈几何式衰减的专利价值，未引入外资方在华专利权价值的复合期权模型，也忽略了专利存续期对于专利价值的影响，专利技术宽度同样有必要列入专利价值公式中。

第四，FDI 作为外资技术扩散路径的情境下，内外资企业间就合资企业股权而展开的非零和交易合作也具有演化稳定性，然而本研究针对合资型 FDI 股权投资竞标而构建的演化博弈模型，在理论假设及模型分析方面存在以下局限性：演化分析是基于包含大量内资方的种群而展开，对于仅有少数寡头的自然垄断产业的 FDI 活动，上述结论显然是不合适的；再者，资本市场的系统性风险、难预知性、强波动性及可操纵性是影响被投资企业股权竞价的现实因素，该演化博弈分析框架在此方面存在缺失和遗憾，也是无能为力去解决的；实际上，内资方竞标成本极大地影响着支付水平，该模型也未考虑，如果竞标费用很高，以上结论势必要修正；本研究中三类支付矩阵只是依据投资数量而划分，但没有探讨较为现实的局中人可信威胁、信息传递机制等信息经济学的新问题或典型问题，因此适用范围较为有限；最后还有一点，内资方虽然面对 FDI 股权投资不断学习改进，进行反复的竞标博弈，但是没有对竞标过程再细分为常见的项目竞标中的技术标、价格标及服务标等多阶段，而分步骤、分标的地研究博弈方的 ESS，这也是未来研究有待突破的重点。

第五，模型适用性和数据来源的局限性。在构建技术扩散视角下的内外资企业间交易合作博弈理论模型时，主要针对的是我国等发展中国家的 R&D 具有内生性的现实状况和特点；在对模型进行参数校准和数值模拟时，使用的也是我国的相关数据。因此，不可否认地，模型适用性和结论解释力存在一定的局限。建立一个更具一般性的用以研究技术扩散与跨国交易合作关系的理论模型，也是有待深入研究的方向之一。

还有，本研究对内外资企业间技术交易合作的前期调研，主业突出合作技术创新、技术扩散路径、跨国技术创新扩散组织系统三个特征，并未考虑技术创新扩散视角下内外资企业间交易合作模式和联盟类型等。在今后的研究中，可以进一步对国外技术创新扩散系统样本的行业、国家或地区进行细分研究，以便获得更为细致和一般的研究结论。

参考文献

[1] 王俊，刘东．技术后进国家需要对企业进行 R&D 资助吗？——基于技术模仿与技术跨越的争论[J]．自然辩证法研究，2010，26（2）：41-45．

[2] 商小虎．我国装备制造业技术创新模式研究[D]．上海社会科学院，2013：184-212．

[3] 寇琳琳．我国企业自主创新及测度研究——基于政府资金和政策支持角度[D]．东北财经大学，2013：1-14．

[4] 中华人民共和国国务院．国家中长期科学和技术发展规划纲要（2006—2020 年）[EB/OL]．（2006-02-09）[2016-01-01] http://www.gov.cn/jrzg/2006-02/09/content_183787.htm．

[5] 中华人民共和国科学技术部．关于推动产业技术创新战略联盟构建的指导意见[EB/OL]．（2009-02-24）[2016-01-02] http://www.most.gov.cn/fggw/zfwj/zfwj2008/200902/t20090224_67583.htm．

[6] 赵昱．创新资源国际流动格局、过程及对中国自主创新的影响[D]．华东师范大学，2014．

[7] 王洛林，江小涓，卢圣亮．大型 MNC 投资对中国产业结构、技术进步和经济国际化的影响（下）——以全球 500 强在华投资项目为主的分析[J]．中国工业经济，2005（5）：5-10．

[8] 廖晓淇．全球最大跨国公司有近 450 家在华投资[EB/OL]．（2005-09-09）[2016-01-14]http://finance.sina.com.cn/g/20050909/2145305462.shtml．

[9] 詹晓宁．中国内外 FDI 存量破万亿美元[EB/OL]．（2012-07-05）[2016-01-14]http://finance.sina.com.cn/roll/20120705/172412489456.shtml．

[10] 李玉梅，太平．中国外商投资发展报告（2013）：区位转移与结构升级[R]．北京：对外经济贸易大学出版社，2013：1-250．

[11] 杨立强，王丽丽．中国外商投资发展报告（2014）：新一轮改革开放下的外商投资[R]．北京：对外经济贸易大学出版社，2014：1-175．

[12] 张晓静．中国外商投资发展报告（2015）：国际规则变迁下的外商投资[R]．北京：对外经济贸易大学出版社，2015：1-120．

[13] 黄文辉．2015 年中国 FDI 增长 6.4%规模再创新高[EB/OL]．（2016-01-14）[2016-03-26]http://economy.caixin.com/2016-01-14/ 100899379.html．

[14] 李燕，李应博．对外直接投资技术溢出与科技进步关系研究[J]．科研管理，2015，36（12）：56-64．

[15] 楚天骄，杜德斌．促进 MNC 离岸研发机构技术扩散的原理与途径研究[J]．科技管理研究，2006（9）：66-69．

[16] 崔鹏．MNC 在华设立研发中心已超 1200 家[EB/OL]．（2010-03-17）[2016-01-14]http://news.qq.com/a/20100317/000296.htm．

[17] 李占强，李广．开放式 R&D、R&D 网络与 R&D 能力的互动演进——跨案例的纵向比较研究[J]．科学学与科学技术管理，2013，34（6）：31-43．

[18] 孔令夷，楼旭明．全球化背景下我国通信和电子设备制造业转型升级型态及模式选择[J]．经济体制改革，2014（3）：94-98．

[19] 张海洋．R&D 两面性、外资活动与中国工业生产率增长[J]．经济研究，2005（5）：107-117．

[20] 张海洋．中国工业部门 R&D 吸收能力与外资技术扩散[J]．管理世界，2005（6）：82-88．

[21] 张海洋．外资技术扩散与中国经济增长[D]．华中科技大学，2004：1-84．

[22] 国家发展和改革委员会．中华人民共和国国民经济和社会发展第十三个五年规划纲要[EB/OL]．（2016-03-18）[2016-03-26] http://www.sdpc.gov.cn/fzgggz/fzgh/ghwb/gjjh/．

[23] 仇怡，方齐云．基于进口贸易的国际技术外溢测度与应用[J]．中国软科学，2005（10）：132-138．

[24] 彭纪生，李昆，王秀江．跨国技术转移的策略交互行为研究[J]．科研管理，2010，31（4）：1-8．

[25] 周志太．基于经济学视角的协同创新网络研究[D]．吉林大学，2013：16-224．

[26] Coe D T, Helpman E. International R&D spillovers[J]. European Economic Review, 1995, 39（5）：859-887.

[27] Eaton J, Kortum S. Trade in ideas: patenting and productivity in the OECD[J]. Journal of International Economics，1996，40（3-4）：251-278.

[28] 张化尧．基于多种外溢机制的国际贸易与我国技术进步关系分析[J]．国际贸易问题，2012（5）：16-24.

[29] Acharya R C，Keller W. Estimating the productivity selection and spillover effects of imports[G]// NATIONAL BUREAU OF ECONOMIC RESEARCH. NBER WORKING PAPER. Cambridge, MA:NATIONAL BUREAU OF ECONOMIC RESEARCH，2008：1-51.

[30] Robertson PL，Patel P R. New wine in old bottles: technological diffusion in developed economies[J]. Research Policy，2007，36（5）：708-721.

[31] Kugler M. Spillovers from foreign direct investment: within or between industries?[J]. Journal of Development Economics，2006，80（2）：444-477.

[32] 吴晓波．技术体制对 FDI 溢出效应的影响：基于中国制造业的计量分析[J]．科研管理，2007，28（5）：18-24.

[33] 赖明勇．经济增长的源泉：人力资本、研究开发与技术外溢[J]．中国社会科学，2005（2）：32-46.

[34] Rivera-Batiz L A，Romer P M. Economic Integration and Endogenous Growth[J]. Quarterly Journal of Economics，1991（106）：531-555.

[35] 王江．产业技术扩散理论与实证研究[D]．吉林大学，2010：1-101.

[36] Gupta S，Maltz E. Interdependency，dynamism，and variety（IDV）network modeling to explain knowledge diffusion at the fuzzy front-end of innovation[J]. Journal of Business Research，2015，68（11）：2434-2442.

[37] 吴小节，杨书燕，汪秀琼．资源依赖理论在组织管理研究中的应用现状评估——基于 111 种经济管理类学术期刊的文献计量分析[J]．管理学报，2015，12（1）：61-71.

[38] 陈劲，阳银娟．协同创新的理论基础与内涵[J]．科学学研究，2012，30（2）：161-164.

[39] Wen B L. Factors Affecting the Correlation between Interactive Mechanism of Strategic Alliance and Technological Knowledge Transfer Performance[J]. The Journal of High Technology Management Research，2007，17（2）：139-155.

[40] Zhang Y，Begley T M. Perceived Organizational Climate，Knowledge Transfer and Innovation in China-based research and Development Companies[J]. International Journal of Human Resources Management，2011，22（1）：34-56.

[41] Seck A. International technology diffusion and economic growth: Explaining the spillover benefits to developing countries[J]. Structural Change and Economic Dynamics，2012，23（4）：437-451.

[42] 马永红，王展昭，周文．基于扩散源视角的技术创新扩散系统基模构建及政策解析研究[J]．科学学与科学技术管理，2015，36（4）：75-84.

[43] Rogers E M. Diffusion of Innovations. 4th edition[M]. New York：The Free Press，2003：866-879.

[44] 周密．非均质后发大国技术空间扩散的影响因素——基于扩散系统的分析框架[J]．科学学与科学技术管理，2009，30（6）：63-67.

[45] 胡宝民，王丽丽，张世英．技术创新扩散系统演化特征与自组织演化过程[J]．河北工业大学学报，1999，28（5）：4-9.

[46] 方亮．技术创新扩散的微观作用原理及仿真研究[D]．华中科技大学，2008：14-48.

[47] 涂振洲，顾新．基于知识流动的产学研协同创新过程研究[J]．科学学研究，2013（9）：1381-1390.

[48] 李俊华，王耀德，程月明．区域创新网络中协同创新的运行机理研究[J]．科技进步与对策，2012，29（13）：32-36.

[49] 杨丽．模块化对产业组织演进的影响[D]．山东大学，2008：1-141.

[50] 齐羽．组织模块化影响组织动态能力机制研究[D]．浙江大学，2013：1-116.

[51] 陈小勇．基于全球价值网络的企业行为研究[J]．国际商务——对外经济贸易大学学报，2015（2）：144-153.

[52] Motohashi K，Lee D R，Sawng Y W et al. Innovative converged service and its adoption，use and diffusion: a holistic approach to diffusion of innovations，combining adoption-diffusion and use-diffusion paradigms[J]. Journal of Business Economics and Management，2012，13（2）：308-333.

[53] 杨淑云，余东华．模块化网络组织中竞争与合作的博弈分析[J]．理论探讨，2010（3）：78-82．

[54] 张小宁．企业中的非分工合作[J]．中国工业经济，2005（1）：102-109．

[55] 张伟，陈凤者．基于合作竞争的模块化组织技术创新机制博弈分析[J]．兰州学刊，2007（2）：78-80．

[56] 潘飞，高苗苗，杨玉龙，等．跨组织合作的管理控制问题：一个理论研究框架[J]．中国会计评论，2013，11（1）：71-90．

[57] 朱瑞博．模块化、组织柔性与虚拟再整合产业组织体系[J]．产业经济评论，2004（2）：119-133．

[58] 白嘉．模块化产业组织、技术创新与产业升级[D]．西北大学，2012：131-195．

[59] Stanley E F，Stephen L J，Amydee M F. Supply chain trust: The catalyst for collaborative innovation[J]．Business Horizons，2012，55（2）：163-178．

[60] Rai V，Schultz K，Funkhouser E．International low carbon technology transfer: Do intellectual property regimes matter?[J]．Global Environmental Change，2014，24（1）：60-74．

[61] Wan J，Baylis K，Mulder P．Trade-facilitated technology spillovers in energy productivity convergence processes across EU countries[J]．Energy Economics，2015，48（2）：253-264．

[62] García-Muñiz A S，Vicente M R．ICT technologies in Europe: A study of technological diffusion and economic growth under network theory[J]．Telecommunications Policy，2014，38（4）：360-370．

[63] Şanlı B，Hobikoğlu E H. International Technological Diffusion Channels and Technology Policies in Turkey: Procedia - Social and Behavioral Sciences，World Conference on Technology，Innovation and Entrepreneurship，Istanbul University，3 July 2015[C]．Istanbul: Elsevier，2015：1012-1021．

[64] Silvestre B S，Neto R E S．Capability accumulation，innovation，and technology diffusion: Lessons from a Base of the Pyramid cluster[J]．Technovation，2014，34（5-6）：270-283．

[65] Zhang C，Yan J Y．CDM's influence on technology transfers: A study of the implemented clean development mechanism projects in China[J]．Applied Energy，2015，158（22）：355-365．

[66] Das G G．Why some countries are slow in acquiring new technologies? A model of trade-led diffusion and absorption[J]．Journal of Policy Modeling，2015，37（1）：65-91．

[67] Santacreu A M．Innovation，diffusion，and trade: Theory and measurement[J]．Journal of Monetary Economics，2015，75（7）：1-20．

[68] Nishioka S，Ripoll M．Productivity，trade and the R&D content of intermediate inputs[J]．European Economic Review，2012，56（8）：1573-1592．

[69] Jia W，Liu L R，Xie X M．Diffusion of technical innovation based on industry-university-institute cooperation in industrial clusters[J]．The Journal of China Universities of Posts and Telecommunications，2010，17（Suppl. 2）：45-50．

[70] Okazaki T，Yamaguchi M．Accelerating the transfer and diffusion of energy saving technologies steel sector experience—Lessons learned[J]．Energy Policy，2011，39（3）：1296-1304．

[71] 陈淑云，王志彬．技术扩散与企业组织结构空间分布——基于交易成本视角的观察[J]．科技进步与对策，2008，25（9）：102-104．

[72] 刘松，高长元．高技术虚拟企业合作伙伴合作策略的多阶段选择机制[J]．中国科技论坛，2014（4）：86-92．

[73] 唐晓云．技术政策、产业调整与经济可持续增长——“日本悖论”的分析及对中国的启示[J]．北京师范大学学报（社会科学版），2010（3）：128-135．

[74] Escribano A，Fosfuri A，Tribó J A．Managing External Knowledge Flows: The Moderating Role of Absorptive Capacity[J]．Research Policy，2009，38（1）：96-105．

[75] Schwartz M，Peglow F，Fritsch M，et al．What drives innovation output from subsidized R&D cooperation?—Project-level evidence from Germany[J]．Technovation，2012，32（6）：358-369．

[76] Feder G，Savastano S．The role of opinion leaders in the diffusion of new knowledge: The case of integrated pest

management[J]. World Development，2006，34（7）：1287-1300.

[77] Schwarz N，Ernst A. Agent-based modeling of the diffusion of environmental innovations—An empirical approach[J]. Technological Forecasting and Social Change，2009，76（4）：497-511.

[78] Stummer C，Kiesling E，Günther M，et al. Innovation diffusion of repeat purchase products in a competitive market: An agent-based simulation approach[J]. European Journal of Operational Research，2015，245（1）：157-167.

[79] Palmer J，Sorda G，Madlener R. Modeling the diffusion of residential photovoltaic systems in Italy: An agent-based simulation[J]. Technological Forecasting and Social Change，2015，99（10）：106-131.

[80] Seebauer S. Why early adopters engage in interpersonal diffusion of technological innovations: An empirical study on electric bicycles and electric scooters[J]. Transportation Research Part A: Policy and Practice，2015，78（8）：146-160.

[81] Ozcan S，Islam N. Collaborative networks and technology clusters — The case of nanowire[J]. Technological Forecasting and Social Change，2014，82（2）：115-131.

[82] Guan J C，Liu N. Exploitative and exploratory innovations in knowledge network and collaboration network: A patent analysis in the technological field of nano-energy[J]. Research Policy，2016，45（1）：97-112.

[83] Cowan R，Jonard N. Knowledge portfolios and the organization of innovation networks[J]. Academy of Management Review，2009，34（2）：320-342.

[84] Wang J P，Guo Q，Yang G Y，et al. Improved knowledge diffusion model based on the collaboration hypernetwork[J]. Physica A: Statistical Mechanics and its Applications，2015，428（15）：250-256.

[85] Hurmelinna-Laukkanen P，Olander H，Blomqvist K，et al. Orchestrating R&D networks: Absorptive capacity，network stability and innovation appropriability[J]. European Management Journal，2012，30（6）：552-563.

[86] Planko J，Cramer J M，Chappin M M H，et al. Strategic collective system building to commercialize sustainability innovations[J]. Journal of Cleaner Production，2015，Available online 9 October，In Press，Corrected Proof.

[87] Chan F T S，Chong Y L，Zhou L. An empirical investigation of factors affecting e-collaboration diffusion in SMEs[J]. International Journal of Production Economics，2012，138（2）：329-344.

[88] Hinkka V，Tätilä J. RFID tracking implementation model for the technical trade and construction supply chains[J]. Automation in Construction，2013，35（7）：405-414.

[89] Rijnsoever F J V，Berg J V D，Koch J，et al. Smart innovation policy: How network position and project composition affect the diversity of an emerging technology[J]. Research Policy，2015，44（5）：1094-1107.

[90] 魏江，应瑛，刘洋. 研发活动地理分散性、技术多样性与创新绩效[J]. 科学学研究，2013，31（5）：772-779.

[91] Walker G，Kogut B，Shan W. Social capital，structural holes and the formation of an industry network[J]. Organization Science，1997，8（2）：109-125.

[92] 梁鲁晋. 结构洞理论综述及应用研究探析[J]. 管理学家（学术版），2011（4）：52-62.

[93] Burt R S. Structural Holes and Good Ideas[J]. American Journal of Sociology，2004，11（2）：349-399.

[94] Allen M P. Corporate Profits and Cooptation：Networks of Market Constraints and Directorate Ties in the American Economy[J]. Social Forces，1985，64（2）：526-528.

[95] Stuart T，Podolny J. Positional causes and correlates of strategic alliances in the semiconductor industry. In S. Andrews & D. Knoke （Eds.）[M]. Research in the sociology of organizations，Greenwich，CT：JAI Press，1999：161-182.

[96] Jr H S J，Klein P G，Sykuta M E. The Adoption，Diffusion，and Evolution of Organizational Form: Insights from the Agrifood Sector[J]. Managerial and Decision Economics，2011，32（4）：243-259.

[97] Aarikka-Stenroos L，Sandberg B，Lehtimäki T. Networks for the commercialization of innovations: A review of how divergent network actors contribute[J]. Industrial Marketing Management，2014，43（3）：365-381.

[98] Das G G. Globalization，socio-institutional factors and North-South knowledge diffusion: Role of India and China as Southern

growth progenitors[J]. Technological Forecasting and Social Change，2012，79（4）：620-637.

[99] Kimura Y. Knowledge Diffusion and Modernization of Rural Industrial Clusters: A Paper-manufacturing Village in Northern Vietnam[J]. World Development，2011，39（12）：2105-2118.

[100] Lubango L M. The effect of co-inventors' reputation and network ties on the diffusion of scientific and technical knowledge from academia to industry in South Africa[J]. World Patent Information，2015，43（4）：5-11.

[101] Hoffmann V E, Lopes G S C, Medeiros J J. Knowledge transfer among the small businesses of a Brazilian cluster[J]. Journal of Business Research，2014，67（5）：856-864.

[102] Welfens P J J. Regional Innovation and Cluster Policies in the New and Old Economy[M]//Paul J J Welfens. Clusters in Automotive and Information & Communication Technology: Innovation，Multinationalization and Networking Dynamics. Heidelberg: Springer Berlin Heidelberg，2012：1-57.

[103] Hémous D，Olsen M. Long-Term Relationships: Static Gains and Dynamic Inefficiencies[G]. INSEAD Working Paper，No. 2015/21/EPS.

[104] Sachsenmeier P. Between Collaboration and Competition in Modern Technology Management and Innovation[M]// K. B. Akhilesh. Emerging Dimensions of Technology Management. Bangalore: Springer India，2012：135-146.

[105] Hess S，Siegwart R Y. R&D Venture: proposition of a technology transfer concept for breakthrough technologies with R&D cooperation: A case study in the energy sector[J]. The Journal of Technology Transfer，2013，38（2）：153-179.

[106] 张战仁，占正云. 全球研发网络等级分工的形成——基于发达国家对全球生产的控制转移视角[J]. 科学学研究，2016（4）：512-519.

[107] Eckert P, McMurry J R, Sattler R. Innovation partnerships: Startup and established company cooperation. 60th International Astronautical Congress 2009，International Astronautical Federation，October 12-16，2009[C]. Daejeon: International Astronautical Federation，2009：9705-9710.

[108] Albors J，Sweeney E，Hidalgo A. Transnational technology transfer networks for SMEs. A review of the state-of-the art and an analysis of the European IRC network[J]. Production Planning and Control，2005，16（4）：413-423.

[109] Selberherr J，Girmscheid G. Value creation through synergies of cooperation - The development of a new business model. Proceedings of 14th IFAC Symposium on Information Control Problems in Manufacturing，International Federation of Automatic Control，May 23-25，2012[C]. Bucharest: IFAC：1227-1232.

[110] London K，Singh V. Integrated construction supply chain design and delivery solutions[J]. Architectural Engineering and Design Management，2013，9（3）：135-157.

[111] 付敬，朱桂龙，樊霞. 企业合作创新模式与能力的协同演化研究[J]. 中国科技论坛，2013（8）：67-74.

[112] Zeng S X，Xie X M，Tam C M. Relationship between cooperation networks and innovation performance of SMEs[J]. Technovation，2010，30（3）：181-194.

[113] 白丹，邵洪波，孔玲玲. MNC 在华子公司战略联盟绩效的影响机制分析[J]. 学术交流，2010（4）：107-110.

[114] Bleeke J，Ernst D. 协作型竞争：全球市场的战略联营与收购[M]. 林燕，译. 北京：中国大百科全书出版社，1998：1-207.

[115] 王晓红. 全球服务外包发展现状及最新趋势[J]. 国际贸易，2011（9）：27-34.

[116] 余菲. 2013 年全球服务外包市场规模增长量低于 5%[EB/OL].（2014-12-03）[2015-12-20] http://www.qianzhan.com/qzdata/ detail/149/141203-ee4a6065.html.

[117] 陈伟，张旭梅，宋寒. 供应链企业间知识交易的关系契约机制：基于合作创新的研究视角[J]. 科研管理，2015，36（7）：38-48.

[118] 江积海，龙勇. 知识型竞争性联盟知识交易机制与边界动态性——Crolles2 联盟的案例研究[J]. 研究与发展管理，2010，22（5）：65-74.

[119] Li J J，Poppo L，Zhou K Z. Relational mechanisms，formal contracts，and local knowledge acquisition by international subsidiaries[J]. Strategic Management Journal，2010，31（4）：349-370.

[120] 何郑涛，彭珏. 家庭农场契约合作模式的选择机理研究——基于交易成本、利益分配机制、风险偏好及环境相容的解释[J]. 农村经济，2015（6）：14-20.

[121] 汪洋. 新兴技术与其组织关系探析[D]. 湖南大学，2014：13-24.

[122] 曾德聪，仲长荣. 技术转移学[M]. 福州：福建科学技术出版社，1997：2-8.

[123] Robinson R D. Toward Creating an International Technology Transfer Paradigm[M]// Robinson R D. The International Communication of Technology — A Book of Readings. New York: Taylor & Francis，1985：85-88.

[124] 李平. 技术扩散理论及实证分析[M]. 太原：山西经济出版社，1999：3-15.

[125] Romer D. Advanced Macroeconomics[M]. New York: The McGraw-Hill Companies，Inc.，1996：111-116.

[126] Schumpeter J A. 经济发展理论[M]. 何畏，等译. 北京：商务印书馆，1990：85-110.

[127] 傅家骥. 技术创新学[M]. 北京：清华大学出版社，1998：365，366.

[128] Komoda F. On Appropriate Technology[J]. Yamaguchi Journal of Economics，Business Administrations & Laws，1985，34（5）：543-558.

[129] Mansfield E，Romeo A. Technology Transfer to Overseas Subsidiaries by US-based Firms[J]. Quarterly Journal of Economics，1980，95（4）：737-750.

[130] Burgleman R A，Maidique M A，Wheelwright S C. Strategic Management of Technology and Innovation[M]. Hoomwood，Illinois: MCGRAW-HILL/Irwin，1988：76-79.

[131] Vernon R. International Investment and International Trade in the Product Cycle[J]. Quarterly Journal of Economics，1966（5）：190-207.

[132] Wells L. A Product Life Cycle for International Trade[J]. Journal of Marketing，1968（7）：1-6.

[133] 柴茂. 两阶段技术创新扩散系统研究[D]. 中南大学，2011：3-18.

[134] Davidson W H，Mcfetridge D G. International Technology Transactions and Theory of the Firm[J]. Journal of Industrial Economics，1984，32（3）：253-264.

[135] Kim L. Pro and Cons of International Technology Transfer: A Developing Country's View[M]// Agmon Tamir，Von Glinow Mary Ann Young. Technology Transfer in International Business. New York：Oxford University Press，1991：223-239.

[136] 丁文君. 发展中国家的知识产权保护与自主创新[D]. 武汉大学，2014：5-54.

[137] 肖欢. 开放经济下异质性企业技术采用研究[D]. 武汉大学，2013：6-32.

[138] Teece D. Time-Cost Tradeoffs: Elasticity Estimates and Determinants for International Technology Transfer Projects[J]. Management Science，1977，23（8）：830-837.

[139] Hippel E V. "Sticky Information" and the Locus of Problem Solving: Implications for Innovation[J]. Management Science，1994，40（4）：429-439.

[140] 傅元海，王展祥. 模仿效应、非模仿效应与经济增长方式转变——基于我国高技术行业动态面板的检验[J]. 国际贸易问题，2013（10）：34-42.

[141] 陈甬军，杨振. 制造业外资进入与市场势力波动：竞争还是垄断[J]. 中国工业经济，2012（10）：52-64.

[142] 刘津汝. 制度变迁下的技术进步与区域经济增长[D]. 兰州大学，2011：66-71.

[143] 张婷婷. 技术扩散绩效的跨国比较研究[D]. 华中科技大学，2013：38-49.

[144] 秦蕾. 逆向技术溢出效应对我国技术进步的影响研究[D]. 首都经济贸易大学，2013：4-13.

[145] 周冉. 山东省民营企业技术创新问题及对策研究[D]. 山东财经大学，2012：10-43.

[146] 李莉. 我国高新技术产业技术溢出效应研究[D]. 山东师范大学，2013：2-38.

[147] Webber M，Lutz J M，Brown L A. Brown，L.A. 1981：Innovation diffusion: a new perspective. London：Methuen[J]. Progress

in Human Geography，2006，30（4）：487-494.

[148] Kuznets S. Secular movements in production and prices[M]. Houghton Mifflin，Boston:MA，1930：59-330.

[149] Mansfield E. Technical change and the rate of innovation[J]. Econometrica，1961，29（4）：741- 766.

[150] Griliches Z V. Hybrid Corn: An Exploration in the Economics of Technological Change[J]. Econometrica，1957，25（4）：501-522. Doi：10. 2307/1905380.

[151] Rogers E M，Shoemaker F F. Communication of innovations: a cross-cultural approach[M]. New York：The Free Press，1971：1-476.

[152] Carlson R O. Adoption of educational innovations[M]. Eugene: University of Oregon，Center for the Advanced Study of Educational Administration，1965：1-84.

[153] Hightower James. Hard tomatoes, hard times: Failure of the land grant college complex[J]. Society，1972，10（1）：10-22.

[154] Mahajan V，Muller E，Bass F M. New product diffusion models in marketing: a review and directions for research[J]. Journal of Marketing，1990，54（1）：1-26.

[155] Macdougall G D A. The benefits and cost of private investment from aboard: a theoretical approach[J]. Economic Record，1960，36（73）：13-35.

[156] Caves R E. International corporations: The industrial economics of foreign investment[J]. Economica，1971，38（149）：1-27.

[157] Richard R Nelson，Edmond S Phelps. Investment in Humans，Technological Diffusion and Economic Growth[J]. Cowles Foundation Discussion Papers，1980，56（1-2）：133-139.

[158] Phelps E S. Golden Rules of Economic Growth: Studies of Efficient and Optimal Investment.[J]. Economica，1968，35（139）：311.

[159] Phelps E S. Models of Technical Progress and the Golden Rule of Research[J]. Review of Economic Studies，1966，33（2）：133-146. Doi：10. 2307/2974437. JSTOR 2974437.

[160] Krugman P R. A Model of Innovation，Technology Transfer，and the Word Distribution of Income[J]. Journal of Political Economy，1979，87（2）：253-266.

[161] Dollar D. Technological Innovation，Capital Mobility，and the Product Cycle in North-South Trade[J]. American Economic Review，1986，76（1）：177-190.

[162] Hägerstrand T. The propagation of innovation waves[J]. Lund studies in Geography，Ser. B. Human Geography，1952（4）：3-19.

[163] Hägerstrand T. The determinants of technology adoption: the case of the banking firm[J]. Rand Jorunal of Economics，1967（15）：328-335.

[164] 仇怡. 城市体系与创新扩散效应的关系——以长三角地区为例[J]. 城市问题，2015（8）：90-96.

[165] Bernhardt I，MacKenzie K M. Some problems in using diffusion models for new products[J]. Management Science，1972，19（2）：187-200.

[166] Heeler R M，Hustad T P. Problems in predicting new product growth for consumer durables[J]. Management Science，1980，26（10）：1007-1020.

[167] Mahajan V，Muller E，Srivastava R K. Determinants of Adopter Categories Using Innovation Diffusion Models[J]. Journal of Marketing Research，1990，27（1）：37-50.

[168] Tanny S M，DerzkoN A. Innovators and imitators in innovation diffusion modeling[J]. Journal of Forecasting，1988，7（4）：225-234.

[169] Mahajan V，Wind Y J. Innovation diffusion models of new product acceptance: A reexamination[M]. Cambridge，Massachusetts：Ballinger，1986：3-25.

[170] Satoh D. A discrete bass model and its parameter estimation[J]. Journal of the Operations Research Society of Japan，2001，44（1）：1-18.

[171] Flam H，Helpman E. Vertical Product Differentiation and North-South Trade[J]. American Economic Review，1987，77（5）：810-822.

[172] Segerstrom P S. Innovation，Immitation，and Economic Growth[J]. Journal of Political Economy，1991，99（4）：807-827.

[173] Grossman M H，Helpman E. Quality Ladders and Product Cycles[J]. Quaterly Journal of Economics，1991，106（2）：557-586.

[174] Mitch D F. Economic growth：By Robert J. Barro and Xavier Sala-I-Martin. New York: McGraw Hill, Inc. 1995. 539 pp. Price: U.S.$76.31 (cloth)[J]. Economics of Education Review，1998，17（4）：445.

[175] Barro R J，Sala-I-Martin X. Technology diffusion ，convergence and growth[J]. Journal of Economic Growth，1997，2（1）：1-26.

[176] Detragiache E. Technology diffusion and international income convergence[J]. Journal of Development Ecnomoics，1998，56（2）：367-392.

[177] Davies B S. The diffusion of process innovation[M]. Cambridge: Cambridge University Press，1979.

[178] Stoneman P. Innovative Diffusion，Bayesian Learning and Probability[J]. Economic Journal，1981（91）：375-388.

[179] Stoneman P. The Economic Analysis of Technological Change[M]. New York: Oxford University Press，1983.

[180] Silverberg G，Dosi G，Orsenigo L. Innovation，diversity and diffusion: A self-organization model [J]. Economic Journal，1988，98（393）：1032-1054.

[181] Elkan R V. Catching up and Slowing Down: Learning and Growth Patterns in an Open Economy[J]. Journal of International Economics，1996，41（1-2）：95-111.

[182] Reinganum J F. On the diffusion of new technology: A game theoretic approach[J]. Review of Economic Studies，1981，48（3）：395-405.

[183] Jensen R，Thursby M. A strategy approach to the product life cycle[J]. Journal of International Economics，1986，21（3-4）：269-284.

[184] Klibanoff P，Morduch J. Decentralization，externalities and efficiency[J]. Review of Economic Studies，1995，62（2）：223-247.

[185] Ziss S. Strategic R&D with Spillovers，Collusion and Welfare[J]. The Journal of Industrial Economics，1994，42（4）：375-393.

[186] Kapur S. Technological Diffusion with Social Learning[J]. The Journal of Industrial Economics，1995，43（2）：173-195.

[187] 邝国良，张永昌．我国产业集群模式下的技术扩散政策博弈分析[J]．改革与战略，2005（4）：68-70.

[188] 李平，随洪光．国际技术扩散双方的行为策略比较——关于行为时机和技术选择的博弈分析[J]．世界经济研究，2006（8）：15-20.

[189] 王飞．创新的空间扩散[M]．北京：知识产权出版社，2008.

[190] 朱李鸣．我国技术扩散导引机制初步考察[J]．科技管理研究，1988（3）：35-38.

[191] 陈国宏，王吓忠．技术创新：技术扩散与技术进步关系新论[J]．科学学研究，1995（4）：68-73.

[192] 武春友．技术创新扩散[M]．北京：化学工业出版社，1997.

[193] 夏万军，纪宏．技术扩散与区域经济收敛：一个理论模型的新框架[J]．商业经济管理，2007（6）：28-31.

[194] 何予平．全球化的技术垄断与技术扩散[M]．北京：科学出版社，2009.

[195] 张东辉，臧成伟．技术扩散、结构调整与落后国家发展[J]．福建论坛（人文社会科学版），2014（9）：12-22.

[196] 王明成．国际技术扩散为何制约了 TFP 增长[J]．贵州财经大学学报，2015（1）：44-53.

[197] 王展昭，马永红，张帆．基于系统动力学方法的技术创新扩散模型构建及仿真研究[J]．科技进步与对策，2015，32

（19）：13-19.
[198] 吴建南，张攀．创新特征与扩散：一个多案例比较研究[J]．行政论坛，2014（1）：1-7.
[199] 苏屹，李柏洲，喻登科．基于流行病模型的技术创新系统的创新扩散研究[J]．系统科学学报，2014，22（2）：93-96.
[200] 冯磊东，顾孟迪．基于概率模型的新技术采用和扩散研究[J]．科技进步与对策，2015，32（5）：1-4.
[201] 康凯．技术创新扩散理论与模型[M]．天津：天津大学出版社，2004.
[202] 曾刚．技术扩散与区域经济发展[J]．地域研究与开发，2002（3）：38-41.
[203] 刘强，范爱军．基于空间异质性的区域创新技术扩散规律研究[J]．统计与决策，2014（2）：97-101.
[204] 张秀武，林春鸿．产业集群内技术创新扩散的空间展开分析及启示[J]．宏观经济研究，2014（11）：114-118.
[205] 盛亚．技术创新扩散的学习论[J]．科技进步与对策，2004（1）：36-37.
[206] 贺俊，刘亮亮．基于内生增长模型的技术扩散与经济增长的关系研究[J]．天津大学学报（社会科学版），2015，17（3）：210-214.
[207] 杜宾．基于社会学习的创新扩散模型构建与实证[J]．系统工程理论与实践，2014，34（10）：2619-2627.
[208] Karshenas M，Stoneman P．Technological diffusion[M]// Stoneman P（Ed）．Handbook of the Economics of Innovation and Technical Change．Oxford: Basil Blackwell，1995：265-297.
[209] 洪进，汪良兵，赵定涛．自组织视角下中国技术转移系统协同演化路径研究[J]．科学学与科学技术管理，2013，34（10）：77-84.
[210] 刘强．国际技术扩散的测度、影响因素及效应[D]．山东大学，2012：10-42.
[211] 段存广，赖小东．基于产业集群的技术创新扩散动力因素分析[J]．上海管理科学，2012，34（2）：88-92.
[212] 王帮俊．技术创新扩散的动力机制研究[M]．北京：中国经济出版社，2011：39，47，76.
[213] 明宇，司虎克．技术创新扩散动力对技术生命周期的影响——以我国运动鞋专利技术为例[J]．情报杂志，2014，33（6）：93-98.
[214] 刘芹，王盼，何彬斌．基于 AHP 的我国高科技产业集群技术扩散绩效评价——以张江高科技园区为例[J]．现代管理科学，2012（12）：58-60.
[215] 倪外，曾刚，滕堂伟．区域创新集群发展的关键要素及作用机制研究——以日本创新集群为例[J]．地域研究与开发，2010（2）：1-6.
[216] 马蕾，罗建强，黄克己，等．基于 Markov 的技术创新扩散理论及仿真分析研究[J]．科学学与科学技术管理，2012，33（2）：44-49.
[217] Radomes A A，Arango S．Renewable energy technology diffusion: an analysis of photovoltaic-system support schemes in Medellín，Colombia[J]．Journal of Cleaner Production，2015，92（7）：152-161.
[218] Liang M．The Diffusion of Government Microblogging[J]．Public Management Review，2013，15（2）：288-309.
[219] Krammer S M S．Assessing the relative importance of multiple channels for embodied and disembodied technological spillovers[J/OL]．Munich Personal RePEc Archive，2013，No. 53676：1-40[2014-02-16]．http://mpra．ub．uni-muenchen．de/53676/.
[220] 孙玉涛，刘凤朝．能力导向的中国技术引进溢出效应[J]．科学学与科学技术管理，2011（9）：11-16.
[221] 张德茗，白秀艳．技术差距、技术引进与中国工业绿色经济增长[J]．广西社会科学，2016（1）：71-76.
[222] Hamida L B，Gugler P．Are there demonstration-related spillovers from FDI?: Evidence from Switzerland[J]．International Business Review，2009，18（5）：494-508.
[223] Blalock G，Gertler P J．Welfare gains from Foreign Direct Investment through technology transfer to local suppliers[J]．Journal of International Economics，2008，74（2）：402-421.
[224] 江小涓．中国的外资经济对增长、结构升级和竞争力的贡献[J]．中国社会科学，2002（6）：4-14.
[225] 张化尧，王赐玉．国际技术扩散：基于 TFP 的多渠道外溢分析[J]．科研管理，2012（10）：17-25.

[226] 刘青海．国际技术扩散和区域经济增长：政策、效果及启示——韩国、印度和巴西的比较研究[J]．科学学与科学技术管理，2010，31（12）：107-114．

[227] 成力为，孙玮，王九云．引资动机、外资特征与我国高技术产业自主创新效率[J]．中国软科学，2010（7）：45-57+164．

[228] 王鹏，张剑波．外商直接投资、地区差异与创新规模及层次——基于泛珠三角区域内地九省区面板数据的实证研究[J]．国际贸易问题，2012（12）：84-94．

[229] Kuo C C，Yang C H．Knowledge capital and spillover on regional economic growth: Evidence from China[J]．China Economic Review，2008，19（4）：594-604．

[230] Coe D T，Helpman E，Hoffmaiste A W．International R&D Spillovers and Institutions[J]．European Economic Review，2009，53（7）：723-741．

[231] 刘青海．教育支出、吸收能力与区域经济增长——基于国际技术扩散视角的实证分析[J]．天府新论，2011（2）：38-41．

[232] 姚星，黎耕．服务贸易自由化与经济增长的关系研究——基于吸收能力角度的实证分析[J]．国际贸易问题，2010（7）：68-74．

[233] Hung S W，Tang R H．Factors affecting the choice of technology acquisition mode: an empirical analysis of the electronic firms of Japan，Korea and Taiwan[J]．Technovation 2008，28（9）：551-563．

[234] 高云虹，封福育．贸易政策、研发投入与技术进步[J]．财经科学，2009（5）：111-116．

[235] Comin D，Hobijn B．Lobbies and technology diffusion[J]．Review of Economics and Statistics，2009，91（2）：229-244．

[236] 赖明勇，包群．关于技术外溢与吸收能力的研究综述——外商直接投资理论研究新进展[J]．经济学动态，2003（8）：75-79．

[237] Murovec N，Prodan I．Absorptive capacity，its determinants，and influence on innovation output: Crosscultural validation of the structural model[J]．Technovation，2009，29（12）：859- 872．

[238] 刘青海．吸收能力的概念及影响因素：文献综述[J]．浙江社会科学，2011（2）：136-142．

[239] 陈强，王瑞豪，马军杰．创新集群微观空间结构分析[J]．同济大学学报（自然科学版），2015，43（8）：1273-1278．

[240] 宋艳丽，王九云．隐性技术、贸易溢出和模仿策略[J]．运筹与管理，2011，20（3）：140-145．

[241] 何安华．土地股份合作机制与合作稳定性——苏州合作农场与土地股份合作社的比较分析[J]．中国农村观察，2015（5）：51-61．

[242] Feiock R C．The Institutional Collective Action Framework[J]．The Policy Studies Journal，2013，41（3）：397-425．

[243] 袁红林，刘哲．全球价值链视角下我国体育用品产业升级路径及对策[J]．江西社会科学，2011（11）：82-87．

[244] 刘志彪．重构国家价值链：转变中国制造业发展方式的思考[J]．世界经济与政治论坛，2011（4）：1-14．

[245] 关志雄．模块化与中国的工业发展[EB/OL]．（2002-08-16）[2015-10-15].http://www.rieti.go.jp/users/kan-si-yu/cn/c020816．html．

[246] 江小涓．中国对外开放进入新阶段：更均衡合理地融入全球经济[J]．经济研究，2006（3）：4-14．

[247] 郁德强．陕西省利用外商直接投资与经济发展的实证分析[D]．西北大学，2003：23-36．

[248] 陈明森．产业升级外向推动与利用外资战略调整[M]．北京：科学出版社，2004．

[249] 江小涓．2001 年外商对华投资分析及 2002 年前景展望[J]．管理世界，2002（1）：27-34．

[250] 王莹．在华跨国公司技术外溢效应分析[J]．国际经贸探索，2002（4）：48-50．

[251] 宋海龙．中国汽车产业国产化率辨析[J]．企业经济，2013（5）：111-116．

[252] 江小涓．科技全球化与发展中国家引进先进技术的新机遇[M]//江小涓，等．全球化中的科技资源重组与中国产业技术竞争力提升．北京：中国社会科学出版社，2004：62．

[253] 曾业辉．自主研发“排异”合资公司最终将伤害谁？[N]．中国经济时报，2006-05-17（A01）．

[254] 郭丽华．透视研发本土化[J]．中国外资，2002（11）：20-22．

[255] 柳卸林，赵捷．19 家 MNC 在京研发机构的研发活动分析[J]．中国科技论坛，2003（4）：65-69．

[256] 饶友铃．国际技术贸易[M]．天津：南开大学出版社，2003：26.

[257] Panagopoulos A，Carayannis G E．A policy for enhancing the disclosure of university faculty invention[J]．Journal of Technology Transfer，2013，38（3）：341-347.

[258] 康慧文，常玉，叶金福．敏捷虚拟企业知识网络模型研究[J]．科技管理研究，2014（15）：140-143.

[259] 宋晶，陈菊红，孙永磊．核心企业领导风格、组织间信任与合作创新绩效的关系研究[J]．中国科技论坛，2013（11）：73-78.

[260] 杨阳，侯光明．国防科技重大工程协同创新联盟组织模式研究[J]．科技进步与对策，2014，31（5）：12-15.

[261] 李大伟．中日韩产业在全球价值链中的位势比较[J]．宏观经济管理，2015（4）：86-89.

[262] 直面科技网络科技有限公司．零部件企业需引进核心技术[EB/OL].（2011-12-06）[2015-04-15].http://www.ordersface.cn/new/1262.html.

[263] 石萌萌．中国机器人产业发展面临严峻挑战[J]．科技导报，2014，32（32）：9.

[264] 匡增杰．台湾加工贸易转型升级的经验及其启示[J]．经济体制改革，2013（4）：110-114.

[265] 王绍媛，曲德龙．技术壁垒对我国装备制造业影响的 GTAP 模型分析[J]．数学的实践与认识，2014，44（20）：86-97.

[266] 熊榆，张雪斌，熊中楷．合作新产品开发资金及知识投入决策研究[J]．管理科学学报，2013，16（9）：53-63.

[267] 韩晓琳，黄庆波，马鹤丹．面向新产品开发的企业间知识创造合作结构研究[J]．云南财经大学学报，2015（1）：141-147.

[268] Giroud A，Jindra B，Marek P．Heterogeneous FDI in transition economies – A novel approach to assess the developmental impact of backward linkages[J]．World Development，2012，40（11）：2206-2220.

[269] 韩德昌，关凯瀛．跨功能单位合作、新产品创新性与上市速度的实证研究——以中国科技型企业为背景的调节效应模型[J]．科学学与科学技术管理，2012，33（3）：130-139.

[270] Crescenzi R，Gagliardi L，Iammarino S．Foreign multinationals and domestic innovation: Intra-industry effects and firm heterogeneity[J]．Research Policy，2015，44（3）：596-609.

[271] Tracey M，Neuhaus R．Purchasing's role in global new product-process development projects[J]．Journal of Purchasing and Supply Management，2013，19（2）：98-105.

[272] 来向红，王文平．互补性研发努力下垂直合作新产品开发中的收益共享契约设计[J]．管理学报，2013，10（3）：430-437.

[273] 李随成，李勃，张延涛．供应商创新性、网络能力对制造企业产品创新的影响——供应商网络结构的调节作用[J]．科研管理，2013，34（11）：103-113.

[274] 比亚迪．中国自主品牌首款五星安全 SUV—比亚迪 S6 通过 C-NCAP 五星安全认证[EB/OL]．（2011-12-29）[2015-04-15]．http://www．bydauto．com．cn/introduce-technology．html.

[275] 李随成，李静，杨婷．基于供应商参与新产品开发的供应商选择影响因素分析及实证研究[J]．管理评论，2012，24（1）：146-154.

[276] 吴绍波．新兴产业平台创新生态系统的配套产品合作开发机制研究[J]．软科学，2015，29（2）：51-55.

[277] 韩晓琳，马鹤丹．面向新产品开发的企业间合作知识创造机理研究[J]．科技进步与对策，2014，31（4）：114-119.

[278] Michaelides R，Morton S C.，Liu W S．A framework for evaluating the benefits of collaborative technologies in engineering innovation networks[J]．Production Planning and Control，2013，24（2-3）：246-264.

[279] 李英姿，张硕，张晓冬，等．面向主体的协同产品开发过程动态仿真[J]．系统工程理论与实践，2014，34（9）：2446-2456.

[280] Gmelin H，Seuring S．Determinants of a sustainable new product development[J]．Journal of Cleaner Production，2014，69（8）：1-9.

[281] Melander L．Supplier selection under technological uncertainty in new product development projects[J]．International Journal of Technology Intelligence and Planning，2014，10（2）：108-128.

[282] Haeusslera C，Patzeltb H，Zahrac S A．Strategic alliances and product development in high technology new firms: The moderating effect of technological capabilities[J]．Journal of Business Venturing，2012，27（2）：217-233.

[283] Saetta S，Tiacci L，Cagnazzo L. The innovative model of the Virtual Development Office for collaborative networked enterprises: the GPT network case study[J]. International Journal of Computer Integrated Manufacturing，2013，26（1-2）：41-54.

[284] Parker H，Brey Z. Collaboration costs and new product development performance[J]. Journal of Business Research，2015，68（7）：1653-1656.

[285] Yoo S H，Shin H，Park M S，et al. New product development and the effect of supplier involvement[J]. Omega-The International Journal of Management Science，2015，51（2）：107-120.

[286] Yoshimura M. Framework and methodologies for maximising achievements of product designs by collaborative works[J]. Journal of Engineering Design，2012，23（9）：674-695.

[287] Liu S，Yang T，Xue C. Multi-stage supplier select mechanism for collaborative product development[J]. International Journal of Digital Content Technology and its Applications，2012，6（20）：726-734.

[288] Bunduchi R. Trust，partner selection and innovation outcome in collaborative new product development[J]. Production Planning and Control，2013，24（2-3）：145-157.

[289] 王小娟，万映红. 客户知识管理过程对服务产品开发绩效的作用——基于协同能力视角的案例研究[J]. 科学学研究，2015，33（2）：264-271.

[290] Shankar R，Mittal N，Rabinowitz S，et al. A collaborative framework to minimise knowledge loss in new product development[J]. International Journal of Production Research，2013，51（7）：2049-2059.

[291] 储节旺，徐咖. 协同产品开发的知识地图构建研究[J]. 情报理论与实践，2015，38（2）：75-78.

[292] 张喜征，邹伟娟，曾庆龙. 价值分析视角下协同产品开发中的知识配置研究[J]. 科技进步与对策，2013，30（4）：139-142.

[293] 谢识予. 经济博弈论[M]. 2版. 上海：复旦大学出版社，2006：233-275.

[294] 张玲. 专利法的若干问题及立法建议[J]. 南开学报，2004（1）：62-66.

[295] 中国知识产权网. 从美国大学科技经理人协会模式寻找我国的“AUTM”[EB/OL].[2013-06-24].http://www.cnipr.com/sy/201306/t20130624_178412. htm.

[296] Agrawal A K. University-to-Industry Knowledge Transfer: Literature review and Unanswered Questions[J]. International Journal of Management Reviews，2001，3（4）：285-302.

[297] AUTM. Sortable table: universities with the most licensing revenue，FY 2011[EB/OL]. [2012-09-26]. http://chronicle.com/article/Sortable-Table-Universities/133964/，2012-8-27/2012-9-26.

[298] 科学技术部发展计划司，中国技术市场管理促进中心. 2012年全国技术市场统计年度报告[R]. 北京：科学技术部发展计划司，2012：1-10.

[299] 董冠洋. 国家发改委官员:中国科技成果转化率仅 10%[EB/OL]. [2013-12-21].http://finance.chinanews.com/cj/2013/12-21/5647840. shtml.

[300] 马忠法. 对知识产权制度设立的目标和专利的本质及其制度使命的再认识——以专利技术转化率低为视角[J]. 知识产权，2009，19（11）：3-9.

[301] 黄敏镁. 基于演化博弈的供应链协同产品开发合作机制研究[J]. 中国管理科学，2010，18（6）：155-162.

[302] 张洪潮，何任. 非对称企业合作创新的进化博弈模型分析[J]. 中国管理科学，2010，18（6）：163-170.

[303] 向希尧，蔡虹，裴云龙. 跨国专利合作网络中3种接近性的作用[J]. 管理科学，2010，23（5）：43-52.

[304] 刘凤朝，马荣康，姜楠. 基于“985 高校”的产学研专利合作网络演化路径研究[J]. 中国软科学，2011（7）：178-192.

[305] 胡坚，李向东. 纵向一体化专利联盟促进产业结构调整的进化研究[J]. 科学学研究，2011，29（5）：716-721.

[306] 韦影，许媛. 技术引进模式的有效性研究：基于浙江企业的实证分析[J]. 科技进步与对策，2009，26（3）：85-87.

[307] 贺德方. 对科技成果及科技成果转化若干基本概念的辨析与思考[J]. 中国软科学 2011（11）：1-7.

[308] 蒋国瑞，高丽霞. 面向技术受方的技术转移影响因素指标评价体系分析[J]. 科学学与科学技术管理，2009（9）：16-20.

[309] 肖国华. 我国专利技术转移评价指标设计及应用研究[J]. 情报科学，2013，31（3）：107-112.

[310] 刘小青，陈向东. 基于复合期权模型的外国在华专利价值研究[J]. 科学学与科学技术管理，2009（11）：57-62.

[311] 张古鹏，陈向东. 基于专利存续期的专利价值研究——一个基于收益服从指数分布假设的模型重构[J]. 管理工程学报，2013，27（4）：142-149.

[312] 薛明皋，刘璘琳. 专利质押贷款环境下的专利价值决定因素研究[J]. 科研管理，2013，34（2）：120-127.

[313] Dechezleprêtre A，Glachant M，Ménière Y. What drives the international transfer of climate change mitigation technologies? Empirical evidence from patent data[J]. Environmental and Resource Economics，2013，54（2）：161-178.

[314] European Commission. Metrics for knowledge transfer from public research organizations in Europe: Report from the European Commission's Expert Group on knowledge transfer metrics[EB/OL]. [2009-10-08]. http://www.ec.europa.eu/invest-in-research/pdf / download_en/knowledge_transfer_web. pdf.

[315] Caldera A，Debandeb O. Performance of Spanish universities in technology transfer: an empirical analysis[J]. Research Policy，2010，39（9）：1160-1173.

[316] Fukugawa N. Determinants of licensing activities of local public technology centers in Japan[J]. Technovation，2009，29（12）：885-892.

[317] 郭炬，叶阿忠，郭昆. 影响技术创新活动的要素相关性研究[J]. 科研管理，2011，32（11）：25-36.

[318] 张寒，胡宗彪，李正风. 研发项目对大学技术转让合同影响的实证研究——以中国“985 工程”高校为例[J]. 科学学研究，2013，31（4）：537-545.

[319] 饶凯，孟宪飞，徐亮，等. 研发投入对地方高校专利技术转移活动的影响——基于省级面板数据的实证分析[J]. 管理评论，2013，25（5）：144-154.

[320] Bronwyn H H，Christian H. Innovation and diffusion of clean/green technology: Can patent commons help?[J]. Journal of Environmental Economics and Management，2013，66（1）：33-51.

[321] 欧训民，张希良，王若水. 低碳技术国际转移双层多主体博弈模型[J]. 清华大学学报（自然科学版），2012，52（2）：234-237.

[322] 贺京同，冯尧，徐璐. 创新模式、技术引进策略与差别化专利宽度[J]. 南开经济研究，2011（6）：94-108.

[323] 肖延高，韦永智，王睢. 基于技术能力演化的后来者专利许可策略研究[J]. 科学学研究，2011，29（8）：1165-1169.

[324] 耿子扬，汪贤裕，黄梅萍. 集成创新中基于技术转移的低成本合作契约研究[J]. 科学学与科学技术管理，2011，32（5）：55-59.

[325] 饶凯，孟宪飞，陈绮，等. 瑞士大学专利技术转移研究[J]. 科学学与科学技术管理，2011，32（8）：39-43.

[326] 卢凌霄，李太平，程培罡. 两岸科技孵化器在农业科技成果转化中的作用比较分析[J]. 中国科技论坛，2012（4）：124-128.

[327] 陈恺悌. 专利交易的潜在风险分析和对策[J]. 知识产权，2011（3）：37-42.

[328] 林小爱. 专利交易特殊性及运营模式研究[J]. 知识产权，2013（3）：69-74.

[329] 梁志文. 专利价值之谜及其理论求解[J]. 法制与社会发展，2012（2）：130-140.

[330] 郑素丽，宋明顺. 专利价值由何决定？——基于文献综述的整合性框架[J]. 科学学研究，2012，30（9）：1316-1323.

[331] 孙竹. 西方资产定价理论中的实体经济因素考察——以 CAPM 模型与 B-S 期权定价模型为例[J]. 中央财经大学学报，2007（2）：53-57.

[332] Kamien M I，Tauman Y. Fees versus royalties and the private value of a patent[J]. The Quarterly Journal of Economics，1986，101（3）：471-491.

[333] 张元鹏. 科技创新与最优专利转让方式的选择问题[J]. 经济科学，2005（2）：109-118.

[334] 上海大众汽车有限公司. 上海大众蓝驱家族[EB/OL].（2014-07-11）[2015-06-12]. http://www.svw-volkswagen.com/

zh/brand_ center1/think_blue/bluemotion. html.

[335] 南宁市优配汽车用品有限公司. 大众蓝驱技术是什么[EB/OL].（2014-07-17）[2015-09-13]. http://www.17cct.com/news/show-44-5178-1. html.

[336] 聚众网通（北京）科技有限公司. 大众普及蓝驱技术 6 款车型油耗大幅降低[EB/OL].（2014-07-16）[2015-09-14]. http://auto. China.com/dongtai/yejie/11012724/20130827/18016280.html.

[337] 刘文. 大众汽车集团启动“蓝驱”项目[EB/OL].（2014-07-11）[2015-09-14]. http://money.163.com/06/0309/03/2BOA5MA700251GR1. html.

[338] 许珂，陈向东. 基于专利技术宽度测度的专利价值研究[J]. 科学学研究，2010，28（2）：202-210.

[339] Mengel F. Conformism and cooperation in a local interaction model[J]. Journal of Evolutionary Economics，2009，19（3）：397-415.

[340] Perc M，Szolnoki A. Coevolutionary games: a mini review[J]. BioSystems，2010，99（2）：109-125.

[341] Nowak M A. Five rules for the evolution of cooperation[J]. Science，2006，314（12）：1560-1563.

[342] Nowak M A，Sigmund K. Evolution of indirect reciprocity[J]. Nature，2005，437（7063）：1291-1298.

[343] 刘德海. 群体性突发事件中政府机会主义行为的演化博弈分析[J]. 中国管理科学，2010，18（1）：175-183.

[344] Santos F C，Pacheco J M，Lenaerts T. Evolutionary dynamics of social dilemmas in structured heterogeneous populations[J]. Proceedings of the National Academy of Sciences of the United States of America，2006，103（9）：3490-3494.

[345] Cai G S，Kock N. An evolutionary game theoretic perspective on e-collaboration: The collaboration effort and media relativeness [J]. European Journal of Operational Research，2009，194（3）：821-833.

[346] Zagonari F. Balancing tourism education and training[J]. International Journal of Hospitality Management，2009，28（1）：2-9.

[347] 闫红珍. 策略互动与演化博弈的 FDI 进入模式选择[J]. 求索，2010（8）：14-16.

[348] 许婷. 工程项目采购供应链中的竞合博弈[J]. 中国管理科学，2009，17（1）：83-88.

[349] 蒋国银，胡斌. 集成博弈和多智能体的人群工作互动行为研究[J]. 管理科学学报，2011，14（2）：29-41.

[350] 梅强，马国建，杜建国，等. 中小企业安全生产管制路径演化研究[J]. 中国管理科学，2009，17（2）：160-167.

[351] 刘晴. 战略性新兴产业研发活动公共资本和私人资本的演化均衡——基于公共资本投入的视角[J]. 软科学，2012，26（10）：21-25.

[352] 李辉，姚丹，郭丽. 国际直接投资与 MNC[M]. 北京：电子工业出版社，2013：85-92.

[353] Herbert G. Game theory evolving[M]. Princeton University Press，2000.

[354] 孙庆文，陆柳，严广乐，等. 不完全信息条件下演化博弈均衡的稳定性分析[J]. 系统工程理论与实践，2003（7）：11-16.

[355] 何良桥. 评西方期权定价理论[J]. 世界经济，1994（12）：23-30.

[356] 周礼. 关于外商直接投资技术外溢效应的研究[D]. 浙江工业大学，2003：49-53.

[357] 张吉鹏. 中国外商直接投资与技术进步的研究[D]. 武汉理工大学，2003：40-42.

[358] 隆国强. 最大限度发挥溢出效应——吸引 MNC 研发机构的战略意义与政策取向[J]. 国际贸易，2004（12）：4-8.